KB179216

이 책에 쏟아진 찬사

생생하고 매력적이다. 윌리스는 1945년 4월 12일 프랭클린 루스벨트의 사망으로 해리 트루먼이 대통령직을 승계하고부터 히로시마와 나가사키에 첫 원자폭탄을 떨어뜨리기까지의, 넉 달이 채 되지 않는 극적인 나날들을 가지고 탄탄한 논픽션 스릴러를 만들었다. 이 책은 운명적인 전쟁의 마지막 몇 달에 관해 아주 몰입해서 읽을 기회를 제공한다. 대중적인 역사서의 전범典範이다. 호흡이 빠르고, 1차 사료를 꼼꼼하게 연구했으며, 공감하는 상상력으로 써서 중요한 순간에 관련된 사람들에게 생기를 불어넣었다. 올해의 논픽션 블록버스터가 될 만하다.
— 제임스 호른피셔(해상 전문 역사가이자 베스트셀러 저술가), 《월스트리트 저널》

〈폭스뉴스 선데이〉의 진행자 윌리스가 히로시마와 나가사키의 원자 폭탄 투하로 이어지는 2차 세계대전의 마지막 몇 달에 관한 박력 있는 이야기를 내놓았다. 윌리스는 언론인 와이스의 도움을 받아 마치 영화처럼 활기 넘치고 상세하게 썼다. 이 쉽고도 공명정대한 기록은 세계 역사의 가장 중대한 결정 가운데 하나에 대한 재미있는 안내자 노릇을 한다.
— 《퍼블리셔스 위클리》

미국 역사에서 가장 운명적인 결정 가운데 하나에 대한 매우 흥미진진한 책. 다채로운 일화들이 생동감을 더한다. 존 허시가 그의 책 《1945 히로시마》에서 그랬던 것처럼 윌리스와 와이스는 개인들의 삶을 통해 이야기함으로써 너무도 흔히 기술적이거나 외교적으로 신비화되고 말았던 사건들에서 인간의 체취를 느끼게 한다.
— 그레그 헤르켄(역사가이자 박물관 큐레이터), 《워싱턴 포스트》

세부 정보가 가득하고 소설처럼 눈을 뗄 수 없게 하는 훌륭한 책. 윌리스는 원자 폭탄을 가능한 한 빨리 만들어내기 위한 과학계의 노력과 논쟁을 보여준다. 최고위층에서 결정을 내리는 일과 그 파토스에 관한 심오한 이야기이기도 하다.
— 제이 위니크(역사가이자 《1944》 등의 저자), 《뉴욕 타임스》

상쾌하고 박진감이 넘친다. 윌리스를 유명하게 만들었던 사실에 대한 엄밀함과 충실성 또한 잘 반영돼 있다.
— 《타임》

월리스는 치열한 숙고와 단호한 리더십이 모두 필요했던 역사의 한 순간을 그리고 있다. 첫 번째 원자 폭탄 투하에 책임이 있는 여러 부류의 사람들을 함께 엮은 상쾌한 역사책이다.
— 《커커스 리뷰》

박력 있다. 숨이 멎을 듯하다. 내려놓을 수 없다. 월리스와 와이스는 그 역사의 116일을 생생한 색깔로 되살려 독특하고도 끔찍한 이야기를 만들어냈다. 그들의 책은 스티븐 킹과 스티븐 앰브로스를 꼼꼼하게 조합한 것처럼 읽히는 경이적인 역사의 태피스트리다.
— 스티브 레너드(방송인), 《Modern War Institute at West Point》

지금 미국에 크리스 월리스만 한 언론인은 없고, 미국 역사에서 원자폭탄 투하만큼 극적인 이야기는 없다. 결과를 알고 있더라도 숨가쁘게 읽어 내려가지 않을 수 없고, 손에서 내려놓을 수가 없다. 내가 1년 내내 읽은 것 중 가장 재미있는 책이다.
— 윌리엄 맥레이븐(전前 미국 해군 제독)

이 책은 20세기의 가장 중요한 사건 가운데 하나에 관한 논픽션 스릴러다. 중견 언론인 크리스 월리스는 독자에게 막후의 진실을 알리며 히로시마 원자 폭탄 투하로 이어지는 116일간의 흥미로운 이야기를 되살려낸다. 스파이소설처럼 쓰인 이 책은 교육적이면서도 손에서 뗄 수 없게 재미있다. 꼭 읽어보길 권한다.
— 대니얼 실바(《The New Girl》 등 베스트셀러 작가)

생생하고, 전개가 빠르고, 광범위하다. 20세기에 미국이 첫 두 원자폭탄을 어떻게 설계하고, 제작하고, 일본 상공으로 가지고 가서 폭발시켰는지에 관한 이야기를 잘 정리해준다.
— 릭 앳킨슨(전쟁사 전문 저술가, 퓰리처상 3회 수상)

크리스는 기자와 뉴스 앵커로서 지난 수십 년 동안 가장 큰 기사들의 중심에 있었다. 그는 우리가 가장 필요할 때 통찰력과 식견을 제공했다. 이제 그의 세부에 대한 관심이, 미국의 독립 이래 미국사에서 가장 중대한 사건 중 하나에 대한 이야기인 이 책을 가득 채우고 있다. 놀라운 작품이다.
— 조지 클루니(영화배우)

카운트다운 1945

인류 최초의 원자폭탄 투하 전 116일간의 비하인드 스토리

COUNTDOWN 1945

Copyright © Chris Wallace 2020
All rights reserved

Korean translation copyright © Cum Libro 2020
Korean translation rights arranged with Folio Literary Management, LLC
through Danny Hong Agency

이 책의 한국어판 저작권은 Danny Hong Agency를 통해
Folio Literary Management와 독점계약한 (주)도서출판 책과함께에 있습니다.
저작권법에 의하여 한국 내에서 보호를 받는 저작물이므로 무단전재 및 복제를 금합니다.

크리스 월리스, 미치 와이스 지음
이재황 옮김

카운트다운 1945

이류 최초의 원자폭탄 투하 전 116일간의 비하인드 스토리

책과함께

차례

카운트다운

116일

4월 12일, 미국 워싱턴

해리 트루먼Harry S Truman은 술 생각이 났다. 부통령이 된 지 82일째였다. 언제나처럼 그는 오후를 상원 의사당에서 보냈다. 이날은 멕시코와의 수자원 교섭 문제에 관한 토론을 주재했다.

상원 의원들이 지루하게 웅얼거릴 때 그는 어머니와 동생을 생각했다. 그들은 아직 미주리주 그랜드뷰의 옛 트루먼 가족 농장 근처에 살았다. 트루먼은 상원 회의실 연단의 높은 책상에 앉은 채로 종이 몇 장과 펜을 꺼냈다.

"사랑하는 엄마와 메리에게"라고 그는 썼다. "위스콘신주 출신의 말 많은 상원 의원 하나"가 "그가 도무지 잘 알지 못하는 문제"[1]에 관해 끝없이 주절거리고 있었다. 이런 회의를 주재하는 것은 상원 의장 (미국 부통령은 상원 의장을 겸한다─옮긴이)인 트루먼의 업무 가운데 하나였다. 회의가 끝나기를 기다리는 것은 그에게 곤욕이었다. 어서 다른 어딘가에 있고 싶었다. 그는 자신의 인생이 송두리째 바뀔 찰나에 있다고는 전혀 생각지 않았다.

오후 5시 직전, 다행스럽게도 상원은 회의를 마쳤다. 트루먼은 홀로 의사당을 가로질러 걷기 시작했다. 특별 경호 팀도 따르지 않았다. 상원 쪽에서 의사당 원형 홀을 지나고 조각상 전시장을 거쳐 하원 쪽으로 갔다. 늘 그렇듯이 두 줄 단추의 깔끔한 회색 정장 차림에 흰 손수건과 검은 물방울무늬 나비넥타이를 한 트루먼은 언제나 서둘렀다. 그런 까닭에 그는 걸음이 빨랐다.

그는 의사당의 위층에서 1층으로 향했고, 하원 의장 샘 레이번Sam Rayburn의 사적인 아지트인 9호실로 내려갔다. '교육위원회'[2]로 알려진 곳이었다. 그곳은 의사당에서 가장 폐쇄적인 방이었다. 레이번이 직접 초청하는 사람만 들어갈 수 있었다. 오후에는 대개 공식 업무를 끝낸 의원들이 이곳에 모여 전략을 논의하고 잡담을 나누고 "자유를 위해 누군가를 공격"한다. 술도 한두 잔 마신다. 트루먼은 고정 멤버였다. 그가 좋아하는 술은 생수를 첨가한 버번이었다.

교육위원회는 의사당의 대표적인 은신처였다. 길이가 6미터 정도이고, 큰 가죽 의자 몇 개와 소파, 그리고 술병을 놓는 용도로도 쓰이는 긴 마호가니 책상이 놓여 있었다. 유일하게 어울리지 않는 것은 화려하게 칠해진 천장이었다. 새와 길짐승과 초목으로 장식돼 있었다. 레이번은 방의 한쪽 끝에 자신의 지역구인 텍사스의 '외별'이 들어간 벽걸이를 붙여놓았다.

트루먼이 도착하자 백악관에서 그를 찾는다고 레이번이 알려주었다. "스티브 얼리Steve Early가 즉시 전화해달랍니다."

레이번이 말한 얼리는 오랫동안 프랭클린 D. 루스벨트 대통령의 비서로 있는 사람이었다. 트루먼은 술을 한 잔 따르고는 자리에 앉아 백악관 교환대로 전화를 했다. 내셔널 1414.

카운트다운: 116일

4월 12일, 미국 워싱턴

"부통령입니다."

얼리가 연결됐다. 그는 간결하고 단도직입적이었다. 목소리에 긴장이 묻어났다. 그는 트루먼에게 가능한 한 "빠르고 조용하게" 백악관으로 오라고 말했다. 펜실베이니아로街의 정문 쪽으로 들어오라고 했다.

레이번은 트루먼을 바라보았다. 그는 늘 트루먼이 약간 창백한 편이라고 생각했는데, 지금은 "조금 더 창백해진"[3] 듯했다.

"이런, 제기랄!"

트루먼은 전화를 끊으면서 소리를 질렀다. 너무도 충격을 받아서 그것을 숨길 수조차 없었다. 그는 진정하려고 애썼다. 그는 방에 있던 사람들에게 "특별한 호출" 때문에 백악관에 가야 한다고 말했다. 그는 곧바로 일어서서 문을 향해 걸어갔다. 그리고 손잡이에 손을 올리고 잠시 멈췄다가 손잡이를 돌렸다.

"이보게들, 가네. 아무래도 무슨 일이 생긴 것 같아."

트루먼은 뒤로 문을 꼭 닫고 나서 전속력으로 달려가기 시작했다. 이번에는 이제 거의 빈 의사당을 통해서였다. 그의 발자국 소리가 대리석 회랑으로 퍼져 나갔다. 그는 장군과 정치가들의 조각상을 지나고, 상원 이발관을 지나고, 계단을 올라 부통령실로 달려갔다.

숨이 찼다. 그는 모자를 움켜잡은 채 직원들에게 백악관으로 가는 길이라고 말했다. 무슨 일인지에 대해서는 아무 말도 하지 않았다. 설명할 시간이 없었다. 그리고 아무튼 그는 정말로 그 이상 더 아는 것이 없었다.

밖에는 비가 내리고 있었다. 트루먼은 검은색 머큐리 관용차에 올라타 운전 기사 톰 하티에게 지시를 내렸다. 이번에도 그는 특별 경호팀을 버려둔 채였다. 날씨와 교통 사정으로 트루먼은 10분 이상이 지나서야 백악관에 도착했다. 가는 내내 도대체 무슨 일이 있는 건지 궁금했다.

루스벨트 대통령은 조지아주 웜스프링스에 있는 것으로 알고 있었다. 그곳에서 지난 2주 동안 머물며, 윈스턴 처칠 영국 총리 및 요시프 스탈린 소련 총리와 얄타 전시 정상회담을 하느라 지친 몸을 추스르고 있었다.

아마도 대통령이 워싱턴으로 돌아왔을 거야. 대통령의 오랜 친구인 은퇴한 성공회 주교 줄리어스 애트우드가 이날 일찍 워싱턴의 묘지에 안장됐다. 대통령이 그 장례식에 참석하고 지금 나를 보려고 하는 건가? 그는 부통령이 된 지 석 달 가까이 되는데 대통령을 개별적으로 만난 건 딱 두 번뿐이었다. 그런데 오늘 무슨 일로?

5시 25분, 트루먼의 차는 펜실베이니아로를 벗어나 서북문으로 들어갔다. 그리고 백악관의 북쪽 현관 밑으로 달려갔다. 정문에서 트루먼은 안내인을 만났다. 그는 트루먼의 모자를 받아 들고는 오크 판자를 덮은 대통령의 작은 엘리베이터로 그를 안내했다.

대통령 부인 엘리너 루스벨트Eleanor Roosevelt가 2층 개인 서재에서 그를 기다리고 있었다. 딸 애나와 사위 존 보티거 중령, 그리고 스티브 얼리도 함께 있었다. 두 여자는 검은 옷을 입고 있었다.

엘리너가 트루먼에게 다가와 그의 어깨에 팔을 올리고 말했다.

"해리, 대통령이 돌아가셨습니다."

트루먼은 너무 놀라 말을 할 수 없었다. 그는 대통령을 만나기 위해

서둘러 백악관에 왔다. 그런데 이제 갑자기 자신이 대통령이 됐음을 알게 됐다.

잠시 시간이 지나서야 그는 진정이 됐다. 그는 엘리너에게 물었다.

"제가 뭘 해드리면 되겠습니까?"

엘리너는 이렇게 대답했다.

"우리가 뭘 해드리면 되죠? 이제 어려움에 빠진 사람은 당신이니까요."

몇 분 뒤인 5시 47분, 속보가 온 나라와 전 세계로 타전됐다. 대공황과 진주만 피습을 거쳐 이제 유럽에서의 2차 세계대전 승리를 눈앞에 두기까지 지난 12년 동안 이 나라를 이끌어온 프랭클린 루스벨트가 예순세 살의 나이에 뇌일혈로 세상을 떠났다.

루스벨트가 없어 너무도 조용했던 백악관은 갑자기 분주해지기 시작했다. 내각 회의가 6시 15분에 소집됐다. 트루먼은 의회 수뇌부에게도 참석을 요청하라고 지시했다. 취임 선서를 집행하기 위해 할란 스톤Harlan Stone 연방 대법원장도 백악관으로 초치됐다. 트루먼에게는 해야 할 일이 한 가지 더 있었다.

6시에 그는 코네티컷로路의 방 두 개짜리 수수한 아파트에 있는 아내 베스에게 전화를 걸었다. 딸 마거릿이 전화를 받았다. 딸은 아직 뉴스를 듣지 못했고, 평소처럼 그에게 농담을 하기 시작했다. 트루먼은 딸의 말을 끊고 어머니를 바꾸라고 말했다.

트루먼은 보통 모든 일을 베스와 상의했다. 그러나 지금은 그럴 시간이 없었다. 그는 루스벨트 대통령이 죽었다고 말하고, 아내와 마거릿, 그리고 그의 가족과 함께 살고 있는 장모 매지 월리스를 데리러

차를 보냈다고 말했다. 그는 취임 선서를 할 때 그들이 곁에 있어주길
바랐다.

트루먼은 전화를 끊었다. 그는 이 대화가 아내를 동요케 했다는 것
을 알 수 있었다. 트루먼은 알고 있었다. 그가 지난해 여름 부통령 지
명을 수락한 이후, 아내는 루스벨트가 네 번째 임기를 마칠 때까지 살
지 못할 것을 가장 두려워하고 있었음을. 이제 그와 가족은 아내가 두
려워했던 자리로 떠밀려 가게 됐다.

트루먼은 각료실로 갔다. 그보다 먼저 온 사람은 아무도 없었다.[4]
그는 큰 탁자 앞에 앉았다. 곧 그를 중심으로 방이 채워졌다. 루스벨
트의 직원 한 사람이 나중에 묘사한 바에 따르면, 트루먼은 "큰 가죽
의자에 앉아 기다릴 때 평범한 사람처럼"[5] 보였다. 워싱턴에 있던 각
료들이 모두 도착하자 트루먼이 일어섰다. 그는 각료들에게 말했다.

"나는 여러분 모두가 현직에 머물러 일을 계속해주기를 바랍니다.
그리고 나는 모든 일을 루스벨트 대통령이 하고자 했던 그대로 하려
합니다."

대법원장이 도착하기를 기다리느라 시간이 조금 지체됐다. 그리고
트루먼의 가족은 아파트 건물 밖에 모여든 군중을 헤치고 나와야 했
다. 직원들 또한 기독교 성서를 찾느라 허둥거렸고, 결국 백악관 안내
실장의 책상에서 기드온 성서 한 권을 찾아냈다.

7시 9분, 트루먼과 스톤 대법원장은 각료실 끝의 벽난로 선반 앞에
섰다. 트루먼의 가족과 고위 관료들은 그 뒤에 반원을 그리며 섰다.
대법원장이 선서식을 시작했다.

"나, 해리 시프Shipp 트루먼은…"

대법원장은 트루먼의 중간이름 S가 친할아버지의 이름을 딴 것으로 생각해 이렇게 말했지만, 사실은 특정한 의미가 없는 S였다. 트루먼은 대법원장의 선창을 정정해 이렇게 복창했다.

"나, 해리 에스S 트루먼은…"

착오는 그뿐만이 아니었다. 트루먼이 선서를 마치자 대법원장은 그가 성서를 왼손으로 잡았지만 오른손은 성서 위에 놓았다고 지적했다. 그래서 그들은 다시 해야 했고, 이번에는 신임 대통령이 오른손을 들고 했다. 취임 선서가 마침내 끝나자 트루먼은 성서에 입을 맞추고, 이어 아내와 딸에게 키스를 했다.

선서가 끝난 뒤 트루먼은 각료들에게 간단하게 이야기를 했다. 그는 루스벨트의 의제議題를 추구하겠다는 의사를 거듭 밝혔다. 각료들의 허심탄회한 조언을 언제나 환영하지만, 최종 결정은 자신이 한다는 뜻을 분명히 했다. 그리고 일단 결정을 내리면 각료들의 전폭적인

1945년 4월 12일 대통령 취임 선서를 하고 있는 해리 트루먼

지지를 기대한다고 덧붙였다.

회의가 끝나고 다른 관리들은 모두 퇴근해 집으로 돌아갔는데, 한 사람이 남아 있었다. 헨리 스팀슨Henry Stimson 군사부 장관이었다. 그는 "가장 긴급한 일"에 관해 새 대통령과 독대하기를 청했다.

일흔일곱 살의 스팀슨은 다섯 명의 대통령 밑에서 일한 유명한 인물이었다. 트루먼이 여섯 번째였다. 새 대통령과 마주 앉은 스팀슨은 짧게 말하겠다고 했다. 문제는 복잡하며, 더 자세한 것은 나중에 말할 것이라고 했다. 그는 트루먼이 "진행되고 있는 거대한 사업"을 알기 바란다고 했다. "거의 믿을 수 없을 정도의 파괴력을 지닌 새로운 폭발물"을 개발하는 것이었다. 이 사업은 극비에 부쳐져서(그리고 너무 위험할 수 있어서) 극소수만이 알고 있었다. 스팀슨은 대통령이 며칠 적응하는 시간을 가진 뒤 전체 내용을 보고할 것이라고 말했다.[6]

그걸로 끝이었다. 스팀슨의 짧고 알 수 없는 보고를 받은 트루먼은 어리둥절했다. 그러나 그는 여러 가지로 정리해보려 애쓰고 있었다. 루스벨트의 죽음, 국민의 반응, 유럽과 태평양 양쪽 전쟁 수행을 이끌어야 하는 갑작스러운 책임. 이제 스팀슨이 말한 '사업'이 또 하나 추가되었다. 그는 그것이 얼마나 큰 일인지 정말로 알 수 없었다. 그날은 "온 세상 일이 내게로 떨어진"[7] 날이었다고 그는 나중에 말했다.

그는 일기에 이렇게 썼다.

나는 이런 결론을 내렸다. 내가 할 수 있는 최선의 일은 집으로 가서 가능한 한 많은 휴식을 취한 뒤 당해야 할 일을 마주하는 것이라고.[8]

카운트다운: 116일

4월 12일, 미국 워싱턴

카운트다운

113일

4월 15일, 미국 로스앨러모스

봄이라고 생각했다. 그러나 로버트 오펜하이머J. Robert Oppenheimer가 뉴멕시코 대지臺地에 있는 극비 육군 시설을 가로질러 걸어갈 때 갓 내린 눈이 발밑에서 뽀드득 소리를 냈다. 그는 눈길을 가로질러 곧바로 임시 영화관으로 향했다.

오펜하이머는 원자폭탄을 개발하기 위한 미국의 거대한 비밀 활동인 맨해튼 사업Manhattan Project의 과학 책임자였다. 다른 날 아침 같았으면 사무실에서 수많은 서류들을 처리하느라 정신이 없었을 것이다. 진행 보고서를 읽고, 메모하고, 워싱턴에서 오는 긴급 전화에 응답했을 것이다. 바깥에서 2차 세계대전이라는 싸움을 하고 있는 동안, 울타리를 친 시설 안에서는 오펜하이머와 그 휘하 과학자 부대가 그들의 모든 정력과 전문 지식을 '장치'에 집중시키고 있었다. 무시무시한 새 대량 살상 무기였다.

그러나 이 일요일 아침에는 그렇지 않았다. 오늘 그는 슬픔에 잠긴 과학자, 군인, 보조원과 로스앨러모스 비밀 도시에 살고 있는 가족들을 불러 모았다. 루스벨트 대통령 추도식을 위해서였다. 그는 이전에 추도 연설을 한 경험이 없었다.

명석한 이론물리학자였던 오펜하이머는 동료나 이 나라 일류 대학의 대학원생들에게 우주가 어떻게 움직이는지를 설명하는 복잡한 과학 이론을 말하는 데는 아무런 어려움이 없었다. 그는 여섯 개 언어를 유창하게 했고, 고전 문학과 동양 철학에 조예가 깊었다. 그는 산스크리트어를 배웠기 때문에 인도의 종교시 《바가바드 기타》를 원어로 읽을 수 있었다.

루스벨트 대통령이 조지아주에 있는 휴양지에서 죽은 지 사흘이 지났다. 오펜하이머는 그 기간 내내 그를 추모할 적당한 말을 찾느라 고심했다.

그는 매우 개인적인 측면에서 상실감을 느꼈다. 대통령은 미국이 가장 암울한 시기에 나라를 이끌어왔다. 그는 1933년 이래 백악관을 지켰다. 대공황이 한창일 때 이 일에 뛰어든 것이었다. 그는 미국인들이 신념과 자신감을 되찾게 하려고, 경제를 호전시키기 위해 설계된 야심 찬 프로그램들에 매달려 열심히 일했다.

1941년 12월 7일 일본군이 하와이주 진주만에 있는 미국 해군 기지를 공격하자 온 국민이 다시 루스벨트에게 의존했다. 대부분의 미국인들은 일요일 오후 라디오 프로그램들을 중단하고 전해진 속보를 통해 공격 사실을 알게 됐다.

"일본?"

사람들은 믿을 수 없다는 듯 고개를 흔들며 라디오 다이얼을 다시 맞췄다. 정말이야? 어떻게 그럴 수 있지?

이튿날 루스벨트는 의회와, 그리고 라디오를 통해 온 국민에게 연설

카운트다운: 113일

4월 15일, 미국 로스앨러모스

을 했다. 이후 몇 년 동안 되뇌게 되는 연설이었다. 그 공격은 "정당한 명분"이 없고 "비열한" 것이라고 그는 말했다. 1941년 12월 7일은 "오명 속에 남을 날"이었다.

대통령은 미국인들에게 한 가지 약속을 했다. 그는 이렇게 외쳤다. "이 계획적인 침략을 극복하는 데 아무리 많은 시간이 걸릴지라도, 정의의 힘을 지닌 미국인들은 완벽한 승리를 거둘 것입니다."[1]

의회는 일본과의 전쟁을 선언했다. 나흘 뒤, 독일이 미국과의 전쟁을 선언했다. 나라는 전시체제에 들어갔다.

많은 미국인의 마음속에서 루스벨트는 유일한 총사령관이었다. 그는 네 번 대통령에 당선됐고, 3년 반 가까이 2차 세계대전에 매달리고 있었다. 그리고 유럽에서 연합군의 승리가 임박했을 때(그리고 태평양 전쟁이 피비린내 나는 절정에 이르렀을 때) 루스벨트가 갑자기 죽었다.

지금 불확실성의 광풍이 맨해튼 사업 참여자들을 뒤흔들고 있었다. 몇 년 전 원자폭탄 연구 및 개발 계획을 승인해 가장 명석한 과학자들을 불러 모은 것이 루스벨트였다. 장래에 전쟁을 끝내도록 해주기를 바랐던 일을 위해서였다. 루스벨트는 무기를 만드는 데 도움을 주기 위한 혁명적인 새 장비와 시설을 설계하고 만들고 운영할 대기업들을 구하는 데도 역할을 했다. 듀폰, 스탠더드오일, 몬산토, 유니언카바이드 같은 회사들이었다. 학교와 기업 연구소에서도 가장 훌륭하고 가장 창의적인 과학자들을 보내주었다. 그것은 돈이 많이 들고 불확실했으며 완전히 비밀에 싸여 있는 일이었다.

해리 트루먼이 이 사업의 어떤 부분을 받아들일지에 대해, 또는 사업 자체를 받아들일지에 대해서도 확실히 아는 사람이 아무도 없었다.

물리학자 필립 모리슨Philip Morrison은 이렇게 회상했다.

"이제 우리는 상층부에 아는 사람이 하나도 없었습니다."[2]

로스앨러모스의 사람들은 오펜하이머에게 의지해 대답을 들으려 했다. 그는 이론물리학에서도 뛰어났지만, 그의 재능은 과학에 국한되지 않았다. 그의 예리한 사고는 어떤 문제에 관해서도 핵심을 꿰뚫어 분명하고 간결한 해법을 찾아낼 수 있었다. 동료들은 그를 자기네가 만난 사람 가운데 가장 빠른 사고의 소유자라고 묘사했다. 이 순간에는 그 어느 때보다도 더 그 명석함이 필요했다.

오펜하이머는 키가 180센티미터에 몸무게는 60킬로그램이어서 수척하다고 할 만큼 호리호리했다. 그는 멋쟁이처럼 옷을 입었다. 우아하게 재단한 회색 정장에 푸른 셔츠와 타이, 반짝이는 구두, 그리고 중절모 차림이었다. 아랫입술에 궐련을 물고 하늘색 눈으로 꿰뚫을 듯 쳐다보는 그는 여자들에게 매력이 있고 남자들에게는 겁이 나게 했다. 오피Oppie라는 애칭으로 불린 그는 쾌활하고 자신감에 넘치는 성격으로, 연회에서도 강의실에서나 마찬가지로 편안했다.

오펜하이머는 뉴욕시에서 직물 수입으로 돈을 번 독일 이민자의 아들로, 성공할 것으로 기대됐고 실망시키지 않았다. 그는 하버드대학을 불과 3년 만에 수석 졸업했다. 스물두 살에 독일 괴팅겐대학에서 물리학 박사학위를 받았고, 그곳에 있는 알아주는 물리학자 막스 보른Max Born 밑에서 연구했다.

몇 년 만에 오펜하이머는 훌륭한 교직을 얻었다. 버클리 캘리포니아대학과 패서디나의 캘리포니아공과대학에서였다. 그는 시간을 쪼개 두 학교에 나갔다. 한 학기는 버클리, 다음 학기는 패서디나에 나가는 식이었다.

그는 당시 대부분의 교수들과 달리 화려하고 자유분방한 몰입 연기의 배우처럼 감복시키는 열정으로 강의했다. 그는 메모도 없이 고고한 수학적 개념 속에 시와 문학을 짜넣었다. 가장 중요한 과학적 질문들은 아직 해답을 찾지 못했음을 분명히 밝히고, 학생들에게 신비를 파헤치도록 요구했다. 한 동료의 회상대로 오펜하이머는 "물리학에 교양을 투여"했다. 이는 "이전에는 미국에 없던" 것이었다.

학생들은 매혹되고 고무됐다. 그들은 교수를 따라 버클리와 패서디나를 오갔다. 그의 기행과 삶에 대한 열정, 설익은 스테이크와 독한 마티니와 향기로운 음식과 컬런에 대한 그의 기호에 매혹됐다. 기량이 뛰어난 기수騎手이자 선원으로서 그는 어디를 가나 친구가 있는 듯했다.

그러나 오펜하이머에게도 어두운 구석이 있었다. 그의 명석함은 종종 우울과 짜증으로 흐릿해졌다. 그는 잡담을 참아내지 못했다. 친구들의 말을 중간에서 끊었고, 특히 주제가 지적인 자극을 주지 못한다고 생각되면 그랬다. 시시한 질문을 하는 학생들은 공개적인 면박을 당했다. 오펜하이머의 한 오랜 동료는 그를 "무례하다고 할 수 있을 정도로 오만"하다고 표현했다.

1942년 오펜하이머가 맨해튼 사업을 이끄는 자리에 임명되자 일부 동료는 그의 괴팍한 기질과 운영 경험 부족을 들어 의문을 표시하며, 그가 "햄버거 노점 하나도 운영"할 수 없다고 말했다. 그는 혁신적이고 독립적인 학계와 융통성 없는 구조의 군대 사이의 간극을 메워야 했다.

오펜하이머는 이 일에 뛰어들었다. 이것이 전쟁을 끝내는 가장 효과적인 수단이라고 보았기 때문이다. 그는 세계적으로 유명한 과학자들이 가족을 데리고 이사해 뉴멕시코주 로스앨러모스의 핵무기 비밀 연구소에 합류하도록 설득했다. 그곳은 로키산맥 최남단의 깊은 협곡과 높은 봉우리로 둘러싸인 외딴 지역이었다. 오펜하이머는 군 지도자들과도 잘 협력했다. 레슬리 그로브스Leslie R. Groves 장군이 그의 상대였다.

시간이 지나면서 오펜하이머는 놀랍도록 유능하고 카리스마 있는 관리자로 변해갔다고 그의 친구들과 동료들은 말했다. 세계에서 가장 훌륭한 몇몇 물리학자들이 로스앨러모스로 모여들었다. 그 가운데는 노벨상 수상자가 여섯 명이었다. 그들의 자존심은 대단했지만, 오피는 어떻게든 모든 것이 잘 돌아가도록 만들었다. 한 동료는 오펜하이머가 거의 없어서는 안 될 존재가 됐다고 말했다.

1945년 4월 무렵에 오펜하이머는 이 사업의 과학 책임자라는 자신의 역할에 완전히 녹아들어 있었다. 이제 겨우 마흔 살이었다. 그는 로스앨러모스의 한적한 곳에 있는 작은 오두막집에서 아내 키티와 어린 두 아이와 살았다. 한때 괴짜 교수였던 사람이 이제 자기 오두막집에 찾아오는 과학자들과 동료들을 위해 저녁 파티를 열었다. 여흥은 드라이마티니로 시작해, 해가 지면 앞마당으로 몰려나가 이어졌다.

로스앨러모스는 수백 명의 사람들로 출발해 과학자와 군 인력 및 그 가족 등 8천 명으로 불어났다. 면적이 220제곱미터에 이르는 '언덕'이라 불린 부지는 3미터 높이의 담장으로 둘러싸여 있었고, 담장 위에는 가시 철조망이 덮여 있었다.

카운트다운: 113일

4월 15일, 미국 로스앨러모스

1944년 로스앨러모스에서 열린 파티. 왼쪽에서부터 이 비밀 도시 신참자 환영을 책임지고 있던 도로시 매키빈, 맨해튼 사업의 과학 책임자 로버트 오펜하이머, 핵물리학자 빅터 바이스코프

그 안에는 또 하나의 담장이 전문가 구역을 차단하고 있었다. 최고 등급의 보안 인가를 받은 사람만이 들어갈 수 있었다. 오펜하이머의 사무실은 그곳에 있었고, 폭탄 연구에 사용되는 대규모 실험실들도 그곳에 있었다.

오펜하이머는 자주 나무 없는 로스앨러모스 거리를 거닐면서 시장이라도 된 듯이 사람들에게 손을 흔들며 인사를 했다. 그는 언제나 침착하고 우아했으며, 할 말을 못 찾아 당황하는 일이 없었다.

그러나 4월 12일, 대통령이 죽었다는 뉴스는 엄청난 충격을 주었다. 토머스 존스Thomas O. Jones는 그날 축 처진 오펜하이머의 모습을 보았다. 깊은 상실감과 싸우고 있는 사람의 모습이었다.

정보 장교인 존스의 사무실은 오펜하이머의 사무실과 담을 둘러친 통로로 연결된 건물에 있었다. 그는 전화기가 울릴 때 나갈 준비를 하고 있었다. 전화 건 사람이 루스벨트 대통령이 죽었다고 말했다. 존스는 처음에 그 말을 믿지 않았다.

"정말이야?"

그가 묻자 상대방이 같은 말을 반복했다. 존스는 망연자실해 아무 말 없이 앉아 있었다. 뭔가 말을 해야 한다는 것을 알았다. 기지는 세상과 차단돼 있었다. 외부의 라디오 방송도 들을 수 없었고 신문도 없었다. 가장 가까운 도시는 샌타페이였다. 50킬로미터 떨어진 곳이다. 지도에는 로스앨러모스가 존재하지 않았다. 그래서 이곳에 있는 사람들은 나쁜 소식을 전문가 구역의 소식통을 통해 듣곤 했다.

존스는 오펜하이머에게 말해야겠다고 결심했다. 그는 자기 사무실에서 뛰어나와 건물 사이의 통로로 향했다. 가던 중간에 자기 쪽으로 오고 있는 낯익은 모습을 얼핏 보았다.

오펜하이머는 이미 알았지만, 믿을 수 없었다.

"정말이야?"

오펜하이머가 묻자 존스가 부드럽게 말했다.

"그래요, 오피."

그것은 오펜하이머가 들을 것이라고 예상했던 말을 확인한 것에 지나지 않았다.

전문가 구역에서 일하는 사람들은 대통령의 죽음을 동시에 알았다. 모든 것이 멈췄다. 과학자들은 서로를 쳐다보았다. 그 소식 들었어? 그들은 물었다. 몇몇은 충격을 받고 침묵에 빠졌다. 어떤 사람들은 울부짖었다. 그들은 실험실에서 쏟아져 나와 복도와 바깥 계단으로 몰려갔다. 아무도 혼자 있고 싶어 하지 않았다.

카운트다운: 113일

4월 15일, 미국 로스앨러모스

통로에서 존스는 오펜하이머가 눈에 띄게 충격을 받았음을 볼 수 있었다. 그의 얼굴은 창백하고 음울했다. 그들은 대통령에 대해 이야기했다. 그가 어떻게 나라를 구했는지를. 오펜하이머는 루스벨트가 이룬 업적과 그의 지성과 "매력 있는 성품"[3]을 찬양했다.

사실 오펜하이머와 루스벨트는 많은 이야기를 나눈 것이 아니었다. 그들은 존중하되 거리를 두고 있었고, 의사소통은 대부분 중간의 사람을 통해서 했다. 루스벨트는 기회가 있을 때마다 그가 로스앨러모스 무기개발디자인연구소에서 감독하고 있는 "매우 중요한" 작업에 대해 오피를 칭찬했다.

루스벨트는 1943년 6월 29일 오펜하이머에게 보낸 편지에서, 과학자들과 그로브스 장군 사이에 커지고 있는 적대감을 무마하려 애썼다. 그로브스는 몰아붙이는 스타일의 군 지도자였다. 루스벨트는 일부 과학자들이, 불가능하다고 생각하는 마감일에 대한 압박으로 인내력이 바닥나기 시작했음을 알았다. 그들은 엄중한 경비 속에 살고 있는 것에 대해서도 분개했다. 일부에서는 폭탄이 만들어지기나 할지 의문을 품었고, 그렇게 위험한 물질 속에서 일하는 것이 현명한 일인지에 대해 의심을 가졌다.

루스벨트의 편지는 오펜하이머를 엄격한 경비와 "매우 특별한 제한"을 받으며 일하고 있는 엘리트 과학자 집단의 리더로 인정했다. 대통령은 오펜하이머에게, 제한이 필요함을 팀원들이 인식할 수 있도록 해달라고 부탁했다. 그는 팀원들의 근면한 노력과 "개인적인 희생"에 감사하고 있음을 전해달라고 요청했다. 루스벨트는 이렇게 썼다.

나는 우리가 그들의 지속적이고 전폭적이며 사심 없는 노고에 의지할 수 있다고 확신합니다. 적이 어떤 계획을 세우든, 미국의 과학은 그 도전을 감당해낼 것입니다.[4]

THE WHITE HOUSE
WASHINGTON

June 29, 1943

Secret

My dear Dr. Oppenheimer:

I have recently reviewed with Dr. Bush the highly important and secret program of research, development and manufacture with which you are familiar. I was very glad to hear of the excellent work which is being done in a number of places in this country under the immediate supervision of General L. R. Groves and the general direction of the Committee of which Dr. Bush is Chairman. The successful solution of the problem is of the utmost importance to the national safety, and I am confident that the work will be completed in as short a time as possible as the result of the wholehearted cooperation of all concerned.

I am writing to you as the leader of one group which is to play a vital role in the months ahead. I know that you and your colleagues are working on a hazardous matter under unusual circumstances. The fact that the outcome of your labors is of such great significance to the nation requires that this program be even more drastically guarded than other highly secret war developments. I have therefore given directions that every precaution be taken' to insure the security of your project and feel sure that those in charge will see that these orders are carried out. You are fully aware of the reasons why your own endeavors and those of your associates must be circumscribed by very special restrictions. Nevertheless, I wish you would express to the scientists assembled with you my deep appreciation of their willingness to undertake the tasks which lie before them in spite of the dangers and the personal sacrifices. I am sure we can rely on their continued wholehearted and unselfish labors. Whatever the enemy may be planning, American science will be equal to the challenge. With this thought in mind, I send this note of confidence and appreciation.

1943년 6월 29일 루스벨트 대통령이 오펜하이머에게 보낸 편지

카운트다운: 113일

4월 15일, 미국 로스앨러모스

지금 추도식을 준비하면서 오펜하이머는 자기네 과학자들 가운데 일부는 원자폭탄을 개발하는 사업에 대해 여전히 의문을 품고 있음을 알고 있었다. 최근에 실라르드 레오Szilárd Leó 같은 영향력 있는 물리학자들이 그것을 전쟁에 쓰는 것에 대해 도덕적인 반대 의사를 표명하고 있었다. 실라르드는 청원 운동을 시작해, 같은 생각을 하는 동료 과학자들을 규합하고 있었다.

그러나 오펜하이머는 이날 하루만큼은 그런 우려를 접어놓고 싶었다. 그는 추도사를 마무리하느라 전날 밤 늦게까지 잠자리에 들지 못했다. 아침에 일어나 보니 정원에, 거리에, 온 마을에 눈이 덮여 있었다. 물리학자 모리슨은 눈이 "위안의 몸짓"[5]이었다고 회상했다.

평상시에 붐비던 거리는 조용했다. 미국의 대부분의 지역처럼 로스앨러모스도 애도 분위기였다. 극장 밖의 보도는 안으로 들어와 기다리는 수백 명의 발에 밟혀 드러나 있었다. 존스는 오피를 안으로 안내했다. 오펜하이머는 늘 쓰던 중절모를 쓰지 않고 왔다.

오펜하이머는 천천히 무대로 걸어갔고, 줄지은 긴 나무 의자에 모여 있는 사람들은 침묵을 지키고 있었다. 여러 해 동안 오피를 알고 있던 몇몇 사람들에게는 그가 캘리포니아에서 그리도 인기를 모았던 자신만만한 젊은 물리학자 시절보다 조금 더 나이가 들어 보였다. 안에 있던 존스와 모리슨 같은 많은 사람들은 이제 전체 사업이 중단되는 것은 아닌지 의문스러워했다.

오펜하이머는 무대 위, 내려 걸린 미국 국기를 배경으로 서서 잠시 기다렸다. 그리고 그는 속삭임과도 같은 낮은 목소리로 추도사를 읽기 시작했다. 로스앨러모스에서 일하고 있는 수천 명을 안심시키기 위해 준비한 것이었다.

사흘 전 루스벨트 대통령의 서거 소식이 세상에 전해지자 눈물에 익숙지 않은 많은 사람들이 눈물을 흘렸고, 기도에 그다지 익숙지 않은 많은 남녀들이 신에게 기도했습니다. 우리 가운데 많은 사람들이 큰 걱정을 안고 미래를 바라봤습니다. 우리 가운데 많은 사람들이 우리 작업이 잘 끝나리라는 데 확신을 덜 느꼈습니다. 우리 모두는 인간의 위대함이 얼마나 소중한 것인지를 되새겼습니다.

우리는 거대한 악의 시대, 거대한 공포의 시대를 살아왔습니다. 루스벨트는 우리의 대통령, 우리의 총사령관이었고, 오래되고 왜곡되지 않은 의미에서 우리의 지도자였습니다. 온 세계의 사람들은 그가 이끌어줄 것을 기대했습니다. 그리고 이 시대의 악이 반복되지 않고, 지금까지 바쳐왔고 또 앞으로도 바치게 될 엄청난 희생이 더 나은 세상을 만들어주리라는 희망의 상징으로 그를 바라보았습니다.

사람들이 자신의 무력함과 깊은 의존성을 깨닫게 되는 것은 그런 악의 시대에서입니다. 선량하고 현명하며 공정한 왕의 죽음이 그의 나라를 절망과 애도 속에 빠뜨린 중세 시절을 떠올리게 합니다.

그런 뒤에 오펜하이머는 여러 해 동안 자신에게 많은 위안을 주었던 글을 끄집어냈다.

인도의 경전 《바가바드 기타》에는 이런 구절이 있습니다.
"사람은 본질적으로 믿음의 존재다. 그가 믿는 것이 바로 그다."

카운트다운: 113일

4월 15일, 미국 로스앨러모스

루스벨트의 믿음은 세계 모든 나라의 수많은 남녀들이 함께 가지고 있는 믿음과 같은 것이었습니다. 그런 까닭에 희망을 이어갈 수 있으며, 그런 까닭에 그의 선행이 그의 죽음과 함께 끝나지 않으리라는 희망을 우리가 놓치지 않는 것은 올바른 일입니다.[6]

그 뒤에, 과학자들과 그 가족들은 일어서서 고개를 숙이고 말없이 있었다. 너무 슬퍼 말을 할 수 없었다.

트루먼이 맨해튼 사업을 어떻게 처리할지 분명하지 않았지만, 오펜하이머는 낙관적으로 생각하려고 애썼다. 추도식이 끝나고 그는 친구인 물리학자 데이비드 호킨스David Hawkins에게 이렇게 말했다.

"루스벨트는 위대한 설계자였어. 트루먼은 아마도 훌륭한 목수가 될 거야."[7]

그러나 오펜하이머는 확신할 수 없었다. 그가 알고 있는 것은 몇 년 동안 수십억 달러의 세금을 쏟아붓고 집중적인 연구를 한 끝에 로스앨러모스의 과학자들이 물건을 더 잘, 그리고 곧 제공하게 됐다는 것뿐이었다.

카운트다운

105일

4월 23일, 미국 웬도버

폴 티베츠Paul Tibbets 대령은 솔트레이크시티 경찰관의 고함 소리가 흘러나오자 얼굴을 찡그리고 전화 수화기를 귀에서 떼어냈다. 주말에 대령의 항공병 몇이 소 떼를 모는 카우보이들처럼 시에 들이닥쳤고, 경찰관은 긴 소동의 내역을 줄줄 읊었다. 속도 위반, 신호 위반, 유타호텔에서의 음주와 방탕한 여자들을 동반한 흥청거림, 현지 무뢰배들과의 난투극.

티베츠는 한숨을 내쉬었다. 그와 그의 부하들은 너무 오랫동안 이 사막 활주로에 처박혀 있었다. 이제 제509부대는 웬도버 비행장을 떠나 진짜 적에게 진짜 문제를 안겨줘야 할 시간이었다.

그는 경찰관에게, 그들이 이제 곧 그를 귀찮게 하지 않고 마을에서 떠날 것이라고 말했다. 주말의 일탈 때문에 고도의 훈련을 받은 그의 부하들을 수감하는 것은 어떤 문제도 해결하지 못하고 나라의 투자를 낭비하는 일이 될 것이라고 했다.

경찰관은 동의하지 않을 수 없었다. 티베츠는 몇 마디 달래는 말을 더 한 뒤 전화를 끊었다.

몇 달 동안 대령은 부하들을 혹독하게 몰아붙였다. 그들은 자세한 내용을 알지 못했다. 그의 부하들은 그저 자기네가 전쟁을 끝낼 수 있는 비밀 폭격 임무를 위해 훈련을 받아왔다고만 알고 있었다. 이제 그들은 준비가 됐는데, 폭탄은 어떻게 됐나? 그것이 그의 유일한 의문이었다.

그는 로스앨러모스를 왕복해왔고, 과학자들이 아직도 그것을 "땜질"하고 있다는 말을 들었다. 그들은 자기네가 갖고 있는 것에 만족하지 않고 완벽한 무기를 만들어내는 데 더 관심이 있었다. 그들은 이 망할 것을 실제로 떨어뜨리기 전에 설계를 끝없이 개선하고 시험을 더 해보고 끝없이 고치려는 것 같았다. 물론 그 무기가 성능을 발휘할지에 대한 의문은 여전히 남아 있었다.

티베츠는 경찰이나 로스앨러모스의 과학자들만 상대하는 것이 아니었다. 그는 이곳 유타에서 복잡한 비밀 군사작전을 진행하고 있었다. 수백 명의 비행사, 항법사, 폭격수, 보조 인력이 관여하는 일이었다. 그와 극소수만이 일의 전모를 알고 있었다. 그리고 제509부대의 모든 문제는 그에게로 집중됐다.

그의 아내 루시와 어린 두 아이들은 비행장 부근의 작은 집에서 살았지만, 그가 그곳에서 시간을 보내는 일은 별로 없었다. 그는 이 임무에 너무 몰두했기 때문에 아이들과 놀거나 아내와 밤늦게까지 이야기를 나누는 일은 달콤한 추억이 됐다. 지휘관들이 그를 이 임무에 발탁한 것은 그러한 근면함이 한 가지 이유였다.

그는 체계적이고 강인했으며, 전쟁이 시작되기 몇 년 전에 육군 항공단USAAC에 들어갔다. 가장 중요한 것은 한 장군의 표현대로 그가

폴 티베츠 대령

육군에서 "최고의 조종사"라는 점이었다. 그의 조종 기술은 이 위험한 임무에 필수적이었다. 이 임무는 원자폭탄을 정확하게 떨어뜨리는 것만으로 끝나지 않았다. 떨어뜨린 뒤에는 폭발로 인한 폭풍을 피하기 위해 완벽한 회전과 다이빙을 해내야 했다. 실패할 경우 후속 충격파가 비행기를 산산조각 내 날려버릴 수 있었다.

그 임무를 해낼 사람이 있다면 바로 티베츠였다. 그는 자신감 있고 잘생긴 사내였고, 턱에 살짝 파인 부분이 있었다. 그러나 티베츠는 할리우드 배우가 아니었다. 그는 압박을 잘 견뎌내는 노련한 폭격기 조종사였다. 티베츠는 1942년과 1943년 북아프리카 임무에서 드와이트 아이젠하워 장군과 마크 클라크 장군을 안내했다. 클라크를 태우고 알제로 날아갈 때 그는 고사포와 기관총의 사격 속에서도 무사히 착륙했다.

티베츠는 북아프리카와 독일 상공에 수십 차례의 전투 폭격 임무를 띠고 출격했으며, 그 뒤 미국에 배치돼 B-29 초超공중요새 비행 시험 프로그램의 책임을 맡았다. B-29는 선행 모델인 B-17 공중요새에 비해 더 빠르고 더 고도가 높으며 더 무거운 폭탄을 실을 수 있도록 보잉사에서 설계한 것이었다. B-29는 5천 킬로미터 이상을 날 수 있었다. 미군이 일본에 근접하기 위해 필요로 했던 바로 그 거리였다. 그러나 이 새 폭격기를 몰고 처음 시험 비행에 나선 조종사가 죽었고, 일부에서는 띄우기에 너무 위험하다고 생각했다.

티베츠는 두려움이 없음을 입증해 보였고, 동료 조종사들도 그러기를 기대했다. 과단성 있는 지휘관이었던 티베츠는 완벽주의자였고, 그것이 일부 동료들을 짜증나게 했다. 그러나 티베츠는 괘념치 않았다. 책임자는 그였고, 따라서 그들은 그의 방식대로 일해야 했다. "올바른 방식"으로 말이다.

티베츠는 일리노이주 퀸시에서 태어났다. 아버지는 1차 세계대전 때 보병 대위였고, 나중에 사탕 도매 사업을 했다. 그것이 간접적으로 폴의 열정으로 이어졌을 것이다. 그는 열두 살 때 복엽기를 타고 첫 비행을 했다. '베이비 루스Baby Ruth' 캔디바 신제품 판촉 행사의 일환이었다. 그의 아버지는 이 제품의 구역 유통업자였고, 현지 조종사를 고용해 모여든 많은 군중의 머리 위에서 이 사탕을 떨어뜨리게 했다.

소년은 이 곡예 비행 소식을 듣고는 자신을 데려가달라고 조종사에게 졸랐다. 조종사는 바로 승낙하지 않았다. 그는 고객의 아이에게 무슨 일이 생기는 것을 원치 않았다. 아버지의 허락이 떨어지자 조종사는 소년에게 창고에 가서 캔디바 하나하나에 작은 종이 낙하산을 붙이는 일꾼들의 작업을 돕게 했다. 땅에 사뿐히 떨어지도록 하기 위해서였다.

비행기에 사탕을 싣고 나자 티베츠는 조종석에 뛰어들어 조종사 옆에 자신을 붙들어맸다. 엔진이 소리를 내며 시동이 걸렸고, 조종사가 조절판을 앞으로 밀었다. 곧 비행기가 땅에서 떠올랐다. 티베츠는 바람을 얼굴에 맞으며 함박웃음을 참을 수 없었다.

그들은 곧 경주로에 도착했고, 그곳에서 조종사는 낮게 선회하며 군중이 복엽기를 잘 볼 수 있도록 했다. 조종사가 비행기를 움직일 때 티베츠는 캔디바를 바깥으로 던져 아래에 있는 사람들에게 보냈다. 여러 해 뒤에 티베츠는 그것이 자신의 첫 번째 폭격 임무였다고 농담처럼 말했다. 비행기가 공중을 날던 그 순간부터 그는 매혹됐다. 그는 나중에 친구들에게 이렇게 말하곤 했다.

"신나는 항공병 생활을 체험한 이후로 다른 어떤 것도 나를 만족시킬 수 없었어."[1]

그러나 아버지는 그가 의사가 되길 바랐다. 티베츠는 일리노이주 올턴에 있는 서부군사학교를 다녔고, 1933년에 플로리다대학에 입학했다. 방과 후에 그는 자주 게인스빌 공항에 가서 비행기들을 바라봤다.

어느 날 그는 비행술을 공부해야겠다고 결심했다. 30분에 7달러짜리 수업을 들었다. 그는 타고난 사람이었다. 곧바로 강사를 앞질렀다.

2년을 다닌 뒤 티베츠는 신시내티대학으로 옮겨 의과대학 예과 과정을 마쳤다. 그는 아버지의 친구인 외과 전문의 앨프리드 해리 크럼 Alfred Harry Crum 박사와 함께 살았다. 티베츠는 주말을 대부분 박사의 병원에서 잡역부로 일하며 보냈지만, 시간이 나면 슬그머니 런켄 공항으로 가서 조종사들과 어울렸다.

크럼 박사는 젊은 티베츠가 비행에 관심이 있는 것을 알고 자신의 꿈을 따르도록 그를 격려했다. 아마도 그는 상업 항공에서 이력을 쌓을 수 있을 듯했다. 그러나 티베츠는 아버지가 허락하지 않으리라는 것을 알았다.

그런데 1936년 연말께 모든 것이 분명해졌다. 《파퓰러 머캐닉스 Popular Mechanics》라는 잡지에 실린 광고가 그에게 거의 외치다시피 했다.

"비행술을 배우고 싶으십니까?"[2]

티베츠는 이미 비행술을 배웠다. 그러나 정말로 그의 관심을 끈 것은 다음 줄이었다. 육군 항공단이 조종사를 구하고 있었다. 이제 스물한 살이 된 티베츠는 다음 날 우편으로 지원서를 보냈고, 휴가를 맞아 집으로 가기 직전에 편지를 받았다. 티베츠는 프로그램 참여를 허가받았다. 공군 사관 후보생이 되는 것이었다.

이제 그는 군대에 가기 위해 대학을 중퇴하겠다고 부모에게 말해야 했다. 아버지는 선뜻 받아들이지 않았다. 그는 이렇게 말했다.

"나는 널 학교에 보냈다. 자동차도 사주고, 여자애들과 어울리라고 용돈도 주었다. 그러나 이제부터는 네가 알아서 해라. 네가 죽는 길로 가고 싶다면 그렇게 해라. 나는 신경 안 쓰겠다."

어머니 에놀라 게이 티베츠Enola Gay Tibbets는 남편이 소리를 지르는 동안 가만히 앉아 있었다. 그가 숨을 돌리기 위해 멈추자 어머니는 방 안을 침묵에 빠뜨렸다가 속삭이듯이 말했다.

"폴, 네가 비행기를 타고 싶다면 그렇게 해야지."

티베츠는 안심이 됐다. 그는 올바른 결정을 내린 것이었다. 그에게 나쁜 일은 아무것도 일어나지 않을 것이다.

티베츠는 전투 중 궁지에 빠졌을 때는 언제나 이 말을 기억했다.

1937년 2월 기초 훈련을 받으러 떠나는 날 어머니는 이렇게 말했다.

"아들아, 언젠가 너는 정말로 우리의 자랑이 될 거야."

그리고 이후 군대에 있는 8년 동안 그는 모든 일에서 착오가 없었다.

텍사스주 샌안토니오에 있는 랜돌프필드에서 기초 비행 훈련을 마친 뒤 그는 조지아주 포트베닝에 배속됐다. 그가 자그마한 남부 미인 루시 윈게이트를 만난 곳이 여기였다. 그들은 사랑에 빠졌고 1938년에 결혼했다.

티베츠는 비행단에서 빠르게 진급했다. 비행단은 1941년 미국 육군 항공대USAAF로 이름을 바꾸었다. 1942년 6월 유럽에 배치된 직후 그는 제97폭격단 전체를 이끄는 지휘관에 임명됐다.

티베츠는 1942년 8월, 점령된 프랑스 상공에서 미국의 첫 주간晝間 중폭격기 작전을 지휘했다. 그는 자신이 '붉은 그렘린Red Gremlin'(그렘린은 항공기를 비롯한 기계류의 오작동을 일으킨다는 가상의 말썽쟁이 생명체다—옮긴이)이라 이름 붙인 B-17 공중요새를 타고 모두 스물다섯 차례의 전투 임무에 나섰다.

그는 연합군의 북아프리카 침공 작전인 '토치Torch' 작전 준비를 위해 클라크 소장을 런던에서 지브롤터까지 태우고 갔다. 몇 주 뒤에는 연합군 최고사령관 아이젠하워 중장을 지브롤터로 태우고 갔다.

티베츠의 기술은 이미 군의 전설이었던 상관 제임스 둘리틀James Doolittle 소장의 칭찬을 받았다. 둘리틀은 1942년 도쿄 상공에서 대담

한 공습 폭격을 지휘했다. 이는 일본 본토에 대한 미국의 첫 공격이었다. 이 작전은 나중에 〈도쿄 상공 30초Thirty Seconds Over Tokyo〉(1944)라는 영화로 만들어졌다.

그래서 티베츠가 1943년 2월 둘리틀의 사무실로부터 호출을 받았을 때 그는 어느 고위 장성을 어딘가로 실어 가는 임무를 맡게 될 것으로 생각했다. 그러나 둘리틀은 헨리 아널드Henry Arnold 공군 참모총장의 요구 사항에 대해 이야기했다. 둘리틀은 이렇게 말했다.

"아널드 장군께서는 내 휘하에서 B-17 경험이 가장 많은 최고의 영관급 장교가 미국으로 돌아와 주기를 바라시네. 그들은 B-29라 불리는 비행기를 만들고 있는데, 그것 때문에 골치가 아픈 모양일세. 자네가 맡아주게."[3]

한 달 뒤 티베츠는 본국으로 돌아와 보잉사 공장에서 기술자들과 비행 시험 작업을 하고 있었다. 그는 한 교수가 B-29의 폭격기 공격의 취약성을 계산하는 것을 돕기 위해 뉴멕시코주 앨라모고도로 갔다. 티베츠가 해야 할 일은 전투 수행 모의 실험에서 이론을 시험해보는 것이었다.

검증용으로 배정된 B-29는 무기와 장갑판을 완비한 것이었지만, 티베츠가 현장에 도착해 보니 자신이 탈 비행기가 적어도 열흘 이상 고장 난 상태였다. 그는 총이나 장비를 전혀 싣지 않은 '기본' B-29기로 비행 시험을 해보기로 결정했다. 3천 킬로그램을 덜 실은 상태의 비행기는 너무도 쉽게 조종할 수 있고 높이 올라갈 수 있어 놀랐다. 그는 머릿속에 그 데이터를 단단히 기억해두었다.

육군은 1944년 3월 네브래스카주 그랜드아일랜드에 B-29 훈련소를 열었다. 티베츠가 운영 책임자였다. 당연한 일이었다. 그는 다른 어느 비행사보다도 더 많은 시간을 초공중요새를 타고 보냈다. 그러나 이 임무는 오래가지 않았다. 9월에 티베츠는 콜로라도스프링스에 있는 미국 육군 제2공군 사령부에서 열리는 비밀 회의에 소집됐다.

티베츠는 이 회의에 대해 아는 바가 전혀 없었다. 심지어 누가 나오는지도 몰랐다. 그는 긴장을 억누르고 회의실로 걸어 들어갔다. 안에는 세 사람이 있었다. 미국 육군 정보 장교인 존 랜스데일John Lansdale 대령, '디크Deak'라 불리는 '폭발물 전문가' 윌리엄 파슨스William Parsons 해군 대령, 그리고 하버드대학 물리학 교수 노먼 램지Norman Ramsey였다.

랜스데일은 티베츠에게 그의 군 경력에 관해 몇 가지 물어볼 게 있다고 말했다. 그러나 그들은 곧바로 티베츠의 민간인 생활로 넘어갔다. 어떤 질문들은 매우 사적인 것이었다. '이건 심문이구나' 하고 티베츠는 생각했다. 마침내 랜스데일은 마지막 질문이 하나 있다고 말했다.

"체포된 적이 있습니까?"[4]

티베츠는 심호흡을 했다. 그렇다고 그는 말했다. 열아홉 살 대학생 시절, 플로리다주 노스마이애미비치에서 차 뒷좌석에서 한 소녀와 "사랑 행위를 하고 있는데" "손전등을 든 주제넘은 경찰관" 하나가 다가와 그들을 체포했다. 기소는 나중에 중지됐다고 그는 말했다.

방에 있던 사람들은 모두 그의 경솔한 행동에 대해 이미 알고 있었다. 그들은 배경 조사를 했다. 그들은 단지 티베츠가 실토를 하는지 보려는 것이었다. 실토를 한다면 그들은 사람을 제대로 고른 것이었다. 제2공군 사령관 우잘 엔트Uzal G. Ent 장군이 대화를 이어받았다. 그리고 본론으로 들어갔다.

그는 티베츠에게 맨해튼 사업에 대해 이야기했다. 매우 강력한 폭탄을 만드는 사업이었다. "재래식 고성능 폭탄 2만 톤"의 힘으로 폭발하는 것이다. 티베츠는 이 원자폭탄을 독일이나 일본 상공으로 운반하는 방법을 개발할 적임자로 선택됐다. 그의 임무는 암호명 '실버플레이트Silverplate' 작전이었다. 이를 누구에게라도 발설하면 그는 군사법원에 회부될 것이라고 엔트는 경고했다.

그들은 티베츠에게, 사람이든 물자든 필요한 것은 모두 주겠다고 말했다. 그에게 애를 먹이는 사람이 있다면 그는 자신의 요청이 '실버플레이트' 작전을 위한 것이라고만 말하면 그만이었다. 그는 백지수표를 받은 것이다.

티베츠는 훈련 프로그램을 위한 장소로 유타주와 네바다주의 경계에 있는 외딴 기지 웬도버 비행장을 선택했다. 그는 자신의 새 팀에 적합한 사람을 모으기 시작했다. 그는 유럽 및 북아프리카에서, 그리고 B-29 훈련 프로그램에서 함께 근무했던 승무원들 가운데 뛰어난 사람들을 고르기 위해 기억을 짜냈다.

그의 명단 맨 꼭대기에는 '더치Dutch'로 불리던 항법사 시어도어 밴커크Theodore Van Kirk 대위와 '붉은 그렘린' 시절 동승 승무원이었던 폭격수 토머스 페어비Thomas Ferebee 소령이 올라갔다. 둘 다 젊고 미혼이었으며, 술과 도박을 좋아해 비번일 때면 런던 거리를 흥청거리며 돌아다녔다. 가끔 티베츠도 합류했다.

페어비가 웬도버에 먼저 도착했고, 조금 뒤에 밴커크가 왔다. 작전에서는 폭격수가 적의 목표물을 타격하는 책임을 맡았다. 티베츠가

(왼쪽부터) 시어도어 밴커크 대위, 폴 티베츠 대령, 토머스 페어비 소령이 유럽에서 폭격 작전을 수행할 때 사용하던 폭격기 '붉은 그렘린' 앞에 서 있다.

생각하기에 그 일을 페어비보다 잘하는 사람은 없었다. 노스캐롤라이나주의 작은 마을 출신인 페어비는 키가 크고 잘생겼으며, 고등학교 시절 유명 야구 선수로 보스턴 레드삭스 팀에서 입단 테스트를 받기도 했다.

그는 콧수염을 기르고, 부드럽고 느린 남부 말투를 썼으며, 도박과 여자를 좋아했다. 마치 마거릿 미첼의 소설 《바람과 함께 사라지다》에 나오는 레트 버틀러 같았다.

페어비와 달리 밴커크는 막 정착을 한 참이었다. 동안의 이 항공 장교는 그의 고향인 펜실베이니아주 노섬벌랜드 출신의 소녀와 결혼했다. 스물네 살의 밴커크는 페어비보다 조금 더 조용했지만, 둘 다

카운트다운: 105일

4월 23일, 미국 웬도버

완벽주의자였다. 그들의 지휘관 티베츠처럼 말이다.

세 사람은 티베츠와 함께 일할 가장 좋은 사람들을 모으기 위해 머리를 맞댔다. 그 가운데 하나가 강단 있고 냉소적인 유대인 제이컵 비저 Jacob Beser였다. 그는 볼티모어 출신으로 존스홉킨스대학에서 공학을 전공했다.

비저는 덥석 기회를 잡았다. 1939년 9월 독일이 폴란드를 침공해 2차 세계대전의 불씨를 댕기자 비저는 부모를 설득해 영국 공군에 들어가게 해달라고 졸랐다. 그는 나치를 싫어했다. 프랑스와 독일에 있는 그의 친척들이 히틀러의 광적인 유대인 탄압의 목표물이 될 것임을 알았다. 그의 부모도 화가 나긴 마찬가지였지만 학교를 마쳐야 한다고 고집했다. 일본이 진주만을 공격하자 비저는 더 이상 참을 수 없었다. 그는 바로 다음 날 육군 항공단에 들어갔다.

그러나 비저는 3년여가 지나도록 실전을 경험해보지 못했다. 기초 훈련을 받은 뒤 그는 하버드대학에 보내져 레이더를 공부했다. 이 기술은 새롭고도 중요성이 커지고 있었는데, 그는 군대에서 최고의 레이더 전문가 가운데 하나가 됐다.

비저는 "유럽에 있는 친척들의 복수를 위해" 계속 전투 부대 근무를 요청했다. 그러나 매번 거부당했다. 그는 신병들에게 레이더에 대해 가르치는 일에 매달려야 했다. 티베츠가 그를 자신의 팀에 발탁하자 그는 바로 다시 한 번 요청했다.

티베츠는 후미 총수인 조지 '밥' 카론 George 'Bob' Caron 병장도 발탁했다. 카론이 솔트레이크시티에서 서쪽으로 200킬로미터 떨어진 먼지투성이의 벌판 웬도버에 불쑥 나타났을 때, 그의 군복은 더럽고 칼라는 풀어져 있었다. 군 규율 위반이었다. 헌병이 그를 질책할 때 낯익은 목소리가 카론의 귀에 들어왔다.

"이거, 밥 아닌가?"[5]

그가 돌아서자 티베츠가 손을 내밀었다. 카론은 활짝 웃었고, 헌병은 뒤로 물러섰다. 티베츠는 카론을 데리고 사무실로 들어가 곧바로 본론을 꺼냈다.

"밥, 나는 자신의 일을 알고 다른 사람들에게 비슷한 일을 하도록 가르칠 수 있는 사람이 필요하네. 그리고 입단속도 시키고."

카론이 대답했다.

"대령님, 제가 여기 있다는 것도 말하지 않겠습니다."[6]

선택한 또 한 사람은 뉴욕 브루클린 태생의 건방진 비행사 로버트 루이스Robert A. Lewis 대위였다. B-29 프로그램에서 티베츠는 루이스의 멘토가 됐다. 티베츠가 비행사들의 조 디마지오라면 루이스는 테드 윌리엄스였다(디마지오는 56경기 연속 안타를 친 타자, 윌리엄스는 마지막 4할 타자로 모두 2차 세계대전 전후 시기 미국 프로 야구를 대표하는 타자들이었다—옮긴이). 루이스는 자신이 군에서 최고의 조종사라고 생각했으며, 다른 많은 사람들도 그렇게 생각했다.

티베츠가 수십 명의 승무원을 구성할 충분한 인원을 모집했을 때쯤 루이스는 미군에서 최고의 조종사·항법사와 항공 기관사들 가운데 일부를 모았다. 티베츠에게는 충성심과 비밀 엄수가 가장 중요한 자질이었다. 그는 자기네가 하고 있는 일에 대해 누구에게도 발설하지 않는 한 부하들의 거슬리는 행동들에 대해서는 너그럽게 대했다.

그는 1944년 9월 그의 제509부대에서 열린 첫 브리핑에서 이 모든

카운트다운: 105일

4월 23일, 미국 웬도버

것을 요약했다.

"여러분은 여러분이 어디에 있고, 여러분이 누구이고, 여러분이 무슨 일을 하는지 어느 누구에게도 이야기해서는 안 됩니다. 아내든 어머니든 누이이든 여자 친구든, 그 누구도 안 됩니다."[7]

그리고 자신이 얼마나 진지한지를 보여주기 위해 너무 자유스럽게 이야기한 몇 사람을 갑자기 알래스카주의 공군 기지로 전보시켰다.

티베츠의 승무원들은 몇 달 동안 일하면서 공부하고 토론하고 연습했다. 그들은 열심히 일하고 잘 놀았다. 배치될 때까지 기다리는 오랜 기간 동안 시간을 때울 방법을 찾았다. 이제 봄이 왔고, 웬도버에서는 일이 점점 묘해지고 있었다. 옮겨가야 할 시간이었다.

그러는 사이에 지휘관들은 제509부대의 새로운 보금자리를 마련하느라 분주했다. 도쿄에서 남쪽으로 2500여 킬로미터 떨어진 태평양의 작지만 전략적인 섬 티니안이었다. 티니안섬은 1944년 7월 미군에 점령돼 중요한 공군 기지가 됐고, 바다를 통해 보급을 받기 쉽고 일본 도시들을 상대로 한 B-29 공중 공격을 발진할 수 있는 완벽한 곳이었다.

티베츠는 마냥 기다리는 데 지쳤다. 그는 전화기를 집어 들고 워싱턴의 항공대 지휘 사령부에 전화를 걸었다. 그는 '실버플레이트'라는 이름을 입에 올렸다. 제509부대는 준비가 됐다고 말했다. 그렇게 해서 과정이 시작됐다. 모든 사람이 그곳에 도착하려면 몇 주일이 걸릴 것임을 그는 알고 있었다.

그들은 4월 26일 서쪽으로 이동을 시작해 서태평양 철도를 통해 마침내 시애틀에 닿을 것이다. 그곳에서 대부분의 지상 요원들은 배를 타고 티니안섬으로 올 것이다. B-29 승무원들은 나중에 비행기로 올 것이다.

티베츠는 계획을 진행시켰다. 얼마 지나지 않아서 전화가 울렸다. 그로브스 장군의 보좌관이었는데, 티베츠가 워싱턴에 와서 긴급 회의에 참석해야 한다고 말했다. 장군의 심기가 불편하다고 보좌관은 말했다. 그는 자세한 이야기는 하지 않았다. 티베츠는 출발했다.

그가 사무실 문을 들어서기도 전에 그로브스의 불호령이 떨어졌다. 대령은 도대체 해외의 제509부대에 명령을 내리는 자신을 뭘로 보는 건가? 그로브스가 이 사업을 감독하는 지휘관이라는 건 분명하지 않은가? 이건 항명이나 마찬가지다.

티베츠는 그로브스가 욕설 가득한 고함을 지르는 동안 가만히 서 있었다. 그는 장군이 왜 자신을 물어뜯는지 알고 있었다. 그로브스는 그가 분수를 알게 하고 싶은 것이다. 티베츠는 움직이려면 먼저 그의 허락을 받았어야 했다.

그러나 그로브스가 질책을 끝내고 한 행동은 티베츠를 깜짝 놀라게 했다. 그는 갑자기 활짝 웃으며 티베츠의 어깨를 탁 쳤다. 그는 이렇게 말했다.

"제기랄, 자네가 우리를 움직이도록 했어. 이제 저들은 우리를 막지 못해."[8]

티베츠는 장군의 말이 맞기만을 바랐다. 그는 무작정 기다리는 데 신물이 났다. 나머지 온 세상이 싸우고 있는데 말이다.

카운트다운: 105일

4월 23일, 미국 웬도버

카운트다운
104일

4월 24일, 일본 오키나와

드레이퍼 카우프만Draper Kauffman 중령은 미국 해군 구축함의 높다란 갑판 위에서 쌍안경으로 바다와 섬과 그 너머의 하늘을 바라보았다. 가까운 곳에는 10미터짜리 합판 배 한 척이 빠르게 다가오고 있었다. 정예인 미국 수중폭파반UDT치고는 특이하게도 초라한 배였다. 잠수병들이 정찰 임무를 마치고 돌아오는 중이었다.

공기가 진동하고 쾅광 하는 포격 소리와 함께 포탄이 선을 그리며 오키나와 쪽으로 날아가 폭발하면서 거대한 먼지 구름이 일어났다.

그곳에서는 또 다른 움직임이 있었다. 카우프만은 시선을 바다에서 하늘로 옮기고 수평선의 새 떼처럼 보이는 것을 살폈다. 일본 비행기의 물결이 미국 함대 쪽으로 밀려오고 있었다. 그가 투덜거렸다.

"가미카제神風군."[1]

카우프만은 이전에 전투에 참가한 적이 있었다. 그는 태평양의 사이판, 괌, 이오섬 등에서 벌어진 전쟁에서 지독한 참상을 여러 차례 보았다. 그는 휘하 잠수병들과 함께 바다에 뛰어들어 수중 장애물들을 폭파했다. 일본이 점령하고 있던 먼 섬들에 상륙하는 미군 병사들을 죽이기 위해 설치된 것이었다.

그들은 이곳 오키나와에 한 달 가까이 머물며 끝없이 싸웠다. 카우프만은 냉혹한 결론에 이르렀다. 이전의 작전들은 단지 준비 운동이었을 뿐이다. 오키나와는 사투였고, 골칫거리였다.

오키나와는 무성한 나뭇잎과 언덕과 나무로 뒤덮이고 동굴과 벙커가 벌집처럼 뚫려 있었으며, 죽기를 각오하고 싸우는 일본인들로 가득했다. 적은 신병들조차도 항복할 생각이 없었다.

연합군이 이 지겨운 곳을 점령하려면 얼마나 걸려야 할까? 그리고 점령한다 해도 카우프만은 승리 잔치는 기대하지 않았다. 곧 올 것 같지도 않았다.

오키나와 다음 차례는 일본 본토 침공이었다. 날짜가 정해지지는 않았지만, 고국에 있는 군 지도자들은 이미 그에 대해 기자들에게 이야기하고 있었다. 불가피한 참상과 인명 손실에 대해 대중들이 각오하게 하려는 것이었다.

한 주 전, 중국·버마·인도의 미군 사령관 조지프 스틸웰Joseph Stilwell 장군은 태평양 지역에서 일본인들이 많이 죽었지만 "적은 전쟁이 시작될 때보다 더 강하다"며 "처절한 싸움"[2]이 미군을 기다리고 있다고 말했다.

침공을 위해 더 많은 미국인들이 징집돼 훈련을 받았다. 루스벨트는 죽기 한 달 전에 미국 역사상 "최대 규모의 무력"[3] 동원이 6월 말까지 마무리될 것이라고 선언했다. 더 나이가 많은 사람들이 징집되고, 막대한 미군 사상자를 대체하기 위해 "이전에 직업상 유예된" 징집 대상자들이 소집됐다. 학자와 농부, 수도사와 퇴역자 등이었다.

카우프만은 해군을 사랑했고, 조국에 대한 봉사에 헌신했다. 그는 문제 해결사였고, 낙관론자였다. 그러나 그날 미국 해군 길머호 갑판에서 가미카제 자살 비행사들이 몰려오는 것을 보면서 그는 긍정적인 생각을 유지하기 위해 더 깊이 파고들어야 했다.

그는 잠수병들을 만나기 위해 아래로 향했다.

포탄이 터지는 소리와 퍼붓는 기관총 발사 소음에 거의 묻히다시피 한 목소리로 카우프만은 부하들이 구축함으로 올라올 때 미소를 지으며 맞아들였다. 그가 소리쳤다.

"잘했어! 함교에 붙어 있기보다는 저기서 수영 한번 했으면 좋았을 텐데."

부하들은 그가 진심이라는 것을 알았다. 그는 발로 뛰는 장교였다. 그는 다른 위험한 곳에서의 작전에서 그들과 함께 움직였다.

카우프만은 솔선수범했다. 역시 오랫동안 해군 장교로 일한 아버지로부터 배운 것이었다. 늙은 아버지 제임스 카우프만은 지금 제독이었다. 드레이퍼는 그가 간 길을 따를 각오였다.

그는 제독의 아들이긴 했지만 순탄한 길을 걸어온 것은 아니었다. 카우프만은 미국 해군사관학교에 들어갔지만, 1933년 졸업할 때 장교 임관을 거부당했다. 시력이 나빴기 때문이다.

그는 어쩔 수 없이 뉴욕의 한 기선 회사에서 일했다. 1940년 초 그는 그 일을 그만두고 프랑스의 미국 구급차 의용대에 들어갔다. 그러자 가족들은 깜짝 놀랐다. 그의 안전이 염려되었기 때문이다. 유럽은 1939년 9월 독일이 폴란드를 침공하면서 전쟁에 휩싸여 있었다. 이듬해 봄이 되자 프랑스와 영국은 나치의 전격전blitzkrieg을 저지하기 위해 필사적인 노력을 기울이고 있었다. 카우프만은 그저 자신의 본분을 다하고 싶을 뿐이었다. 그는 집에 보낸 편지에서 자신의 결정을 이렇게 설명했다.

"나는 싸울 만한 가치가 있는 때가 있다고 생각합니다. 그것이 그 순간에 자신의 개인적인 이해와 가장 잘 부합하지 않더라도 말입니다."

그러나 프랑스에 도착한 지 얼마 되지 않아 카우프만은 독일군에 붙잡혔다. 몇 주 뒤에 프랑스는 함락됐다.

카우프만은 미국인이었다. 그래서 독일은 그를 풀어주기로 결정했다. 그러나 그들은 그에게 경고를 했다. 고국으로 돌아가라. 만약 다시 잡히게 되면 그런 행운이 다시 오지는 않을 것이다.

카우프만은 에스파냐 국경을 넘은 뒤 영국으로 갔다. 그곳에서는 독일 공군Luftwaffe 비행기들이 매일 밤 몰려와 런던에 폭탄을 퍼붓고 있었다. 건물들이 무너지고, 불길이 온 동네를 집어삼켰다. 대영제국은 여전히 쓰러지지 않고 히틀러에 맞서고 있는 유일한 나라였다. 그는 절망의 시기에 국민에게 희망을 주는 윈스턴 처칠 총리의 열정적인 라디오 연설을 많은 영국인들과 함께 들었다.

드레이퍼 카우프만은 고국으로 돌아갈 생각이 없었다. 그는 영국 해군 예비지원대에 들어가 폭탄 제거법을 배웠다. 그는 이 일을 아주 잘해서 폭발물 처리 선임 장교가 됐다. 1941년 11월, 체스터 니미츠Chester Nimitz 제독은 카우프만에게 미국 해군을 위한 폭탄 처리 훈련소를 열도록 요청했다. 해군사관학교를 졸업한 지 거의 10년 만에 카우프만은 마침내 임관됐다.

U.S. Naval Reserve   Nov. 1941
Lieut.-Lt.Comd.-Comdr.

1941년 11월 폭탄 처리 훈련소 설립을 위해 미국 해군에 임관된 직후의 드레이퍼 카우프만.
그는 1940~1941년 영국에서 폭탄 처리 장교로 근무했다.

카우프만은 폭탄 처리 훈련소 신입생들을 선발하고 있을 때 진주
만 피격 소식을 들었다. 그는 절차를 서둘러야 했다. 재빨리 훈련소
요원을 충원하고 조직하고 워싱턴시 교외에서 운영을 시작했다. 눈코
뜰 새 없던 시기였다. 그는 사무실과 강의실에서 많은 시간을 보냈다.

근무 외 시간에는 여동생의 단짝 친구인 페기 터커먼Peggy Tuckerman
과 시간을 보냈다. 알고 지낸 지 몇 년이 된 페기와 결혼하는 것은 너
무도 자연스러운 일이었고, 그 뒤에 자신의 훈련소를 대서양 연안인
플로리다주 포트피어스 기지로 옮겼다. 그곳에서 훈련생들은 바다에

들어가 훈련을 할 수 있었다.

수중폭파반이 그곳에서 탄생했다. 카우프만은 우선 육지에서 폭탄과 지뢰를 처리하는 법을 가르친 뒤 그들을 바다로 데리고 갔다. 여기는 해군이지 않은가? 그리고 수중 기뢰와 인공 장애물이 병력을 전장으로 수송하는 배와 상륙정을 파괴하고 있었다.

카우프만의 전문 지식은 태평양 상륙군 사령관 리치먼드 터너 Richmond Turner 제독의 관심을 끌었다. 바다로부터의 공격은 일본과의 전쟁에서 미군 전략의 중요한 부분이 됐다. 미군 지휘관들은 '징검다리' 전략을 수립했다. 주요 섬들을 차례차례 점령하고 요새화해 일본 본토가 미국 폭격의 범위 안에 들어올 때까지 전진하는 것이다. 미국은 강력하게 장악된 섬들은 우회하고 적의 약한 부분을 타격했다.

그들은 그 과정에서 문제에 부닥쳤다. 침공 계획은 세세한 부분까지 마련했지만, 상륙 전투는 위험성이 컸다. 전함과 항공모함에서 한참 포격을 가한 후 병력과 장비를 수송하는 상륙정이 해안선 수 킬로미터 밖으로부터 세심하게 설정된 시간에 맞추어 해안의 지정된 지점으로 들어가야 한다. 상륙정이 해안에 접근하면, 특히 얕은 물에서는 적의 사격을 뚫고 나아가야 할 뿐만 아니라 표면 아래 숨어 있는 자연 또는 인공의 장애물을 통과해야 한다. 암초, 나무 말뚝, 기뢰, 폭탄 같은 것들이다.

초기 상륙 작전에서 수천 명의 미군이 목숨을 잃었다. 물이 얼마나 깊은지, 얕은 곳에 장애물이 있는지 어떤지는 그저 추측에 의존할 따름이었다. 어떻든 그들은 출발선과 해안 사이의 해저 지형을 살펴 장애물을 제거하거나 피해야 했다.

카운트다운: 104일

4월 24일, 일본 오키나와

카우프만의 정예 폭발물 처리반이 가동에 들어간 곳이 바로 그곳이었다.

신입 잠수병들은 혹독한 훈련 프로그램을 소화해야 했다. 6주 동안의 육체적 도전이었다. 맨 처음의 '지옥의 한 주'가 최악이었다. 7일 동안 쉬지 않고 체력 훈련을 했다. 자고 먹는 시간에만 쉴 뿐이었다.

그들의 군복은 거의 옷이 아니었다. 작전을 나갈 때 잠수병들은 교전 지역에 가는 것이 아니라 수영 대회에라도 가는 것 같았다. 그들은 수영 팬츠를 입고 물안경을 쓰고 독성이 있는 산호로부터 발을 보호하기 위해 오리발을 착용했다. 그들의 팔다리는 칼자국으로 줄이 가 있었다. 폭탄 처리 도구 세트, 퓨즈, 그리고 상세한 지도를 작성하기 위한 표시용 석판과 방수 연필도 있었다. 그들은 몸에 알루미늄 성분이 든 청회색 화장 기름을 발라 윤을 냈다. 위장을 하고 찬물로부터 보호하려는 목적이었다.

전기 기사 해럴드 레디언Harold Ledien은 이렇게 회상했다.

"잠수병이 되려면 육체적·정신적·정서적으로 적합해야 합니다. 그렇지 않으면 과정에서 살아남을 수 없어요. 벌거벗은 전사가 되는 거죠."[4]

목제 상륙정에는 각기 공기 주입식 고무 보트가 실렸다. 보급품을 해안으로 옮기고 임무를 끝낸 잠수병들을 싣기 위해서였다. 그들이 오키나와에 배치될 무렵에는 이미 자신들의 가치를 입증하고 있었다. 그래서 침공 지휘관들이 그들에게 의지하게 된 것이다.

카우프만은 오키나와에서 열두 개 팀을 지휘했다. 이곳은 류큐제도에서 가장 큰 곳으로, 게라마제도와 이에섬을 포함한다. 각 팀은

100명의 병사들과 소수의 참모로 구성되었다. 그들은 전쟁이 시작되기 전에 하나의 작업 세계를 이루었다.

가난하고 인구가 밀집된 농업 사회인 오키나와는 단 한 가지 이유로 표적이 됐다. 적과 근접해 있기 때문이다. 이곳은 일본 본토의 가장 남쪽 섬인 규슈에서 560킬로미터밖에 떨어져 있지 않았다. 간단히 말해서 이곳은 일본 침공을 위해 출발하기에 완벽한 장소였다.

카우프만의 팀이 그 길을 준비했다.

잠수병들은 산호초를 이용해 수송 통로를 뚫었다. 한번은 썰물 때 해안 교두보까지 바퀴 달린 차량이 다닐 수 있는 폭 15미터, 길이 100미터의 통로를 만들기 위해 16톤의 폭발물을 사용했다. 폭발 규모가 너무 커서 미국의 배에 타고 있던 일부 병사들은 자기네가 공격당하고 있는 줄 알았다.

또 다른 상륙지에서 잠수병들은 가시 철사와 기뢰를 매달아 산호 바닥에 박아놓은 3100개의 뾰족한 나무 말뚝을 발견했다. 미군 포함이 적의 주의를 돌리기 위해 머리 위로 사격을 하고 있는 동안 카우프만의 부하들이 이 말뚝들에 폭발물을 부착해 전체를 한꺼번에 날려버렸다.

또 다른 정찰에서는 동굴 안에 숨겨놓은 260척의 작은 배를 발견했다. 이들은 '자살 보트'였다. 폭발물을 실은 채 일본 병사들이 몰고 미국 배로 돌격하는 해상 가미카제 같은 것이었다. 카우프만은 부하들에게 그것들을 폭파시키라고 명령했다.

카우프만의 부하들은 해체 작업 외에도 암초의 수심과 해안의 상륙 최적지를 찾아내는 일도 했다. 오키나와는 길이가 100킬로미터이고 가장 넓은 곳의 폭은 15킬로미터이며, 모래사장이 10킬로미터에 이른다. 육군과 해병대가 새로운 지점에 상륙할 계획을 세울 때마다 그들은 카우프만을 찾았다.

마침내 4월 1일, 18만 명의 육군과 해병 부대가 오키나와를 덮쳤다.

카우프만의 잠수병들은 4월 16일 이에섬에 상륙하는 동안 없어서는 안 될 존재였다. 모든 일은 그의 부하들을 위해 계획한 대로 진행됐지만, 그는 이 섬 이름을 들을 때마다 자신의 친구 어니를 생각하지 않을 수 없었다.

유명한 종군 기자 어니 파일Ernie Pyle은 4월 18일 이에섬에서 저격수에게 살해당했다. 파일은 유럽에서 미군 병사들과 함께 열심히 전장을 누볐고, 얼마 전에야 태평양으로 왔다. 그는 카우프만 팀에 관한 특집 기사를 쓰고자 했다. 그들은 "반은 물고기, 반은 미치광이"라고 파일은 말했다. 그러나 카우프만은 기사를 보류해달라고 요청했다. 일본인들이 신문을 볼 것을 우려해서였다. 일본군 사냥꾼들이 그의 잠수병들을 노릴 경우 탁 트인 바다에서 손쉬운 먹잇감이 될 수밖에 없었다.

카우프만은 파일에게 설명했다.

"이렇게 이야기할 수 있을 겁니다. 나는 아마도 더러운 셔츠를 입고 열 경기를 이긴 야구 감독 같을 겁니다. 그는 아무리 냄새가 심하게 나더라도 셔츠를 벗으려 하지 않을 겁니다. 경기에서 지기 전까지는요."[5]

파일은 머리를 흔들었다.

"미국 언론을 탄압하는 이유로는 내가 들었던 것 중 가장 졸렬한 방법이군요."[6]

카우프만은 파일이 그의 잠수병들에 대한 기사를 쓰고자 하는 이유를 알았다. 기자로서 엄청난 특종을 쓰려는 것이 아니었다. 파일은 잠수병들이 "당연히 받아야 할 인정을 미국 국민들로부터" 받길 원했던 것이다.

파일이 죽었다는 소식은 카우프만과 그의 부하들에게 충격을 주었다. 얼마 전 루스벨트 대통령이 죽었고, 이어 어니가 죽었다. 그들 주변에서 일어나고 있는 일상적인 죽음은 말할 것도 없었다.

카우프만은 그의 팀 사람들이 돌아와 구축함에 승선했는지를 확인했다. 그는 그들에게 선실로 내려와 밥을 먹으라고 명령했고, 그런 뒤에 휴식을 취하게 했다.

전쟁은 격화되고 있었고, 그들에게 떨어지는 정찰 임무 스케줄도 늘어났다. 적의 발포가 빈번해졌다. 가미카제도 많아졌다. 해가 바뀌어도 전쟁이 계속됐다. 그들은 죽음에 둘러싸였다. 끝이 보이지 않았다.

카우프만은 로스앨러모스나 그곳에서 개발되고 있는 강력한 폭탄에 대해서는 아무것도 몰랐다. 그가 알고 있는 것이라고는 일본이 마지막 한 사람까지 싸우리라는 것과 오키나와 다음에는 단 하나의 목표물이 남아 있다는 것뿐이었다. 모든 것 가운데 가장 크고 가장 피비린내 나는 목표물이었다.

지금은 오키나와가 지옥이라고 생각하고 있지만, 그들은 더 고약한 일을 당하게 될 것이다.

카운트다운: 104일

4월 24일, 일본 오키나와

카운트다운

103일

4월 25일, 미국 워싱턴

해리 트루먼은 이제 만 12일 동안 대통령으로 일했다. 그러나 그는 이미 사무실에 흔적을 남겼다. 루스벨트는 길게 늘어지는 내각 회의를 열곤 했다. 각료들은 그의 긴 이야기들을 실컷 들어야 했다. 트루먼은 진지했다. 한 안건에서 다음 안건으로 넘어가며 빠르게 처리했다.

"그는 모든 것을 단호하게 말했습니다."

내각의 일원이었던 헨리 월리스Henry Wallace는 이렇게 말했다. 그는 트루먼 직전에 부통령을 지냈고, 루스벨트가 임명한 상무부 장관으로 내각에 남아 있었다. 그는 이어 칭찬 아닌 칭찬을 했다.

"그는 거의 생각하기도 전에 결정하려고 애쓰는 것처럼 보였습니다."[1]

그러나 이번 회의는 달랐다. 거기서 트루먼은(또는 어떤 대통령이라도) 가장 힘든 결정을 내리게 될 터였다. 전날 트루먼은 군사부 장관 스팀슨으로부터 메시지를 하나 받았다. 그는 이렇게 썼다.

"나는 이것이 매우 중요한 문제라고 생각합니다. 대통령 님과 가능하면 빨리 이야기를 나눠야겠습니다. 매우 비밀스러운 문제입니다."

스팀슨은 트루먼이 대통령 선서를 한 날 밤 그들이 나눈 짧은 대화를 상기시켰다. 지금 그는 트루먼에게 자세한 보고를 하고자 했다.

"대통령께서 더 이상 지체하지 말고 이 문제에 관해 아셔야 한다고 생각합니다."

트루먼은 메시지 끝에 직원에게 내리는 지시 사항을 적었다.

"내일. 25일 수요일 안건 목록에 올릴 것. HST(해리슨 S 트루먼)."

넉넉잡고 1년 전만 해도 트루먼이 부통령이 되리라고는 거의 생각할 수조차 없었다. 더구나 프랭클린 루스벨트의 총사령관직을 승계하는 것은 더 말할 나위도 없었다.

1944년 여름 루스벨트가 네 번째 임기에 도전할 준비를 하고 있을 때 민주당 지도부는 부통령 헨리 월리스를 후보에서 밀어내려 하고 있었다. 그는 너무 지적이었고, 너무 좌파 쪽으로 기울어 있었다. 루스벨트의 건강이 악화되면서 그들은 그가 결국 루스벨트의 대통령 임기를 채우게 되지 않을까 우려했다. 그러나 월리스 대신 누구를 내보내야 할까? 루스벨트의 건강이 좋지 않았음에도 불구하고 누군가 다른 사람이 나라를 이끄는 것을 생각해본 적이 없었다.

대통령이 이 문제를 내버려 두고 있는 사이에 당 지도자들은 가능한 후보에 관해 논쟁을 했다. 제임스 번스James Byrnes가 거론됐다. 전 상원의원이고 당시 대법관이었다. 루스벨트는 그를 설득해 법원을 떠나 전시동원국OWI을 이끌도록 했다. 트루먼은 민주당 전당대회에서 번스를 부통령으로 지명하는 연설을 하기로 동의했다. 상원 민주당 원내대표 앨번 바클리Alben Barkley 역시 출마했다. 그리고 월리스는 여전히 그 자리가 자신의 것이라고 생각했다. 1944년 7월 갤럽 여론 조사에서는 유권자의 2퍼센트만이 트루먼을 지지하는 것으로 나타났다.

카운트다운: 103일

4월 25일, 미국 워싱턴

미주리주 출신의 신진 상원 의원은 호감이 가는 사람이었다. 총명하고 근면하며 사교적인 유형이었다. 키 175센티미터의 트루먼은 단호하고 솔직하며, 저속한 말을 사용하고, 거칠고 어수선한 정치판에서 성장을 했다. 그의 이력은 좋게 말해서 여러 가지를 섭렵했다. 농부, 은행 창구 직원, 외판원, 잡화상(이 마지막 일은 그에게 막대한 빚을 안겼다). 젊은 시절에 그는 육군 포병 장교로 훈장을 받은 1차 세계대전 참전 용사였다.

1922년에 트루먼은 무일푼의 실직자였다.[2] 그는 짐 펜더가스트라는 친구와 같이 군대 생활을 했는데, 그의 삼촌이 캔자스시티의 정계 거물 톰 펜더가스트였다. 톰에게는 잭슨카운티 판사(사실상 카운티 책임자다)로 나갈 사람이 필요했다.

펜더가스트는 부패한 사람으로 널리 알려져 있었고, 트루먼은 좋은 '얼굴마담'이었다. 정직(그는 절대로 돈을 훔치지 않겠다고 했다)을 공약으로 내걸고 출마했고, 지역의 흙길을 포장하겠다고도 했다. 그는 300표도 안 되는 표차로 당선됐다. 서른여덟 살의 나이에 그는 정치인으로서의 새로운 이력을 시작했다.

그의 사다리 오르기 다음 단계는 가능하지 않을 것 같았다. 1934년 미주리주 상원 의원 자리였다.

같은 주의 세인트루이스 출신은 이미 한 사람이 상원 의원이 돼 있었다. 펜더가스트는 주의 서부 지역인 캔자스시티의 자기네 패거리를 보호하기 위해 이 지역 출신 상원 의원이 필요했다. 펜더가스트는 세 명의 후보를 접촉했지만 셋 모두에게 거절당했다. 시간이 없었다. 또 하나의 고려 사항이 있었다.

펜더가스트의 심부름꾼들이 찾아왔을 때 트루먼은 즉석에서 그것이 말이 안 되는 온갖 이유를 끌어댔다. 그는 이렇게 말했다.

"아무도 나를 모르고, 나는 돈도 전혀 없소."

펜더가스트 패들은 자기네가 지원해주겠다며 반론을 폈다. 그들은 돈이 있고 조직도 강했다. 트루먼은 그것이 기회가 될 수 있음을 알아차렸다.

그는 자신의 실적을 내세워 출마했다. 주로 도로를 포장한 일이었다. 그의 스승 가운데 한 사람은 이렇게 말했다.

"그가 잭슨카운티를 진창에서 건져냈습니다."

그의 공약 역시 간단했다.

"루스벨트를 밀어주자."

이는 매우 중요했다. 뉴딜정책 추진 2년차였다. 무엇보다도 그는 캔자스시티 정치 패거리의 지원을 받고 있었다. 그는 예비선거에서 승리했고, 미주리가 민주당 강세 지역이어서 당선이 확실시됐다. 《세인트루이스 포스트디스패치St. Louis Post-Dispatch》는 그를 "실력자 펜더가스트의 심부름꾼"이라며 무시했다.

그러나 그는 상원 국방 프로그램 조사특별위원회 위원장으로 어느 정도 관심의 대상이 됐다(위원회는 곧바로 트루먼위원회로 알려지게 된다). 이 위원회는 국방 관련 계약 발주에 대해 살펴보기 위한 것이었다.

1944년 7월, 그는 루스벨트와 동반 출마하리라는 생각은 전혀 하지 못했다. 루스벨트 역시 마찬가지였다. 대통령은 그달에 이렇게 말했다.

"나는 트루먼을 전혀 몰라요. 그가 몇 번 여기에 오긴 했지만, 특별히 기억에 남는 게 없어요."

카운트다운: 103일

4월 25일, 미국 워싱턴

당의 정객들은 다른 계산을 하고 있었다. 그들이 잠재 후보군 현황을 조사해보니 모두가 문제를 안고 있었다. 트루먼의 강점? 까놓고 말해서, 민주당 지도부는 그저 그를 대통령 선거에서 점수를 가장 덜 까먹을 존재로 여겼다.

그러나 트루먼은 경선에 참여하라는 거듭된 요구에도 응하지 않았다. 그는 마침내 그 이유를 설명했다. 그의 아내 베스가 의원실 직원으로 등록돼 연간 4500달러를 받고 있었다. 트루먼은 자신이 선거에 나선다면 이 일이 드러날 게 틀림없다고 확신했다(그리고 그 생각은 옳았다).

트루먼은 여섯 살 때 미주리주 인디펜던스시의 한 일요 학교에서 엘리자베스 월리스를 처음 만났다. 그는 곧바로 베스의 금발과 푸른 눈에 매혹됐다. 그러나 5년이 지나서야 말을 걸 용기를 냈다. 그들이 함께 4학년이 됐을 때였다.

베스는 그가 구애한 유일한 여자였다. 20대 때 트루먼은 온갖 계획을 늘어놓으며 끈질기게 그를 따라다녔다. 결혼하자고 프러포즈도 해봤지만 거절당했다. 결국 트루먼이 프랑스의 전쟁터에서 돌아온 뒤인 1919년에 그들은 결혼했다. 트루먼이 서른다섯 살 때였다.

이후 일생 동안 그는 대부분의 일을 아내와 의논했다. 개인적인 문제는 물론이고 정치적인 문제도 마찬가지였다. 그는 아내를 '보스Boss'(아내 이름의 약칭인 '베스Bess'를 튼 것이다—옮긴이)라 불렀다. 유일한 자녀인 마거릿은 아버지가 공개 연설을 할 때면 언제나 승인을 구하듯이 어머니를 쳐다봤다고 말했다.[3]

따라서 그가 아내를 의원실 직원으로 올린 것은 사실 진짜 일을 시킨 것이었다. 베스는 믿음직한 조언자였고, 트루먼의 주요 연설문 작성자였다. 남편에게 자신이 생각하는 그대로 이야기해도 괜찮은 사람이었다. 그런데 트루먼이 말을 듣지 않는 얼마 안 되는 부분 중 하나가 저속한 말을 쓰는 것이었다.

트루먼은 자신이 '똥거름manure'이라는 말을 거듭 사용한 연설 이야기를 즐겨 했다. 한 친구가 베스 쪽으로 몸을 구부리며 말했다.

"해리에게 좀 더 고상한 말을 쓰게 하면 좋겠어요."

그러자 베스는 이렇게 대답했다.

"그나마 '똥거름'이라는 말을 쓰게 하는 데도 몇 년이 걸렸는걸요."[4]

이는 멋진 농담이었지만, 트루먼은 '직원 베스'가 그의 아내임을 사람들이 알게 됐을 때의(결국 그들은 알게 됐다) 정치적 파장을 우려했다.

그의 우려는 중요하지 않았다. 시카고에서 열린 당 대회 개막일에 민주당 전국위원회 로버트 해네건Robert Hannegan 의장은 트루먼을 자신의 호텔 방으로 불렀다. 당 원로들이 주선한 자리였고, 트루먼은 해네건이 샌디에이고에 있는 루스벨트 대통령과 통화하는 것을 들을 수 있었다. 루스벨트가 물었다.

"그 친구 출마 아직 안 됐소?"

"아직요. 그 사람, 제가 대해본 미주리 출신 가운데 가장 뻣뻣한 왕고집쟁이예요."

해네건이 대답하자 대통령이 선언했다.

"그럼 그 상원 의원한테 말하세요. 전쟁 와중에 민주당을 깨고 싶다면 책임지라고요."

그러자 트루먼이 전화를 넘겨받아 약간 망설인 뒤 말했다.

"저는 늘 총사령관님의 명령을 받들었습니다. 하겠습니다."[5]

카운트다운: 103일

4월 25일, 미국 워싱턴

루스벨트는 곧바로 부통령 후보에 대해 잊어버렸다. 그리고 1945년 1월 그들이 취임한 뒤 그는 고위급 논의에서 부통령을 소외시켰다. 특히 유럽과 태평양에서 미국의 전쟁 활동을 계획하고 실행하는 문제에 관해서는 더욱 그랬다.

그러나 지금은 4월 25일 한낮이었다. 트루먼이 대통령이었다. 군사부 장관 스팀슨이 대통령 집무실로 들어왔다. 그는 대통령에게 타자친 짧은 문서 하나를 건네고는 트루먼이 그것을 읽는 동안 기다렸다. 첫 문장은 성문 부수는 데 쓰는 철퇴였다.

넉 달 안에 우리는 인류 역사상 보지 못했던 가장 무시무시한 무기를 완성할 가능성이 매우 높습니다. 폭탄 하나가 온 도시를 파괴할 수 있습니다.

문서는 이 무기가 영국과의 협력 아래 개발된 내용을 간략하게 담았다. 그러나 미국이 이 폭탄을 만들고 사용하기 위한 모든 자원을 통제하고 있으며, "몇 년 동안은 다른 어떤 나라도 이런 위치에 올라설 수 없"을 것이다.

그러나 문서는 틀림없이 다른 나라들도 이 기술을 개발할 것이라고 지적했다. "몇 년 안에," 소련을 필두로 해서 말이다. 스팀슨은 이렇게 덧붙였다.

세계는 그 기술 발전과 대비한 도덕적 진보의 현재 수준으로 볼 때 결국 그러한 무기 앞에 속수무책일 것입니다. 다시 말해서 현대 문명이 완전히 파괴될 수 있습니다.

트루먼이 이를 읽고 있는 동안에 육군 소장 레슬리 그로브스는 비공식적으로 백악관으로 안내돼 들어오고 있었다. 지하 회랑을 통해서였다. 그가 집무실에 들어선 것은 대통령이 문서를 다 읽은 직후였다. 군사부 관리들은 이 모임에 대해 상당히 많은 생각을 했다. 그들은 기자들이 스팀슨과 그로브스가 함께 들어오는 것을 본다면 의혹이 퍼져나가기 시작할 것을 우려했다.

헨리 스팀슨은 1867년 출생 이후 동부 기득권층의 일원이었다. 매사추세츠주 앤도버의 필립스아카데미와 예일대학, 하버드대 법학대학원을 졸업한 그는 1911년 윌리엄 하워드 태프트 대통령 밑에서 첫 번째로 군사부 장관을 지냈다. 허버트 후버 대통령은 1929년에 그를 국무부 장관에 임명했다. 그는 이 자리에 있을 때 암호를 해독하는 국무부의 활동을 중단시켰다. 이때 남긴 말이 유명하다.

"신사는 다른 사람의 편지를 읽지 않습니다."

1940년, 루스벨트는 스팀슨에게 다시 군사부 일을 맡겼다. 스팀슨은 원자폭탄 연구에 대해 1941년에 처음 알았다. 맨해튼 사업이 무기를 만들기 시작했을 때 스팀슨은 자신이 'S-1'이라 부른 것을 책임지고 있었다.

사실 지금 트루먼에게 보고하고 있는 스팀슨은 1943년 6월 트루먼 위원회가 워싱턴주 패스코의 방위 사업에 관해 질문하기 시작하자 그를 따돌린 적이 있었다. 스팀슨은 당시 상원 의원이던 트루먼에게 전화를 걸었다.

"지금 그 일은 내가 직접 모든 것을 알고 있는 일이고, 나는 전 세계에서 그 일에 대해 알고 있는 두세 사람 가운데 한 명입니다. (…)

카운트다운: **103일**

4월 25일, 미국 워싱턴

군사부 장관 헨리 스팀슨(왼쪽)과 그의 보좌관 윌리엄 카일 대령

그것은 매우 중요한 비밀 개발 사업의 일부분입니다."

트루먼은 곧바로 요점을 파악했다.

"그렇게 말씀하시니 상황을 알겠습니다, 장관님. 제게 더 이상 말씀하실 필요 없습니다. 언제고 제게 그 사업에 대해 말씀해주시겠다면 그 범위 안에서 기꺼이 듣겠습니다."

이제 일흔일곱 살의 스팀슨은 조금 노쇠했다. 그는 루스벨트 내각에서 유일한 공화당원이었다. 겉모습으로 보아 20세기보다는 19세기가 더 편안해 보였다. 그는 콧수염을 뽐내고 있었고, 머리칼은 한가운데 가르마를 탔다. 조끼에는 금 시곗줄을 둘렀다. 그는 많은 중요한 직책을 역임하고 훌륭한 직함을 지녔었지만, '스팀슨 대령'으로 불리는 것을 가장 좋아했다.[6] 그는 1차 세계대전 때 프랑스에서 포병 장교로 복무한 바 있다. 그러나 아무도 그를 가볍게 보지 않았다. 스팀슨은 아직 워싱턴 정가에 큰 영향력을 미치고 있는 매우 존경받는 인물이었다.

그리고 그로브스 장군. 그는 1942년 맨해튼 사업의 제조 단계를 맡았다. 그는 이 일에 적임자였다. 180센티미터의 키에 체중 110킬로그램의 당당한 체구를 가졌다. 옅은 콧수염이 그의 위협적인 풍채에 더해졌다. 그로브스는 "내 천성"을 이용해 그 역할을 했다. 그것을 "횡포하다고 하든, 우월의식이 있다고 하든, 건방지다고 하든, 자신만만하다고 하든, 또는 다른 어떤 식으로 표현하든" 말이다. "그러나 거기에는 대단히 강력한 통제를 가할 수 있는 어떤 특성"[7]이 있었다.

그로브스의 집안은 8세대 전에 미국으로 왔다. 고조부인 피터 그로브스는 미국 독립전쟁에 참여했다. 레슬리 그로브스는 아버지가 군목사로 일했기 때문에 나라 곳곳의 군 기지에서 어린 시절을 보냈다. 그는 육군사관학교에 들어갔고, 학급에서 4등을 했다.

그로브스는 육군 공병대에서 출세했다. 그는 이미 거대 공사 하나를 감독한 바 있었다. 1941~1942년의 펜타곤(군사부) 건설 공사였다. 비용이 3100만 달러로 추산됐고, 세계 최대의 사무실용 건물이었다. 14만 제곱미터의 부지에 바닥 연면적 60만 제곱미터였고, 주차장 두 곳은 8천 대의 차를 주차할 수 있었다.

그로브스 밑에서 일했던 사람들은 그가 무자비했다고 말했다. 동료 엔지니어 한 사람은 그를 대하게 되면 "머릿속에서 '주의'라는 작은 경고등이 켜진다"[8]라고 말했다. 그는 자기보다 높은 사람에게도 명령을

레슬리 그로브스 소장

내렸고, 일부에서는 그를 깡패라고 불렀다. 그는 펜타곤 새 본부 공사를 밀어붙여 1년 반 안에 끝마쳤다.

펜타곤이 크다고 하지만, 맨해튼 사업에 비하면 새 발의 피였다. 원자폭탄을 만드는 것은 지독하게도 복잡한 과정이었다. 우선 나라에서는 방사성 연료를 생산해야 한다. 그런 뒤에 핵분열 과정을 안전하게 촉발(원자 연쇄 반응을 일으키는 것)시키는 방법을 산출해내야 한다. 적합한 순간에 적합한 장소에서 말이다. 그리고 이 모든 일을 완벽한 비밀 속에서 해내야 한다.

1945년 4월에는 미국 전역의 시설들에서 12만 5천 명 이상의 남녀들이 이 사업을 위해 일하고 있었다. 어떻든 그로브스는 이 거대한 사업이 새어 나가는 기미조차 없도록 철저히 관리했다. 그들은 이 일을,

대중뿐만이 아니라 잡담을 좋아하는 군 내 대부분의 사람들을 상대로 비밀을 유지해야 했다.

어떤 의미에서 그로브스는 자신의 일을 하는 데 아돌프 히틀러의 유대인 혐오의 덕을 입었다. 1933년 독일에서 히틀러가 정권을 잡았을 때 나치의 유대인 박해는 세계 최고의 과학자, 교수, 연구원 들로 하여금 이 나라를 떠나게 했다.

베를린대학의 물리학자 실라르드 레오는 런던으로 피난했고, 거기서 공상과학 소설에 나올 법한 생각 하나를 떠올렸다. 그는 원자(원소 안의 가장 작은 입자)를 분열시키면 "어마어마한 규모의 에너지를 방출하는" 연쇄 반응을 촉발할 것이라는 이론을 세웠다. 그것이 원자폭탄의 연료가 될 수 있다. 1914년 허버트 조지 웰스가 《해방된 세계The World Set Free》라는 책에서 처음 구상한 것이다.

5년 뒤, 두 독일 과학자가 실라르드의 이론을 증명했다. 우라늄 원자에 중성자 충격을 주어 그것을 분열시켰다. 핵분열이라고 알려진 과정을 통해 방출된 에너지는 폭탄의 동력을 공급할 수 있을 만큼 엄청났다. 그러나 통제된 실험실의 물리학과 전쟁터 사이에는 너무도 많은 단계들이 있었다.

뉴욕의 컬럼비아대학 교수로 자리를 옮긴 실라르드는 동료 물리학자 엔리코 페르미Enrico Fermi와 일하면서 우라늄이 정말로 연쇄 반응을 일으킬 가능성이 가장 높은 원소임을 확인했다. 실라르드는 독일 과학자들이 원자폭탄을 개발한다면 히틀러는 아리아인의 세계 지배라는 목표를 달성하기 위해 이 무기를 쓸 것이라고 우려했다.

그래서 실라르드는 옛 스승을 찾아가 자유 세계 지도자들에게 이

카운트다운: 103일

4월 25일, 미국 워싱턴

위협을 어떻게 경고할 것인지에 대해 조언을 청했다. 그 사람이 바로 같은 이민자인 알베르트 아인슈타인이다.

1930년대 말에 독일 태생의 이 물리학자는 세계에서 가장 유명한 과학자로, 그의 이름은 천재라는 말과 동의어였다. 1921년 노벨상을 받은 아인슈타인은 시간, 공간, 물질, 에너지, 중력을 바라보는 새로운 방법으로 이어지게 되는 획기적인 이론들을 발전시켰다. 1933년 아인슈타인이 미국을 방문하고 있는 동안에 히틀러가 정권을 잡았다. 유대인인 그는 미국에 정착하고, 신설된 프린스턴의 고등연구소IAS에서 자리를 얻었다.

이제 그는 실라르드의 대의를 이어받았다. 아인슈타인은 1939년 8월 2일자 편지에서 루스벨트 대통령에게 이렇게 말했다.

"이런 유형의 폭탄 하나가 배에 실려 항구에서 폭발하면 전체 항구를 확실하게 폭파하고 주변 지역 일부까지 파괴할 것입니다."

아인슈타인은 미국과 영국의 과학자들이 이미 원자력 연구를 수행하고 있다고 루스벨트에게 말했다. 그리고 흔적을 보면 독일도 같은 일을 하고 있다.

"저는 독일이 자기네가 접수한 체코슬로바키아 광산에서 산출되는 우라늄 수출을 사실상 중단했음을 알고 있습니다."[9]

그는 독일 최고위 관리의 아들이 카이저빌헬름연구소KWI에 배속됐고, 그곳에서 미국인의 우라늄에 관한 작업 일부가 지금 되풀이되고 있다고 말했다.

루스벨트는 아인슈타인의 경고를 심각하게 받아들이고, 자기 자신의 연쇄 반응을 시작했다. 대통령은 우라늄자문위원회를 설립하고 진행 중인 연구·개발을 위해 이 물질의 비축을 담당하게 했다. 이 위원회는 비교적 모호한 상태로 방치돼 있었는데, 1941년 3월 처칠이 루스벨트에게 핵 프로그램을 "최우선순위"로 올리도록 요청했다. 영국은 과학자 닐스 보어Niels Bohr의 지휘 아래 원자폭탄을 공격적으로

Albert Einstein
Old Grove Rd.
Nassau Point
Peconic, Long Island

August 2nd, 1939

F.D. Roosevelt,
President of the United States,
White House
Washington, D.C.

Sir:

    Some recent work by E.Fermi and L. Szilard, which has been com-
municated to me in manuscript, leads me to expect that the element uran-
ium may be turned into a new and important source of energy in the im-
mediate future. Certain aspects of the situation which has arisen seem
to call for watchfulness and, if necessary, quick action on the part
of the Administration. I believe therefore that it is my duty to bring
to your attention the following facts and recommendations:

    In the course of the last four months it has been made probable -
through the work of Joliot in France as well as Fermi and Szilard in
America - that it may become possible to set up a nuclear chain reaction
in a large mass of uranium, by which vast amounts of power and large quant-
ities of new radium-like elements would be generated. Now it appears
almost certain that this could be achieved in the immediate future.

    This new phenomenon would also lead to the construction of bombs,
and it is conceivable - though much less certain - that extremely power-
ful bombs of a new type may thus be constructed. A single bomb of this
type, carried by boat and exploded in a port, might very well destroy
the whole port together with some of the surrounding territory. However,
such bombs might very well prove to be too heavy for transportation by
air.

아인슈타인이 1939년 루스벨트 대통령에게 보낸 편지

카운트다운: 103일

4월 25일, 미국 워싱턴

연구해오고 있으나 그들의 시설들이 독일로부터 끊임없는 공격의 위협에 노출되어 있었다. 그리고 이 때문에 S-1 프로젝트 팀이 만들어지고 그로브스가 책임을 맡았다.

그로브스가 처음 데려온 사람들 가운데 하나가 과학 책임자 오펜

-2-

The United States has only very poor ores of uranium in moderate quantities. There is some good ore in Canada and the former Czechoslovakia, while the most important source of uranium is Belgian Congo.

In view of this situation you may think it desirable to have some permanent contact maintained between the Administration and the group of physicists working on chain reactions in America. One possible way of achieving this might be for you to entrust with this task a person who has your confidence and who could perhaps serve in an inofficial capacity. His task might comprise the following:

a) to approach Government Departments, keep them informed of the further development, and put forward recommendations for Government action, giving particular attention to the problem of securing a supply of uranium ore for the United States;

b) to speed up the experimental work,which is at present being carried on within the limits of the budgets of University laboratories, by providing funds, if such funds be required, through his contacts with private persons who are willing to make contributions for this cause, and perhaps also by obtaining the co-operation of industrial laboratories which have the necessary equipment.

I understand that Germany has actually stopped the sale of uranium from the Czechoslovakian mines which she has taken over. That she should have taken such early action might perhaps be understood on the ground that the son of the German Under-Secretary of State, von Weizsäcker, is attached to the Kaiser-Wilhelm-Institut in Berlin where some of the American work on uranium is now being repeated.

Yours very truly,

(Albert Einstein)

하이머였다. 최고의 과학자들은 나라 곳곳에 흩어져 있었고, 그로브스는 그들을 시설에 모아 함께 일하며 무기를 개발하게 할 필요성을 느꼈다.

그는 작업의 대부분을 세 곳에서 하도록 결정했다. 암호명 X, W, Y다. 각각은 사업의 특수한 부분으로 전문화하도록 했다. 거대하고 안전한 기지는 철저하게 주문 제작하도록 했다.

첫 번째인 X사업은 테네시주의 시골에 들어섰다. 녹스빌 서북쪽 40킬로미터 지점이다. 기술자와 도급업자들이 1943년 2월 오크리지로 알려진 이 지역으로 우르르 몰려갔고, 연구용 실험실과 사무실용 건물, 종업원 주택 등을 지었다. 이 모두는 보호용 울타리와 감시 초소로 지켰다.

X사업은 농축 시설이었다. 원자폭탄을 만들기 위한 무기용 등급 우라늄을 만드는 곳이었다. 여기서 노동자들은 대량의 우라늄으로부터 극소량의 연쇄 반응 동위원소 우라늄-235를 분리했다. 시간이 많이 드는 과정이다. '주전자 크기'의 우라늄-235 한 덩어리가 나오려면 수천 톤의 원료가 필요하다. 이 농축 우라늄은 한 버려진 농가 부근의 움푹 파인 절벽에 저장했다.

그로브스는 핵분열이 가능한 핵무기 연료를 가급적 많이 비축하기를 원했기 때문에 오크리지에 세계 최초의 영구 원자로를 건설했다. 여기서는 우라늄을 이용해 플루토늄이라는 형태로 2차 핵 연료원을 만들어냈다. 플루토늄-239는 그 모母화합물에 비해 더욱 큰 폭발 잠재력을 지녔다. 플루토늄은 자연 산출이 거의 없으며, 핵분열이 가능한 플루토늄-239는 핵 폭발 이외에는 실제로 사용되는 경우가 없다.

카운트다운: 103일

4월 25일, 미국 워싱턴

몇 달 만에 오크리지에서는 우라늄-235와 플루토늄-239 비축분이 생겨났지만, 맨해튼 사업은 오크리지에서 공급할 수 있는 것 이상이 필요했다. 또 다른 처리 시설인 W시설은 1944년 9월 워싱턴주 핸퍼드에 들어섰다. 미국은 갑자기 우라늄이 필요했고, 그것도 많이 필요했다.

미국에서 알려진 유일한 광상鑛床은 로키산맥에 있었지만, 콜로라도만으로는 수요를 맞추기에 턱없이 부족했다. 그로브스는 벨기에령 콩고로 눈을 돌렸다. 벨기에는 1940년 나치에 항복했지만, 콩고는 여전히 연합군 편에 남아 있었다. 1943년 미국 육군 공병대는 콩고 우라늄 광산을 소유하고 있는 벨기에 광산 회사에 공짜 건설 서비스를 제공했다.

연료 공급이 가능해졌지만, 그로브스는 여전히 폭탄을 조립할 장소가 필요했다. 오펜하이머가 그로브스를 로스앨러모스로 이끌고 갔다. 오펜하이머가 어린 시절 일부를 보낸 곳이었다. 이 외딴 곳은 완벽했고, 곧 무기디자인연구소가 됐다. 암호명 Y다.

오펜하이머와 그로브스는 의기투합했지만, 그로브스는 로스앨러모스의 민간인 종업원들이 철저하게 비밀을 지키며 일하고 군대 같은 효율성을 보여주어야 한다고 고집했다.

그의 무뚝뚝한 방식은 자주성이 강한 과학자들을 불쾌하게 만들었고, 그들은 그의 로스앨러모스 방문을 두려워했다. 그들은 서로를 무시했다. 그로브스는 과학자들을 "아이들, 괴짜들, 왕자병 환자들"로 표현했다. 그로브스는 이렇게 말했다.

"나는 20억 달러짜리 그랜드오페라의 단장이었고, 수천 명의 괴팍

한 스타를 데리고 있었다."[10]

4월 25일 대통령 집무실로 돌아가 보자. '오페라'의 첫 공연이 가까워지고 있었다. 그로브스 장군은 S-1을 상세하게 정리한 24쪽짜리 보고서를 대통령에게 제출했다. 트루먼은 사본으로 읽었고, 스팀슨과 그로브스도 또 하나의 사본을 함께 봤다.

문서는 '개발 목적'으로 시작했다.

원자 핵분열 폭탄이 성공적으로 개발되면 미국은 현재의 전쟁을 보다 빨리, 그리고 미국의 재물과 생명을 아끼면서 승리할 수 있는 결정적인 요인이 될 엄청난 힘을 지닌 무기를 갖게 될 것입니다.

그로브스는 이 새로운 초강력 무기의 상상할 수 없는 힘을 자세히 설명했다.

각 폭탄은 현재 TNT 5천 톤에서 2만 톤, 그리고 궁극적으로 아마도 10만 톤에 해당하는 효과를 지닌 것으로 평가됩니다.

그로브스의 보고서는 원자 핵분열의 폭발력을 기술적으로 상당히 자세하게 설명했다. 또한 폭탄이 어떻게 만들어지는지를 묘사했다. 그것은 맨해튼 사업의 역사를 재검토했다. 1939년의 탄생에서부터 제조 단계로의 이행과 전체 활동을 "극비"에 부친 "이례적인 보안 조치"에 이르기까지.

보고서는 이어 '외국의 움직임'을 논의했다.

카운트다운: 103일

4월 25일, 미국 워싱턴

(소련은 1943년 이래) 우리의 활동에 큰 관심을 갖고 있음을 드러냈고, 미국에 있는 자기네 외교·정보·첩보 집단들을 통해 이 사업에 관한 세부적인 정보를 확보하려는 노력을 기울여왔습니다.

이 보고서는 독일에 관해 원자 분야의 과학자 수를 적시하고, 1941년 이래 독일이 "엄청난 힘을 가진 원자폭탄을 사용하려고 한다"는 보고서들이 나왔다고 했다. 그러나 나치 정권의 붕괴로 상황이 달라졌다.

독일이 이 전쟁에서 원자폭탄을 사용할 수 있다는 어떤 가능성도 더 이상 존재하지 않을 것입니다.

보고서는 이렇게 결론지었다.

원자 에너지는 주요 평화 애호국이 통제하면 앞으로 수십 년 동안 세계 평화를 보장할 것입니다. 만약 잘못 사용되면 그것은 우리 문명을 절멸로 이끌 수 있습니다.

트루먼은 스팀슨과 그로브스에게 질문을 퍼부었다. 그는 이렇게 방대하고 돈이 많이 들며 나라 곳곳에 시설을 두고 있는 사업이 여전히 비밀에 부쳐지고 있다는 데 충격을 받았다. 이 폭탄을 얼마나 빨리 사용할 수 있느냐고 대통령이 묻자 스팀슨은 자신이 보고서에 쓴 내용을 반복했다.

"넉 달 이내입니다."

트루먼은 이 폭탄이 전쟁을 극적으로 단축시킬 수 있음을 알았다. 그러나 그는 또한 그것이 국제 관계(특히 소련과의)에서 지니는 단기적인 함의와 전 세계에 미칠 장기적인 영향을 우려했다.

트루먼은 이 전문적인 보고서를 읽는 동안 몇 번이나 난항에 빠졌으며, 단번에 이해하기 어렵다고 말했다. 그는 이렇게 불평했다.

"보고서 읽기가 싫군."

그로브스는 더 간단하게 요약하는 것은 불가능하다고 대답했다.

"우리는 이 이상 압축된 말로 이것을 설명할 수 없습니다. 이것은 거대한 사업입니다."[11]

대통령은 자신이 S-1에 찬성한다는 것을 추호도 의심하지 않았다.

이 모든 일(보고와 문서 검토)은 불과 45분 만에 끝났다. 트루먼은 그로브스의 보고서 사본을 없애버리기로 했다. "바람직한 일이 아니"라고 느꼈기 때문이다. 스팀슨은 대통령 집무실을 나와 집으로 갔다. 일과였던 오후 낮잠을 자기 위해서였다.

그러나 대통령은 자신이 알게 된 사실에 충격을 받았다. 그는 스팀슨의 엄중한 경고에 대해 곰곰이 생각했다. 이 폭탄이 "너무도 강력해서 결국 온 세계를 파괴할" 수 있을 것이라는 말을.

트루먼은 스팀슨과 같은 공포를 느꼈다.

카운트다운: 103일

4월 25일, 미국 워싱턴

카운트다운

90일

5월 8일, 미국 워싱턴

대통령 집무실은 북적거렸다. 미국과 영국의 군부 거물들, 내각의 각료들, 대통령의 아내와 딸, 그리고 시끌벅적한 신문·방송 기자들. 오전 9시 정각에 마이크가 켜지고 트루먼이 국민들에게 중대 발표를 할 예정이었다.

10분 전. 보통은 형식적이었던 이 무리는 기대로 들떠 있었다. 트루먼은 기자들에게 농담을 했다. 물론 이날은 그의 예순한 번째 생일이었다. 하지만 그것이 큰 뉴스일 리 없었다. 그는 방송 직전에 성명을 읽기로 동의했다. 그러나 그들은 방송이 끝날 때까지는 어떤 기사도 전송할 수 없었다.

"걱정할 거 없어요. 시간은 많으니까."[1]

대통령의 말에 기자들이 웃음을 터뜨렸다. 대통령은 목을 가다듬고 큰 소리로 읽었다.

독일이 항복했다. 유럽에서의 전쟁은 끝났다.

방 안에 있던 사람들 가운데 놀란 사람은 아무도 없었다. 연합군 병력이 프랑스의 노르망디 해안을 급습한 지 거의 1년이 지났다. 그 이후 연합군은 서쪽에서 베를린을 향해 진격했고, 소련은 동쪽에서 돌진해갔다.

독일은 얼마 전부터 패배 위기에 몰려 있었다. 특히 연합군이 3월에 라인강을 건너 동부 독일과 베를린으로 가는 분명한 길을 확보한 이후다. 그러나 히틀러는 항복을 거부했다. 아이젠하워 장군은 이렇게 경고했다.

"독일이 자기네 나라 안에서 무슨 일을 할지 아무도 모릅니다. 그는 포기할 생각이 없어요."

나치는 자기네 땅에서 완강하게 마지막 저항을 했다. 히틀러는 마지막 싸움을 위해 베를린의 그의 사령부 지하 20미터에 있는 콘크리트 벙커에 틀어박혀 있었다.

4월 초가 되자 연합군은 루르 강변의 공업 중심지들을 점령했다. 연합군의 격렬한 공습으로 도시들이 통째로 폐허가 됐다. 4월 16일, 미군이 뉘른베르크에 도달했다. 제3제국의 대규모 나치당 집회가 열렸던 곳이고, 히틀러의 가장 광적인 연설 몇 가지도 이곳에서 나왔다. 히틀러는 무슨 수를 쓰더라도 이 도시를 지키라고 명령했지만, 나흘 후인 4월 20일에 함락됐다. 그날은 히틀러의 생일이었다.

연합군은 베를린을 향해 나아가면서 제3제국의 진짜 해악을 발견했다. 수십 군데의 강제수용소였다. 나치가 수백만 명의 유대인, 집시, 동성애자와 '못마땅한 자들'을 몰살한 죽음의 온상이었다. 희생자들은 가스실에서 죽고 목 매달려 죽고 굶주려 죽고 맞아 죽었다. 그들의 앙상한 시신이 장작 더미처럼 쌓여 있었다.

4월 30일, 포탄이 벙커 위로 쏟아져 내리는 가운데 히틀러는 전날 결혼한 신부 에바 브라운과 함께 자살했다(독일 병사들은 나중에 총리 관저 뜰에서 히틀러의 시신을 불태웠다). 독일은 일주일 뒤에 항복했다. 육군 원수 빌헬름 카이텔Wilhelm Keitel이 5월 7일 공식 협정에 서명하고 독일 군대에 무기를 내려놓으라고 명령했다.

이제 트루먼이 전쟁에 지친 국민들에게 뉴스를 전해줄 시간이었다. 관리와 기자 무리는 대통령 집무실에서 외교관 응접실로 옮겼다. 루스벨트 대통령이 라디오 방송 '노변정담爐邊情談, Fireside chats'을 여러 차례 했던 곳이다. 그곳에서 트루먼은 큐 사인에 따라 성명서를 읽었다. 그는 이렇게 말했다.

이 순간은 엄숙하지만 영광스러운 시간입니다. 프랭클린 D. 루스벨트 대통령께서 살아서 이날을 보지 못한 것이 한스럽습니다.

그는 미국인들에게 "히틀러와 그의 사악한 무리를 이 세상에서 제거"하기 위해 연합군이 들인 엄청난 비용을 상기시켰다.

우리는 (…) 지금 많은 우리 이웃의 가정이 겪고 있는 슬픔과 고통을 잊지 말아야겠습니다. (…) 우리는 우리가 하느님과 돌아가신 분들과 아이들에게 진 빚을, 노력을 통해서, 우리 앞에 놓여 있는 책무에 끊임없이 헌신함으로써만 갚을 수 있습니다.
여러분에게 앞으로의 몇 달을 위한 표어 하나를 제시한다면, 그 말은 바로 노력입니다. 노력하고 더 노력합시다. 우리는 전쟁을 끝내기 위해 노력해야 합니다. 우리의 승리는 절반을 이루었을 뿐입니다.

트루먼은 미국인들에게, 유럽에서의 전쟁은 끝났을지 모르지만 동아시아에서는 아직 전쟁이 계속되고 있음을 상기시켰다.

동쪽은 아직 일본의 위험스러운 폭압에서 벗어나지 못하고 있습니다. 일본군의 마지막 사단이 무조건 항복할 때, 그제야 우리의 싸움은 마무리되는 것입니다.[2]

그렇게 트루먼은 방송을 끝냈다. 방송은 2분 30초 동안 진행됐다.

수천만의 미국인들이 트루먼의 발표에 귀를 기울였고, 그런 뒤에 자발적으로 거리로 나가 축하했다. 술집은 일찍 문을 열었고 금세 손님들이 들어찼다. 모르는 사람들끼리 끌어안고 기쁨의 눈물을 흘렸다.

온 나라의 신문들이 크고 굵은 글자의 제목을 단 호외를 냈다. 《피츠버그 프레스》는 "유럽 전승 기념일 선언/다음은 일본"[3]을 머리기사로 썼다. 미시시피주의 《해티즈버그 아메리칸》은 "일본 애들, 상복 맞췄다"[4]라고 외쳤고, 뉴욕 《데일리 뉴스》의 머리기사 제목은 짧고도 단순했다. "끝났다."[5]

미국 오크리지

루스 시슨Ruth Sisson은 오크리지의 거대한 방위산업체 공장 입구에서 나는 함성과 고함 소리를 들었다. 무엇 때문에 이렇게 소란스러운지 의아했는데, 한 동료가 복도에서 고함을 질렀다.

카운트다운: 90일

5월 8일, 미국 워싱턴

"나치가 항복했다!"

가장 가까운 민걸상에 앉아 있던 여자가 말했다.

"놀랍지 않아요?"

시슨이 활짝 웃으며 대답했다.

"네, 놀라워요. 하느님, 감사합니다."

루스는 심장이 잠시 팔딱거리는 것을 느꼈다. 사랑하는 로런스가 독일에 있었다. 마지막으로 들은 소식으로는 말이다. 아마도 그는 집으로 돌아올 것이다! 틀림없이 군대에는 그렇게 많은 병사가 필요치 않을 것이다. 이제 독일이 패했지 않은가. 하지만 여전히 태평양에서는 전쟁이 계속되고 있었다. 신문과 라디오에서 떠드는 걸로 보면 그 동네의 전쟁은 별로 나아진 것이 없었다.

루스는 남들과 함께 박수를 치며 환호하고 싶었지만, 마음은 옛날의 그 어두운 길을 달려 내려가고 있었다. 만약 일본이 항복하지 않는다면? 미국이 일본으로 쳐들어가야 한다면? 유럽에서 다치는 걸 모면한 병사들이 그곳으로 수송된다면? 기쁨은 사라져갔다.

루스가 그날 알지 못했던 사실은 자신이 비밀 무기를 만드는 일을 하고 있었다는 것이었다. 전쟁을 끝내고 남자 친구의 생명을 구할 수 있는 무기였다. 그것은 너무나 중대한 비밀이었기 때문에 노동자들은 어떤 질문도 하지 말라는 경고를 받았다. 그저 출근해서 주어진 일을 하고 퇴근하면 되었다.

동료들이 잠시 쉬며 축하하는 사이에 시슨은 대통령의 말을 그대로 믿으며 일하러 돌아가서는 자기 앞에 있는 거대한 기계의 다이얼과 계량기를 들여다보았다. 일은 위안이 됐고, 조금 따분할 지경이었다.

그것이 마음속 걱정을 없애주었다.

시슨의 남자 친구 로런스 허들스턴Lawrence Huddleston은 보통 한 주에 두세 번 편지를 썼지만, 그가 전투 지대로 간 이후로 그 간격이 눈에 띄게 벌어졌다. 로런스는 육군 의무병이었다. 그는 서부전선의 가장 피비린내 나는 전투들에 참여했다. 노르망디 상륙과 아르덴 공세 같은 전투들이다.

아르덴 공세는 결국 이 전쟁에서 독일이 취한 마지막 공세였다. 전투는 1944년 12월 16일부터 1945년 1월 25일까지 6주 동안 이어졌다. 독일군 30개 사단이 140킬로미터에 이르는 나무가 빽빽한 벨기에의 아르덴 삼림에서 전투에 지친 미군을 공격했다. 히틀러의 계획은 쐐기를 박아 진격해오는 연합군 병력을 둘로 나누는 것이었다. 그것은 거의 통했다. 미국 육군은 독일군을 물리쳤지만, 10만 명의 미군 병사가 죽거나 다쳤다.

부상당한 병사들의 목숨을 지키는 것이 로런스의 임무였다. 루스는 연인이 너무 많은 참상과 유혈을 목격해 신념이 무너지지 않을까 걱정했다. 로런스는 매우 조용하고 영적인 사람이었다. 그는 편지에서 자신의 일이나 전쟁 상황에 대해서는 거의 언급하지 않았다. 그는 언제나 집에 대해, 그리고 루스에 대해 물었다. 이번 주말에는 무슨 일을 했어? 부모님은 어떠셔?

루스는 언제나 솔직하게 답장했고, 좋은 소식을 전하려고 애썼다. 라디오에서 나오는 최신 가요에 대해, 영화와 가족 잔치와 성가대 연습에 대해 그에게 이야기해주었다. 루스는 그에게 가능한 한 안전하게 있으라고 부탁했다. 그래야 그가 고국으로 돌아오면 함께 그들의

카운트다운: 90일

5월 8일, 미국 워싱턴

인생을 꾸릴 수 있으니까.

루스는 지금 몇 주째 편지를 받지 못하고 있다. 그러나 설렘을 느꼈다. 미국에게 대단한 이날이 자신에게도 행운의 날인 것처럼 느껴졌다. 아마도 자신을 기다리는 편지가 있을 듯했다.

루스는 근무 교대 시간이 되자마자 공장 문 밖에 있는 버스 정류장으로 달려갔다. 버스는 트럭 뒤에 매달고 끄는 우마차나 다름없었다. 긴 의자가 몇 개 있고, 가운데 난로가 하나 있었다. 우마차가 멈춰 서고 다음 근무조 노동자들이 내리자 루스는 차에 뛰어올라 긴 의자에 앉았다. 승객들은 아침에 들은 뉴스를 가지고 수다를 떨었다.

루스는 좁은 흙길 가에 피어 있는 봄꽃을 응시했다. 나무들이 예쁘게 싹을 틔우고 있었다. 버스는 농장 문이나 산으로 이어지는 오솔길에 멈춰 사람들을 내려주었다. 루스의 생각은 로런스에게로 되돌아갔다. 그는 오늘 어디에 있을까? 무엇을 하고 있을까?

루스는 대단한 삶을 산 것은 아니었다. 녹스빌 교외의 작은 마을 올리버스프링스에서 자랐다. 1943년 고등학교를 졸업하고 부근의 클린턴으로 이사해 양말 공장에 다녔다. 자신이 살던 중심가 하숙집에서 한 블록 떨어진 곳에 공장이 있었다. 월급을 모아 대학에 가고 교사가 될 생각이었다.

루스는 또래 여자아이들에 비해 키가 컸다. 어깨까지 내려오는 갈색 머리칼을 바짝 틀어 뒤로 넘긴 모습이 실제 나이인 열일곱 살에 비해 더 성숙해 보였다. 옷을 차려입고 입술연지를 바르는 것을 좋아했지만 가끔씩 밤에 외출해 즐길 뿐이었다.

어느 날 저녁, 루스는 절친한 첼시 데이비스와 함께 옷을 차려입고 영화를 보러 리츠 극장에 갔다. 그리고 뭘 좀 먹으러 호스킨스 잡화점의 음료수 코너에 갔다. 그곳에는 사람이 많았다. 간이식당의 자리는 모두 차 있었다. 둘은 안쪽 부근의 빈 자리 하나를 잡았다. 곧 상냥한 청년 둘이 그들의 테이블로 다가왔다.

"함께 앉아도 될까요?"

그중 한 사람이 자신을 로런스라고 소개하며 물었다. 여자들은 허락했고, 네 사람은 곧 햄버거와 튀김을 먹으며 수다를 떨었다.

루스는 가게에서 흘러나오던 노래들을 아직 기억하고 있었다. 프랭크 시나트라의 〈인 더 블루 오브 디 이브닝In the Blue of the Evening〉과 베니 굿맨의 〈테이킹 어 챈스 온 러브Taking a Chance on Love〉였다. 그들은 영화에 대해서도 조금 이야기했다. 그러나 주로 자기들이 어디서 일하고 공통으로 아는 사람이 누구인지 같은 이야기들을 했다.

로런스 허들스턴은 잘생겼고, 키가 170센티미터를 넘었다. 가슴이 떡 벌어지고, 머리칼을 짧게 깎았으며, 억세고, 함박웃음이 인상적이었다.

루스는 로런스와 다음 날 밤에 만나기로 약속했다.

그들은 전날 밤에 봤던 그 영화를 다시 보고, 중심가를 걸었다. 아름답고 구름 한 점 없는 여름 밤이었고, 별들이 하늘에 가득 펼쳐져 있었다. 그들은 거리를 오르내리며 살아온 삶에 대해 이야기했다.

루스는 자신이 7남매의 맏이이자 유일한 딸이라고 말했다. 아버지는 제재소를 운영하고 작은 농장을 가지고 있었다. 농장에는 토마토와 감자를 재배하는 큰 채소밭과 옥수수밭이 있었다. 아버지는 대공황 때 그 밭에서 나는 농작물로 일꾼들을 유지했다. 루스는 맏이였기

카운트다운: 90일

5월 8일, 미국 워싱턴

때문에 부모님을 도와 작물을 심고 풀을 뽑고 수확을 했으며 우유를 짜고 건초를 들여왔다. 힘든 삶이었다. 그리고 스스로의 힘으로 더 나은 삶을 찾고 싶었다. 대학이 탈출 수단이었다.

로런스는 대학에 갔다고 말했다. 그는 테네시 웨슬리언칼리지에서 미식축구 장학금을 받았다. 포지션은 오펜시브태클OT이었다. 재미있었다고 그는 말했다. 그러나 갑자기 아버지가 세상을 떠났다. 어머니가 홀로 남동생 하나와 여동생 넷을 길러야 했다. 남동생은 해군에 들어갔다. 로런스는 대학을 중퇴하고 알코아 알루미늄 공장에 취직했다. 가족의 생계를 돕기 위해서였다.

그는 잠시 이야기를 멈췄다. 아버지는 화병으로 죽었다고 말했다. 그의 아버지도 루스의 아버지처럼 큰 농장을 가지고 있었고 돈을 벌었다. 그러나 테네시강유역개발공사TVA가 노리스 댐을 건설하기 위

루스 시슨과 로런스 허들스턴

해 수용권을 발동해 그 소유권을 박탈했다. TVA는 루스벨트가 이 나라를 대공황으로부터 건져내기 위한 야심 찬 계획의 일환으로 만든 것이었다. 이 사업은 그레이트스모키산맥 인근 지역에 전기를 공급했지만, 응어리를 남겼다. 그의 아버지는 다른 농장을 구입했지만, 그것 역시 정부에서 가져갔다. 이번에는 방위산업 공장을 짓기 위해서였다. 바로 "하룻밤 사이에 들어선" 오크리지의 공장이었다.

로런스는 이렇게 말했다.

"그들은 아버지에게 땅값을 제대로 쳐주지 않았어."

그들이 걸어갈 때 로런스가 팔을 뻗어 루스의 손을 잡았다. 그는 할 이야기가 하나 더 있었다. 그가 말했다.

"나, 방금 징집 통지서를 받았어."

루스가 멈춰 서자 로런스가 말했다.

"아직 입대가 정해진 건 아니야. 그게 언제가 될지 모르지만, 두려워. 나가서 싸우는 게 두려운 게 아니야. 단지 어머니가 걱정스러울 뿐이야. 어머니는 돈을 잘 벌지 못하고 있어. 내가 공장에서 받는 월급이 필요해. 동생들이 있어서 말이야."

이 순간에 루스는 그에게 빠져들기 시작했다. 저렇게 엄마에게 신경을 쓰는 남자라고? 그렇다면 좋은 남자였다. 그가 물었다.

"우리 다시 만날 수 있을까?"

루스는 망설이지 않고 대답했다.

"나도 환영이야."

그들은 데이트를 시작했다. 여름에서 가을로 넘어가는 시기에 그들은 같은 거리를 거닐며 빙 크로스비의 상쾌한 신곡 〈오, 왓 어 뷰티

5월 8일, 미국 워싱턴

풀 모닝Oh, What a Beautiful Morning〉을 불렀다. 어떤 날 밤에는 로런스의 커다란 검은색 쉐보레를 타고 녹스빌까지 드라이브를 하기도 했다.

추수감사절이 지나고 로런스는 자신이 1월에 입대해야 한다는 것을 알았다. 루스로서는 이제 그를 집으로 데려가 가족에게 소개해야 할 때였다. 어머니 뷸라 마리 시슨은 루스가 데이트하는 남자아이 가운데 그 누구도 좋아한 적이 없지만, 로런스는 마음에 들어했다. 그는 편안하고 책임감 있는 남자였다. 루스의 부모는 그를 받아주었다.

로런스가 입대하기 전날 밤, 그는 루스에게 자신이 전쟁터에서 고국으로 돌아오면 결혼해달라고 청했다. 루스는 이미 대답을 준비해 두고 있었다.

"생각해볼게."

루스는 로런스를 사랑했지만 아직 10대 소녀일 뿐이었다. 결혼에 대해서는 준비가 되어 있지 않았다. 아직.

로런스는 포기하지 않겠다고 약속했다. 허락을 받을 때까지 계속 물을 생각이었다.

군대에서는 곧 로런스가 대학에서 해부학 수업을 받은 사실을 알아냈다. 그래서 그를 의무병으로 만들기 위해 훈련시켰다. 1944년 3월, 로런스는 편지에서 자신이 유럽으로 가게 됐다고 알렸다. 앨라배마주 개즈던 교외의 부대로 와서 전송해주겠니?

루스는 아버지에게 허락을 구했다. 아버지는 허락해주었으나, 오빠 W. D.와 함께 가는 조건을 달았다. 보호자였다.

어느 이른 아침에 루스와 오빠는 그레이하운드 버스를 타고 하루 종일 달려갔다. 루스는 너무 흥분돼 이야기를 멈출 수 없었다. W. D.에게 로런스의 안전을 우려하는 말을 했다. 뉴스에서는 연합군이 북아프리카, 시칠리아, 이탈리아에 있다고 했다. 테네시 시골에 사는 사람들에게는 그다지 의미가 없는 이름들이었다. 로런스가 그 전투 지역 가운데 어느 곳인가로 가게 될까? 조만간 그들은 프랑스로, 그리고 그 뒤에 독일로 가야 할 것이다. 생각만 해도 겁이 났다.

그들이 버스에서 내리자 로런스가 기다리고 있었다. 갈색 군복이 인상적이었다. 거리에는 군인들이 많았다. 루스와 W. D.는 이틀을 시내 호텔에 묵었다. 로런스는 그들에게 시내 구경을 시켜주고 식당에 데려갔으며 재미있는 영화를 보여주며 루스의 얼굴에 드러난 걱정을 웃음으로 날려버리려 애썼다.

그는 괜찮을 것이라고 루스를 안심시켰다. 다른 어떤 병사들처럼 무서운 예감은 들지 않는다고 했다. 그래도 모자랐다. 한 카페에 앉아 루스는 그의 눈을 들여다봤다.

"조심해야 해."

루스의 말에 그가 고개를 끄덕였다.

"그럴게."

금세 돌아갈 시간이 됐다. 버스 정류장에서 이별할 때가 되자 루스는 속이 편치 않았다. 로런스를 다시 만날 수 있을지 알 수 없었다. 눈물을 참느라 애썼다. 그에게 우는 모습을 보여주고 싶지 않았다. 그들은 껴안고 키스를 나누었다. 그가 부드럽게 말했다.

"다시 돌아와서 봐."

루스가 말했다.

"사랑해."

카운트다운: 90일

5월 8일, 미국 워싱턴

루스는 돌아서 버스에 오른 뒤 재빨리 운전 기사를 지나 걸어갔다. 그러고는 자리에 털썩 주저앉아 흐느끼기 시작했다. W. D.가 곁에 앉아 팔로 어깨를 감싸주었다.

로런스는 자주 편지를 썼다. 그는 육두문자를 쓰는 것도 서슴지 않았다. 그는 1944년 7월 9일에 이렇게 썼다.

"우리는 수만 리나 떨어져 있다는 걸 알지만, 내 사랑, 우리 마음은 가까이 있고, 머지않아 다시 함께할 수 있을 거야. 사랑해, 매일매일 더욱더. 나를 위해 용기를 내줘, 내 사랑아."

시간은 흘러갔다. 편지가 계속 왔다. 때로는 소포도 왔다. 한번은 프랑스 향수를 보냈다. 도르세 피노니스였다. 루스는 그것을 자주 뿌리지는 않았지만, 뿌릴 때면 늘 멀리 있는 그 군인을 생각했다.

사랑은 그 이상이었다. 로런스의 어머니가 죽었을 때 그 소식을 전한 것은 루스였다. 그는 "어머니에게 무슨 일이 생기면" 알려주기로 약속해달라고 했었다. 그래서 그 약속을 지킨 것이다. 그런데 그 슬픈 소식을 담은 편지를 쓰면서 무언가 이상한 일이 일어났다. 루스는 이 남자 없이는 살 수 없을 것 같은 생각이 들었다. 깊이 사랑에 빠진 것이다. 루스는 그에게 말했다. 그래, 고국에 돌아오면 곧바로 결혼하자.

그러는 사이에 루스는 바로 길 아래편에 새로운 일자리가 있다는 소문을 들었다. 3만 명이 일하는 거대한 도시가 거의 하룻밤 사이에 생겨났다. 군수공장 같은 곳이었다. 아무도 그 이상 자세히 알지 못했다. 그들이 엄청나게 많은 노동자를 필요로 한다는 사실 외에는. 그것도 당장. 루스는 1944년 8월에 응모했다. 아버지 역시 응모했다.

그들이 면접을 보러 갔을 때 루스는 엄중한 보안이 이루어지고 있음을 알아차렸다. 부녀는 수 킬로미터나 되는 둘레 담장의 일곱 개 문 가운데 하나를 통해 들어갔다. 아버지는 아무렇게나 들어선 복합 단지의 한쪽에 있는 기계 공장에서 일하게 됐다. 루스 역시 취직이 됐다. 그러나 무슨 일을 하게 될지는 아무도 말해주지 않았다. 첫날 일하러 들어가서야 알 수 있었다.

루스는 함께 일하는 노동자들과 전쟁의 승리를 돕게 될 것이라는 말을 감독자로부터 들었다. 그러나 그들은 공장 담장 안에서 일어난 일에 대해서는 한마디도 입 밖에 내서는 안 되었다. 루스는 이미 그것을 알고 있었다. 들어오면서 세 마리의 원숭이 위에 엉클 샘Uncle Sam(미국을 친숙한 이름인 '샘 아저씨'로 불러 의인화한 것으로, 둘 다 두문자로 US가 된다—옮긴이)의 모습이 겹쳐진 그림을 게시판에서 봤기 때문이다.

이곳에서 당신이 보고
이곳에서 당신이 하고
이곳에서 당신이 들은 일은
이곳을 떠날 때
이곳에 남겨두시오.

루스는 '칸막이방 기사'가 됐다. 그러나 칸막이방은 미국의 여타 사무실들에 마련된 것과는 달랐다. 루스는 1152개의 칼루트론calutron(전자 동위원소 분리기) 가운데 하나 앞에 놓인 높은 의자에 앉았다. 그것은 우라늄을 농축하는 전자기電磁氣적 처리 과정에서 사용되는 기계였다. 원자폭탄이 만들어지는 필수적인 단계를 지켜보는 것이었지만,

아무도 그런 사실을 알려주지 않았다. 칸막이방 기사들은 자기네가 보고 있는 기계가 어떤 과학적 의미를 지니고 있는지 전혀 알 수 없었다. 마치 옛날 군대에서 유행하던 이런 농담과 같았다.

"내가 하는 일은 너무도 엄청난 비밀이어서 나도 내가 하고 있는 일이 무엇인지 모른다네."

칼루트론은 대부분 높이가 2.5미터 이상이어서 바닥에서 천장까지 닿아 있었다. 각각은 조종실처럼 제어반이 있었고, 모니터를 위한 측정기와 계량기, 조정을 위한 꼭지와 손잡이가 달려 있었다. 루스는 계량기의 바늘이 너무 왼쪽이나 너무 오른쪽으로 가면 어떻게 해야 하는지를 배웠다. 루스는 "그것이 원래 있어야 할 곳으로 되돌리는 것"이라고 생각했다.

이곳의 여자들은 여덟 시간씩 교대로 근무했다. 어떤 때는 낮 근무였고, 어떤 때는 야간의 '으스스한' 시간대였다. 기계는 하루 24시간, 일주일에 7일을 꼬박 지켜봐야 했다. 루스는 칸막이방 기사들은 물론 단지 내 각자의 구역에서 일하는 노동자 대부분이 고등학교를 갓 졸업한 젊은 여자들이라는 사실을 재빨리 알아차렸다. 그들은 모두 각자 커다란 기계 앞에 놓인 민걸상에 앉아 장비에 눈을 박고 있었다.

생활은 서서히 일상으로 자리 잡았다. 교대 근무차 출근해 보안 검색을 통과하고, 감독자와 연락해 칸막이방으로 들어간다. 그러고는 여덟 시간 동안 그곳에 앉아 눈금이 균형을 유지하도록 손잡이를 돌린다. 그래도 눈금이 균형을 유지하지 못하면 감독자를 부른다. 감독자도 할 수 없으면 해당 칼루트론 가동을 중지하고 점검을 요청한다.

그들은 잘 지켜봐야 했다. 루스는 이 기계가 무엇이고 손잡이가 어

칸막이방의 칼루트론 기계 앞에서 일하고 있는 루스 시슨. 왼쪽에서 세 번째가 루스다.

떤 역할을 하고 그걸 돌리면 무슨 일이 일어나는지에 대해 전혀 알지 못했다. 그것은 자신이 알 바가 아니었다. 그다지 신경 쓰지도 않았다.

칼루트론은 불과 몇 달 전에야 개발됐다. 캘리포니아대학(버클리)의 어니스트 로런스Ernest O. Lawrence가 개발했다. 시제품은 박사들이 조작했다. 초기에는 과학적 훈련을 받지 못한 여자들이 어떻게 이 장비를 다룰 수 있느냐는 일부의 우려가 있었지만, 그로브스 장군은 곧 '소녀'들이 이 일에 과학자보다 더 적합하다는 것을 알게 됐다. 물리학자들은 원자에서의 어떤 변화가 바늘을 왼쪽이나 오른쪽으로 움직이게 하는지를 알아내는 데 너무 관심이 많았지만, '칼루트론 소녀들'은 문제가 생기면 그저 감독자에게 알리면 끝이었다. 그들은 또한 손잡이를 돌려 조정하는 감각이 더 나았다. 과학자들은 계속 손을 대야 했다.

카운트다운: 90일

5월 8일, 미국 워싱턴

계속 바쁘게 움직이는 것이 루스가 불안한 마음을 다스리는 최선의 방법이었다. 칼루트론을 들여다볼 때는 암울한 생각을 할 겨를이 없었다.

전쟁의 피해는 테네시에서도 나타났다. 루스는 얼마 전에 육군 이등병 버질 굿맨의 장례식에 다녀왔다. 어릴 적 친구였는데 유럽의 전투에서 죽었다. 그들은 학교 운동장에서 함께 달렸고, 놀이를 했으며, 교회 성가대에서 노래를 불렀다. 루스가 눈을 감자 슬픔에 빠진 버질의 가족들이 버틀러 공동묘지의 무덤 옆에 있는 모습이 떠올랐다.

루스는 미신에 빠지거나 최악을 생각하고 싶지 않았다. 그러나 마음대로 되지 않았다. 근무 중 조용한 순간이나 밤에 침대에 들어 나지막하게 기도했다.

"하느님, 제발 로런스를 지켜주소서. 그가 죽지 않게 해주소서."

버스는 루스를 우편함 바로 앞에 내려주었다. 편지가 몇 장 나왔다. 로런스에게서 온 편지는 없었다. 루스는 한숨을 내쉬고 흙길을 따라 현관 쪽으로 갔다. 땅거미가 지고 있었다. 하늘은 주황과 빨강, 자주색이 뒤섞여 있었다. 시원한 산들바람이 불고 있었다. 솔잎과 재스민의 향내가 공기 중에 감돌았다. 그 길 위에서, 늘 그랬듯이 지금 이 순간 로런스는 어디에 있을까 생각했다.

그가 태평양으로 가고 있지 않기만을 바랄 뿐이었다.

카운트다운

70일

5월 28일, 미국 워싱턴

티베츠 대령은 장성들이 군사부 고위급 회의에 참석하기 위해 자리에 앉아 기다리는 동안 자신의 의자에 앉아 조용히 담배를 피우고 있었다. 도대체 비저는 어디 있지? 누군가 레이더에 관해, 특히 적이 폭탄의 신관을 미리 격발시킬 수 있는지에 대해 질문을 하리라는 것은 거의 틀림없었다. 거기에 대답할 수 있는 사람은 그의 부하 가운데 레이더를 책임지고 있는 비저밖에 없었다.

티베츠는 자기네가 온갖 세세한 부분을 다 고려하고 모든 질문에 대답해야 한다는 것을 알고 있었다. 폭탄은 포츠담 회담이 끝나기 전에 시험을 해야 했다. 트루먼 대통령과 처칠 영국 총리, 스탈린 소련 총리가 참석하는 정상회담이다. 이 '장치'는 더 이상 단순한 무기가 아니었다. 그것은 미묘한 세계 장기판에서 하나의 졸卒이기도 했다 (더 정확하게는 차車라고 할 수 있을지도 모르겠다).

이제 독일이 항복했으니 세 지도자는 전후 새 유럽의 국경을 정하기 위해 만나기로 한 것이다. 이 문제는 1945년 2월 얄타에서 처음 논의한 바 있다. 한 주일 동안 계속된 그 회의에서 스탈린은 독일이

패한 뒤에 소련이 일본과의 전쟁에 참여하겠다고 루스벨트와 처칠에게 약속했다.

세 지도자는 태평양에서 공동의 전쟁에 참여한다는 약속을 여전히 유지하고 있었지만, 세 강국 사이의 긴장은 격화되고 있었다. 처칠은 동유럽에서 자유롭고 공정한 선거를 치를 것을 주장했다. 그러나 스탈린은 완강함을 드러내고 있었다. 그는 소련이 독일로부터 빼앗은 동유럽 일부 지역(폴란드 같은 곳)에서 철수하는 것을 내켜하지 않았다. 동맹국들은 스탈린이 이들 나라에서 결국 떠나지 않을까 봐 우려했다. 또 다른 갈등을 촉발할 수 있는 행동이었다.

가동 준비를 마친 핵무기는 협상이 재개될 때 미국에 상당한 발언권을 줄 수 있었다. 원자폭탄이 제대로 터져줄지조차 아무도 확실하게 말할 수 없었다. 그러나 티베츠, 그로브스, 오펜하이머는 시험 폭발이 성공할 것이라고 상정해야 했다. 그들은 그 너머를 봐야 했고, 이 폭탄을 전쟁에 이용하는 계획을 제시했다.

그것이 티베츠가 이곳 군사부 회의실에 나온 이유였다. 그와 탁상에 앉은 다른 사람들은 소름이 끼칠 정도로 관료적인 논의가 계속될 회의가 시작되기를 기다리고 있었다. 일본의 어떤 도시를 잿더미로 만들 것인가? 어디가 일본 제국에 가장 효과적인 군사적 파괴와 심리적 충격을 안겨줄 것인가?

목표물선정위원회는 5월에 로스앨러모스에 있는 오펜하이머의 사무실에서 두 번 만났다. 모든 사람은 첫 번째 원자폭탄 투하가 세계에 이 무기의 중요성을 완전하게 인식시키기에 충분할 만큼 극적이어야 한다는 데 의견을 같이했다. 그들은 연합군의 폭격을 받지 않은 곳들을 살펴보았다. 일본인들이 안전하다고 생각하는 여전히 번화한 도시들이다.

그들은 목표물이 될 수 있는 다섯 곳을 골랐다.

- 교토 : 목표물선정위원회에 따르면 이 일본의 옛 수도는 100만 명의 인구가 살고 있는 도시 공업 지역이다.[1] "다른 지역들이 파괴되면서 많은 사람과 제조업체들이 지금 이 지역으로 옮겨가고 있다. 심리적 관점에서 교토는 일본의 지적 중심지이고 그곳 사람들은 신발명품으로서의 그러한 무기의 중요성을 더 잘 인식할 수 있다는 장점이 있다."[2]

- 히로시마 : 도시 공업 지역 안에 있는 중요한 군 병참 기지이자 선적 항구다. "규모가 상당히 커서 도시의 많은 부분이 광범위하게 파괴될 수 있다. 구릉지가 인접해 있어 집중 효과를 만들어낼 수 있고, 그렇게 되면 폭발로 인한 피해가 상당히 커질 수 있다."[3]

- 요코하마 : "아직까지 손상을 입지 않은 중요한 도시 공업 지역이다. 항공기 제조, 공작기계, 조선, 전기 설비, 정유 등의 산업 활동이 이루어지고 있다."[4]

- 고쿠라 : 일본 최대의 병기 공장 가운데 하나가 있는 곳으로, 도시 공장들에 둘러싸여 있다. "이 무기 공장은 경포輕砲, 대공對空 화기, 상륙 거점 방어 용구 등에 중요하다."[5]

카운트다운: 70일

5월 28일, 미국 워싱턴

- 니가타 : 전략적인 항구 도시다. "다른 항구들이 손상됨에 따라 그 중요 성이 증대하고 있다."[6]

스팀슨 군사부 장관은 명단을 보자마자 교토를 제외했다. 그는 이 도시를 좋아했다. 오래전에 가본 곳이었고, "일본 예술과 문화의 성지" 로 기억하고 있었다.

월요일 아침인 지금 목표물선정위원회는 다시 회의를 열고 있었 다. 오전 9시 정각, 티베츠는 시간에 딱 맞춰 줄줄이 방으로 들어오고 있는 그로브스의 부사령관 토머스 패럴Thomas Farrell과 그의 참모들을 슬쩍 쳐다보았다.

한 장교가 그 뒤에서 큰 문을 닫고 '목표물 설명 자료'를 배포했다. 두툼한 각 서류철에는 목표물에 대한 대축척 지도와 정찰 사진, 그리 고 관련 자료가 들어 있었다. 뿐만 아니라 해海-공空 합동 구조 절차 도 있었다. 작전 중에 일이 잘못 돌아갈 경우를 위한 것이다.

몇 미터 밖. 제이컵 비저 중위가 방 끝의 계단에서 천둥 소리를 내 더니 그 끝에서 숨을 고르기 위해 멈춰 섰다. 티베츠는 그에게 주말 외출 허가를 내주어 볼티모어의 가족을 만나러 갈 수 있도록 했고, 이 오전 9시 회의에 참석해야 한다는 다짐을 받았다. 그는 이른 기차를 탔지만 기차가 연착했다. 유니언 역에 내려서는 택시를 잡으려고 애 썼다. 그렇지만 그는 불과 5분 늦었을 뿐이다. 회의실 문으로 다가가 자 호위병이 그를 제지했다.

"제한 구역입니다."

호위병이 말하자 안내석의 여군부대WAC 장교가 맞장구쳤다. 비저가 뭔가 착각한 것 같다고 여군은 말했다. "별들이 즐비한"[7] 회의에 중위가 웬일이냐는 투였다.

비저가 사정을 설명했다. 그러나 여군도 받은 명령이 있었고, 물러서지 않았다. 여군은 이렇게 말했다.

"돌아가서 차나 한잔 하시고, 여기 왔던 건 잊어버리세요."

비저는 돌아가는 대신 의자 하나를 차지하고 앉았다. 그는 자신이 방에 들어가지 못했으니 티베츠가 안에서 속을 끓이고 있으리라는 것을 알았다. 대령은 회의가 끝나기만 하면 그를 물어뜯을 것이다.

늘 그랬지. 비저는 생각했다. 언제나 내 잘못이 아닌데도 혼난단 말이야.

비저는 키가 작고 깡말랐다. 갈색 눈에 갈색 머리칼은 기름을 발라 뒤로 넘기고 옆으로 가르마를 탔다. 그는 거만한 성격이었다. 모든 일에 대해 제 의견을 내세우는 자칭 똑똑이고 누구와도 사이가 좋은 '사교적 인간'이었다. 잘났다는 사내들이 득실거리는 비행대에서는 쉽지 않은 일이었다.

비저는 손으로 모자를 돌리며 방 안에 있는 사람들이 무슨 말을 하고 있을지 생각해보았다. 그는 공식적인 징계를 받지 않기를 바랐다. 마침내 전투에 참여할 일이 코앞에 있는 이때 말이다.

전에 나치 독일이 폴란드를 침공했던 1939년에는 그가 너무 어려서 부모의 동의 없이는 입대할 수 없었다. 그는 어머니와 아버지에게 그들이 어떻게 만났는지를 상기시켰다. 1차 세계대전 동안 병원에서 이루어진 군과 얽힌 사랑이었다. 로즈라는 이름의 간호사가 멋진 부상병 니컬러스와 사랑에 빠진 것이었다.

카운트다운: 70일

5월 28일, 미국 워싱턴

그의 부모는 들어주지 않았다. 비저는 존스홉킨스대학으로 돌아가 기계공학을 공부했다. 그는 책에 열중하고 또 술에 열중했으며, 볼티모어 해안가의 술집들에서 친구들과 늦게까지 놀기도 했다. 그는 굴과 함께 "엄청난 양의 애로 맥주"[8]와 셴리 위스키 '검은 라벨'을 퍼마시며 보낸 1941년 12월 6일 토요일 밤을 떠올렸다.

이튿날 오후, 비저가 숙취로 침대에 누워 있는데 아버지가 그의 방으로 뛰어 들어왔다. 그러고는 이렇게 말했다.

"진주만이 공격당했어. 우리나라는 전쟁을 해야 해."

비저는 거실로 나가 아버지 옆에서 라디오를 들었다. 평론가 한스 폰 칼텐본Hans von Kaltenborn은 일본이 경고도 없이 한 대 세게 치고 들어왔다고 말했다. 그는 이렇게 말했다.

"미국이 공격당했습니다. 그리고 미국은 그 공격에 어떻게 응답해야 할지를 알게 될 것입니다."[9]

비저는 결심했다. 내일 아침에 시내로 가서 미국 육군 항공대에 사관 후보생으로 입대하리라. 그는 여전히 스물한 살이 되지 않았다. 그러나 이제 그의 부모는 서류에 서명해주겠다고 말했다.

비저가 이튿날 아침 징병 사무소에 도착해보니 남자들이 길게 늘어서 있었다. 모두 같은 생각이었다. 그는 1942년 10월 기본 훈련을 마치고 소위로 임관했다. 그는 후보생 250명 중 거의 최고에 가까운 성적으로 졸업했다. 그러나 그는 전쟁터로 향하는 대신 플로리다로 배치됐다. 레이더라 불리는 새 비밀 장비에 관한 특수 훈련을 받기 위해서였다.

조기 경보 장치인 '무선 탐지 및 거리 측정기'RADAR는 전쟁에서 중요한 새 무기가 됐다. 전투에서는 적의 비행기, 배, 잠수함을 먼저 찾아내는 쪽이 이기는 경우가 흔했다. 영국과 미국의 과학자들은 연합국을 유리하게 만들기 위해 레이더 기술을 개발했다. 수백 킬로미터 밖을, 심지어 밤에도 "보기" 위해서였다.

레이더는 전파를 보내 그것이 공기 중에서 어떤 물체와 부딪친 뒤 나오는 반사파를 분석하는 구조다. 전쟁 초기 영국은 레이더를 이용해 효율적인 대공 방어망을 구축했다. 이는 독일이 영국을 굴복시키기 위해 공군을 총동원해 폭격에 나섰던 브리튼섬 공중전에서 영국이 이길 수 있도록 해주었다. 레이더 장치는 적 항공기가 접근하는 것을 탐지할 뿐만 아니라 그 비행 부대의 거리와 방향, 병력과 고도까지 측정할 수 있었다.

레이더는 원자폭탄과 관련해 또 하나의 중요한 용도가 있었다. 대부분의 전쟁에서 쓰이는 포탄에는 착발신관이 있다. 이 작은 장약裝藥은 목표물에 부딪치면 폭발해 포탄 안에서 본격 폭발을 일으키고 그것이 파편의 먼지구름을 만들어낸다. 그러나 이 당시에 과학자들은 근접신관을 개발했다. 그것이 포탄의 머리에서 축소판 레이더 장치처럼 작동됐다. 폭탄과 포탄에 근접신관을 장착하면 그것이 전파를 이용해 목표물과의 거리를 탐지하고 레이더에 의해 적의 목표물에 부딪치기 전에 공중에서 폭발해 치명적인 파편을 넓은 범위에 확산시킨다. 적의 비행기의 경우 대공 포탄으로 명중시키기 어렵지만 근접신관을 이용하면 빗나갈 것을 명중으로 바꿀 수 있다.

로스앨러모스의 기술자들은 원자폭탄에 사용할 근접신관을 만들기 위해 노력해왔다. 근접신관이 있으면 이 핵무기를 미리 설정한 고도에서 폭발시킬 수 있다. 과학자들은 이미 계산을 했다. 그들은 일본 도시 상공에서 핵 폭발을 일으키게 하면 파괴력을 극대화할 수 있을 것이라고 추정했다. 그것은 폭탄의 폭발력이 직접 아래의 지면을 강타한 다음 빠르게 주변 지역으로 확산되기 때문이다. 폭탄을 폭파시킬 이상적인 고도는 얼마일까? 아마도 도시 상공 600미터일 것이다.

그러나 맨해튼 사업 지휘관들과 과학자들은 레이더로 통제되는 근접신관에는 무서운 취약점이 동반된다는 사실을 알고 있었다. 레이더파는 기본적으로 전파와 같아서 적이 주파수를 알면 가로채거나 방해할 수 있다. 그런 일이 일어난다면 원자폭탄은 너무 일찍 또는 너무 늦게 폭발하거나 아예 폭발하지 않을 수도 있다. 폭격 작전의 레이더 장교는 모든 상황을 장악하고 있어야 했다. 그에게는 일본 레이더를 탐지하고 무력화할 수 있는 최신 장비가 필요했다.

비저가 군에서 가장 뛰어난 레이더 전문가 가운데 한 사람이라는 데는 의문이 있을 수 없었다. 그는 학업 성적이 우수했고, 졸업 후에는 새로운 장교들에게 레이더에 대해 가르쳤다. 시간이 지나면서 비저는 해결사가 됐다. 전쟁 기간 동안 방위산업체들은 이 기술을 개선하기 위한 새로운 전자 장비를 개발했다. 장비가 제대로 작동하지 않으면 비저가 문제를 해결하기 위해 제조사들과 함께 일하곤 했다. 때로는 특수 안테나 같은 새로운 부품을 만들어내고 장치를 새로 장착하기까지 했다.

그러나 비저는 전선 후방에서 일하는 게 괴로웠다. 신문과 라디오 뉴스를 들을 때마다 그는 미칠 것 같았다. 1944년 봄, 그는 가족과 친구들에게 말했다.

"유럽에서는 총력전이 벌어지고 있는데, 나는 거기에 참가하지 못하고 있어."[10]

그는 전선으로 가려고 미친 듯이 노력한 끝에 유타주 웬도버에 있는 B-29 비행대로 갈 수 있었다. 그는 자신이 머지않아 전쟁의 한가운데로 들어갈 것이라고 예상했다. 그러나 1944년 9월 서태평양철도 기차를 타고 웬도버에 도착한 그는 자기가 도대체 어디에 와 있는지 어리둥절했다. 그는 황량한 주위를 훑어보았다. 사막 덤불만이 끝없이 펼쳐져 있었다. 초라한 중심가를 따라 가게 몇 개가 있는 햇볕에 바랜 마을이었다. 그는 이렇게 생각했다.

"미국에 관장灌腸이 필요하다면 여기에 관을 꽂으면 되겠구나."[11]

비저는 적응할 시간을 갖지 못했다. 그가 배치된 곳으로 가자마자 사령관이 전원을 사령부 바깥에 모아놓고 훈시를 했다. 티베츠는 요점으로 바로 들어갔다. 그는 자신을 소개한 뒤 부하들에게 이제부터 혹독한 훈련을 받아야 한다고 통고했다. 낙오하지 않는 사람들은 곧 해외로 가서 전쟁 승리를 위한 작전에 투입된다고 했다. 자세한 것은 나중에 알게 되겠지만, 그에 대해서는 한 마디도 해줄 수 없다고 티베츠는 말했다. 그러고는 모두에게 놀라움과 기쁨을 안겨주었다. 티베츠는 모든 사람에게 2주 휴가를 주었다.

그러나 단 한 사람 비저만은 예외였고, 그에게는 티베츠의 사무실로 가라는 손짓이 떨어졌다. 그곳에는 이미 몇 사람이 와 있었다. 모두 군복 차림이었다. 이거, 좋아 보이지 않는데. 비저는 그렇게 생각했다.

티베츠가 말했다.

카운트다운: 70일

5월 28일, 미국 워싱턴

"중위, 민감한 문제에 대해 좀 물어봐야겠네."[12]

사람들은 일상적인 질문을 던졌다. 어느 학교를 다녔나? 군사훈련은 어떤 것을 받았나? 군대에 온 후 어떤 경험을 했나? 그러더니 그들 중 한 명이 비저의 눈을 똑바로 쳐다보며 이렇게 물었다.

"귀관은 공중전에 대해 어떻게 생각하는가?"

비저는 자기도 모르게 목소리가 높아졌다. 그는 이렇게 대답했다.

"전투는 바로 제가 하고 싶었던 것입니다."[13]

장교는 미소를 짓더니 밖에서 기다리라고 말했다. 15분 뒤, 그는 팀의 일원으로 받아들여졌다.

그들은 비저에게 그가 무슨 일을 하게 될지 전혀 말해주지 않았다. 그러나 그는 아마도 자신이 더 위험한 일을 하게 되리라는 생각을 억누를 수 없었다.

그 이후로는 일사천리였다. 면담 다음 날 비저는 티베츠와 함께 뉴멕시코주 앨버커키에 있는 커틀런드 공군 기지로 날아갔다. 비행기에서 내리자 랜스데일 대령이 그들을 녹색 세단에 태웠다. 그는 몇 주 전 콜로라도스프링스에서 티베츠를 이 임무의 책임자로 선택할 때 나왔던 육군 정보 장교였다. 랜스데일은 그들을 태우고 북쪽으로 100킬로미터를 달렸다. 로스앨러모스에 있는 비밀 연구소로 가는 길이었다. 티베츠와 비저는 초행이었다. 랜스데일은 차를 몰고 가면서 그들에게 비밀 엄수를 일깨웠다.

"당신들이 아는 어떤 일도 먼저 입 밖에 내지 마시오."

차는 또 다른 승객을 태우기 위해 샌타페이에 멈췄다. 민간인 복장을 한 사람이었다. 그는 물리학자 노먼 램지로, 이 사업의 과학 및 기술

분야 부책임자였다. 그는 키가 크고 마르고 용모가 단정한 사람이었으며, 소년 같은 외모였다. 나와 나이 차가 많지는 않겠군. 비저는 그렇게 생각했다. 과학자라고 모두 수염 기르고 머리 허연 교수는 아니구나. 시간이 지나면서 비저는 로스앨러모스에서 일하는 과학자들 대부분이 20대에서 30대라는 것을 알게 됐다.

로스앨러모스까지는 60킬로미터만 더 가면 됐다. 그러나 목적지에 가까워지면서 비저는 풍광이 더 바위투성이고 가팔라진다는 것을 알아차렸다. 그들은 좁은 흙길을 달리고 깊은 바퀴 자국을 내며 대지臺地의 꼭대기로 올라갔다. 그곳에서는 숨이 멎을 듯한 생그리더크리스토 산맥의 전망이 펼쳐지고 있었다. 그들이 도착한 꼭대기는 해발 2200미터였다. 고립되고 사실상 접근할 수 없는 곳이었다.

높은 담장에다 그 위에 가시 철조망까지 둘러놓으니 무슨 교도소 같은 모습이었다. 보안 출입구를 통해 안으로 들어간 뒤 비저는 많은 건물들이 조잡하고 서둘러 지어졌음을 알 수 있었다. 그러나 공간은 넓었고, 수천 명의 군인과 민간인이 부산하게 움직이고 있었다.

차는 특색 없는 모습의 한 건물 앞에 섰다. 랜스데일은 티베츠를 오펜하이머의 사무실로 안내했다. 램지는 비저에게 자기 실험실을 둘러보게 했다. 안으로 들어선 뒤에 램지는 이 사업에 관한 중요한 내용들을 자세히 설명했다. 비저는 '배달 팀'이라 불리는 그의 부서와 일하게 될 것이다. 그들은 폭탄 발사를 맡고 있었다. 이 무기를 목표물까지 보내는 방법을 만들어내는 것이다.

일이 목표했던 만큼 진척되지 않았다고 램지는 인정했다. 시간이 없었다. 무기의 발사 장치를 설계하는 데 약간의 문제가 있었다. 지상

카운트다운: 70일

5월 28일, 미국 워싱턴

에서 무기를 폭파시킬 때 고려해야 할 변수가 너무 많았다. 지형, 기후 조건… 그리고 전파.

비저는 곧 폭탄의 격발 장치에 대해 세세하게 알게 된다. 거기에 작은 레이더 장치가 들어간다. 그는 폭탄의 운영 체계를 방해하거나 폭파하려는 시도를 위한 적의 레이더를 감시해야 함을 알게 된다. 무선 간섭의 영향을 받을 가능성을 최소화해야 한다고 램지가 말했다. 비저는 폭탄이 어떻게 작동되는지를 하나하나 알아야 했다.

비저는 그의 말을 들으면서 이것이 범상한 임무가 아님을 금세 깨달았다. 모든 임무는 위험하다. 그러나 이 일은 비길 데 없이 위험했다. 그가 임무를 제대로 수행해내지 못하면 폭탄은 목표물로 가는 도중에 터져버릴 것이 분명했다.

이 프로그램에 대해서는 극소수의 과학자들만이 깊이 알고 있다고 램지는 말했다. 비저는 매번의 시험 운영과 이어 매번의 폭격 작전에 나서야 할 것이다. 부상을 당해 "의무병이 '이제 당신은 충분히 했소' 할 때까지." 이 시점에서는 얼마나 많은 폭탄이 만들어질지, 얼마나 많이 투하될지 아무도 추측할 수 없었다. 심지어 그 폭탄들이 제대로 작동할지조차 말이다.

램지는 '원자폭탄'이라는 말을 결코 하지 않았다. 그는 "우주의 기본 힘의 방출"과 "연쇄 반응의 일어남"[14]에 대해 이야기했다. 그는 이 사업에 참여하고 있는 다른 과학자들의 이름을 줄줄 읊었다. 엔리코 페르미, 닐스 보어, 한스 베테, 엘리제 마이트너. 모두가 과학의 제왕들이었다. 비저는 물리학 수업 시간에 그들의 이름을 들었다. 그들의 저작 가운데 일부를 읽기도 했다.

브리핑이 끝난 뒤 비저는 몇몇 과학자들을 소개받았고, 그들은 그에게 자기네 일에 대해 살펴볼 수 있는 기회를 주었다. 그들은 '핵 탄환'을 사용하는 '총포'에 대해 설명했다. 충격을 받으면 폭발이 촉발되고, 그 빛은 "천 개의 태양보다 밝을" 것이라고 했다. 그날이 저물 무렵에 비저는 그들이 원자폭탄을 만들고 있음을 알게 됐다. 원자폭탄. 공상과학 소설을 바로 현실화한 듯한 것이었다. 비저에게 놀라웠던 부분은 볼티모어의 유대인 아이였던 그가 역사의 한 부분이 되리라는 것이었다. 먼저 죽지 않는다면 말이다.

날이 가고 달이 가면서 비저는 웬도버와 로스앨러모스 사이를 오가며 이 무기에 관해 더 많은 것을 알게 됐다. 더 정확하게는 무기'들'이다. 무기는 두 개, 두 형태가 있었다. '꼬마Little Boy'와 '뚱보Fat Man'다. '꼬마'는 깡마른 형태에 길이가 3미터이고 무게가 4.4톤이며 우라늄 코어다. '뚱보'는 무게 4.7톤으로 플루토늄 코어다. 둘은 같은 원리에 의해 작동됐다. 각각의 무기 안에 들어 있는 방사성 코어에 충분한 힘이 가해지면 그것이 연쇄 반응을 일으켜 엄청난 폭발력을 방출한다는 것이다.

'꼬마'의 폭탄 외피 안에는 이 무기를 폭발시키기 위해 마련된 총 같은 격발 장치가 들어 있었다. 우라늄은 두 조각으로 나뉘어 있었다. '탄환'과 목표물이다. '탄환'은 41센티미터의 강철 덮개 안에 아홉 개의 우라늄 고리가 들어간 원통형 관이었다. 목표물은 더 많은 우라늄으로 이루어진 속이 빈 원통이었다. '탄환'은 레이더로 작동된 근접신관에 의해 촉발되면 강력한 1.8미터 길이의 총신을 통해 목표물 속으로 발사된다. 이 '탄환'은 시속 1100킬로미터의 속도로 날아가 플러그처럼 목표물에 끼워진다. 그 충격이 폭발력 있는 핵 연쇄 반응을 만들어낸다. '꼬마'는 엄청나게 불안정한 무기였다. 일단 총에 화약 추진 연료가 장전되면 어떤 것이든 거기에 불을 붙여 엄청난 핵폭발을 일으킬 수 있었다.

'뚱보'는 '꼬마'보다 더 강력할 수 있는 잠재력이 있었다. 그러나 작동 방식은 달랐다(폭발 속도에 도달하기 위해서는 9미터의 '총신'이 필요했다). 과학자들은 그 핵반응을 유발하기 위해 내파 장치를 고안했다. 플루토늄 코어는 내부에 고성능 폭약 2.4톤을 채워 넣었다. 32쌍의 뇌관은 근접신관에 의해 촉발된 뒤 동시에 점화된다. 이 폭발로 소프트볼 크기의 코어는 당구공 크기로 압축되고 필요한 연쇄 반응을 만들어낸다.

맨해튼 사업 외부에 있는 사람들은 이 물건에 대해 거의 알지 못했다. 그것은 극비였다. 그러나 지금 펜타곤 회의실 바깥의 대기 장소에 앉아 있는 일개 중위인 비저는 이 무기에 대해 안에 있는 대부분의 사람들보다 더 많은 것을 알고 있었다.

그는 틀림없이 티베츠의 블랙리스트에 올랐을 것이다. 어쩔 수 없지. 그는 생각했다. 비저의 귀에 속삭이는 소리가 들렸다. 그는 안내석을 바라보았다. 장교 하나가 보였다. 소령이었다. 여군보다 훨씬 컸다. 장교는 자기 쪽을 보고 있었다. 그가 물었다.

"자네가 비저인가?"

비저가 그렇다고 대답했다. 그가 쏘아댔다.

"거기 앉아서 뭐 하고 있는 거지? 안에서 찾는데."

비저는 회의실로 들어가면서 여군에게 부드러운 미소를 지어 보였다.

그는 안으로 들어갔고, 티베츠는 몸짓으로 자기 옆에 앉으라고 지시했다. 비저는 귓속말로 자기가 왜 늦었는지를 설명하려 했지만, 대위 하나가 회의에 보고하는 바람에 막히고 말았다.

대위는 해군이 일본 해안 5킬로미터 밖에 잠수함을 배치해줄 것을 요청했다. 정교한 새 유도 장치인 장거리 항법 장치LORAN의 광선을 비추어 그들이 목표물에 접근하는 길을 찾는 데 도움을 주어야 한다는 것이었다. 문제가 생길 경우 광선은 B-29를 잠수함으로 인도해 해상 구조를 하는 데 이용할 수 있었다.

대위가 비저에게 이 제안에 대한 의견을 묻자 그는 망설임 없이 대답했다.

"그건 개똥 같은 소립니다."

패럴이 비저에게 자세한 설명을 요구했다. 비저는 잠수함을 그렇게 움직이지 않게 고정시키는 것은 불가능하다고 말했다. 조수潮水가 잠수함을 다른 위치로 끌어갈 것이기 때문이다. 장군의 허락을 얻어 비저는 칠판으로 걸어가 분필을 집어 들고 물리학 방정식을 사용해 자신의 요지를 입증했다. 그는 숫자 몇 개와 그리스 문자들을 휘갈겨 쓰고는 바람과 조류의 영향을 계산했다. 장거리 항법 장치를 작동시키려면 잠수함은 물 위에 떠 있어야 했다. 비저는 이렇게 말했다.

"잠수함이 일본 해안 5킬로미터 밖에서 공격을 받지 않고 떠 있을 수는 없습니다."[15]

패럴은 감명을 받았다. 티베츠는 한숨을 내쉬었다. 비저가 해낸 것이다.

회의는 목표물 검토로 되돌아갔다. 몇 시간 뒤 참석자들은 히로시마가 첫 번째 폭탄 투하지로 최선의 선택이라는 데 합의했다. 그곳에는 28만 5천 명의 주민과 4만 3천 명의 군 인력이 있었다. 하타 슌로쿠畑俊六 원수 육군대장이 지휘하는 제2총군總軍이 그곳에 주둔하고 있었다. 연합군이 일본 본토를 침공하는 경우 그의 관할 병력이 혼슈를 방어할 계획이었다.

주변 지역에는 군사적 목표물이 산재해 있었다. 조선소와 비행장, 항공기 부품 공장 같은 곳들이었다. 시 중심부의 상당수 건물들은 철근콘크리트로 지어졌지만, 외곽의 사업체와 주택은 대부분 목조 건물이었다. 따라서 작전 날짜를 확정하기 전이라도 아직 여러 가지 세부 사항들을 계획해야 했다. 그러나 티베츠는 다른 사람들과 마찬가지로 히로시마가 완벽한 목표물이 되리라는 것을 알고 있었다.

카운트다운

68일

5월 30일, 일본 기미타

또 하나의 긴 날이 밝았다. 다무라 히데코田村秀子와 그의 단짝 미요시는 학교 건물에서 뛰어나와 수십 걸음 만에 작은 개울로 갔다. 학교에는 수돗물이 없어서 젠쇼지善照寺의 아이들은 개울로 가서 씻었다. 여자아이들은 찬물이 얼굴과 팔에 튀자 소리를 질러댔다. 아이들은 긴 계단을 올라 다시 학교로 가서 옷을 입었다.

종이 울렸다. 아침 독경을 알리는 신호다. 히데코와 미요시는 경서를 들고 법당으로 달려가 다다미 돗자리 위에 무릎을 꿇었다. 두 아이는 큰 소리로 '나무아미타불' 주문을 외었다.

"부처님께 귀의하나이다."

독경이 끝나자 아이들은 책을 넣어두고 아침을 먹기 위해 밥그릇을 들고 죽 늘어선 좁은 식탁 앞에 정렬했다. 둘은 배가 고팠지만 서두르지 않고 식사를 끝냈다. 젠쇼지에는 매일 등골 빠지는 노동 외에는 기대할 만한 게 별로 없었다.

히데코는 그곳이 싫었다. 부모님이 자신을 히로시마에서 그곳으로 보낸 이유를 알기는 하지만 말이다. 누구나 미군 전투기를 두려워했다. B-29는 일본의 여러 도시들을 폭격했지만, 히로시마는 아직 공격하지 않았다. 하지만 그것은 시간문제일 뿐이었다.

정부에서 아이들을 히로시마에서 시골로 피난 보낼 때 부모들은 반대하지 않았다. 아들딸과 헤어지기는 싫었지만, 시내에 남아 있는 것이 위험하다는 것을 알았다. 그들은 아이들을 잘 먹이고 가르치겠다는 정부의 약속을 위안으로 삼았다.

그러나 히데코는 기미타촌君田村으로 이주하자 열 살배기들이 비오는 날에만 수업을 한다는 것을 알게 됐다. 그 외의 시간에는 밖에서 일을 했다.

한 무리는 숲에서 커다란 소나무 뿌리를 파내고 도가니를 만들어야 했다. 비행기에 쓸 송근유松根油를 뽑아내기 위해서였다. 또 한 무리는 무거운 돌을 파냈다. 히데코와 그 친구는 채석장에서 이 돌들을 배낭에 져 날랐다. 그러나 끈에 쓸려 히데코의 어깨가 까졌다. 결국 그 대신 파내는 일을 해야 했다.

먹을 것이 부족해지자 아이들은 몇 명씩 무리를 지어 주변 산으로 가서 나물을 캤다. 히데코는 저녁 때가 되면 언제나 녹초가 됐다.

"배고파."

아이들이 입에 달고 사는 말이었다.

기미타에서 거의 두 달을 지낸 히데코는 집이 몹시 그리웠다. 어머니와 아버지는 다정하고 잘 보살펴주는 부모였다.

히데코의 아버지 다무라 지로는 다무라공업그룹 창업자의 둘째 아들이었다. 히로시마에 본사를 둔 이 회사는 일본과 동아시아 곳곳에서 고무 제품을 생산했다. 지로는 법학을 전공했지만 정말로 하고 싶었던 것은 예술이었다. 굵고 짙은 갈색의 곱슬머리인 아버지는 "그가 언제나 되고자 했던 화가처럼 보였다"라고 딸은 회상했다. 수영도 잘했고, 튼튼한 어깨는 떡 벌어져 있었다. 히데코는 아버지가 저녁을 먹은 후 자신을 무동 태우고 거리를 거닐며 좌판의 물건들을 구경하던 때를 생각하며 미소를 지었다. 히데코는 아빠와 함께 다니는 것이 자랑스러웠다.

아빠와 엄마는 도쿄에서 열린 대학 야구 경기 때 만났다. 지로네 학교인 게이오기주쿠慶應義塾대학이 와세다早稻田대학과 경기를 하고 있었고, 엄마가 거기에 왔다. 당시는 예쁜 처녀였고, 어머니와 함께 스탠드에 앉아 있었다. 경기가 끝난 뒤 지로는 그들을 따라 그 집에 가서 어머니에게 딸과 사귀고 싶으니 허락해달라고 말했다. 어머니는 거절했다. 중매 절차도 없이 그렇게 무례한 요구를 하는 것을 받아들이는 것은 옳지 않다고 했다. 교제는 집안 간의 협의가 선행돼야 하고, 이 경우에는 두 집안의 격도 맞지 않았다. 그러나 지로는 포기하지 않았다.

엄마 기미코는 예쁘고 날씬하고 키가 컸다. 눈은 크고 다감했으며, 속눈썹은 길고 진했다. 기미코는 혼자 된 어머니의 생활비에 보태기 위해 밖에 나가 일을 했다. 서양 문화와 패션을 좋아했으며, 불편한 기모노와 오비(띠)보다 서양 모자와 하이힐을 더 좋아했다. 그리고 영화관에 가고 톨스토이와 에드거 앨런 포와 헨리 워즈워스 롱펠로의 소설과 시 읽기를 좋아했다.

지로의 집에서도 평민 여자를 사귀는 데 반대했지만 그는 사랑에 빠졌다. 그가 기미코와 결혼하자 가족은 그와 의절했다. 그는 도쿄에 있는 닛산자동차에서 판매직을 얻었다. 몇 년 뒤 히데코가 태어났고, 가족은 지로를 다시 받아들였다. 젊은 부부는 손님 접대를 즐겼다. 도쿄에 있는 그들의 집은 친구와 웃음이 넘쳐났다.

그들의 책장에는 서양 고전이 많았다. 히데코는 《백설 공주》, 《잠자는 숲속의 미녀》를 읽을 줄 알게 됐고, 나중에는 《로빈슨 크루소》와 《허클베리 핀의 모험》도 읽었다. 어머니는 히데코를 재우기 위해 봄 노래를 불렀다. 아이는 창문 너머로 가설한 화실에서 아버지가 헐렁한 작업복을 걸치고 그림을 그리는 모습을 볼 수 있었다. 그는 작은 방 안에서 몇 시간씩 담채 풍경화를 그리곤 했다. 그는 프랑스 인상파

어린 히데코를 안고 있는 기미코

화가들을 존경했다. 가장 좋아하는 화가는 폴 세잔이었다.

1938년의 어느 흐린 날, 두려워하던 소집 영장이 나왔다. 지로는 일본 제국 육군에 징집됐다. 중국을 침략한 군대였다. 기미코와 어린 히데코는 지로 가족의 히로시마 농장으로 이사했다. 그가 복무하는 3년 동안 거기서 기다려야 했다.

젊은 장교는 1941년 군에서 제대했다. 그러나 그가 예비역 신분이라고 해서 전쟁에서 비켜날 수는 없었다. 몇 년 뒤 히데코는 라디오에서 들은 목소리들을 기억했다. 그리고 어른들은 갑자기 숨 죽인 목소리로 이야기했다. 히데코는 숙모에게서 일본이 미국 및 대영제국과 전쟁을 시작했다는 말을 들었다. 그들은 이제 일본의 적이었다. 히데코는 이해할 수 없었다. '그들이 우리와 싸운다고?' 그래도 미국 영화를 볼 수 있느냐고 물어보았다. 어린 여자아이는 찰리 채플린을 좋아한다고 말했다. 그러나 숙모는 목소리를 낮추라고 주의를 주었다.

"누가 듣고 우리를 매국노라고 생각하면 어쩌려고 그래?"

어른들은 걱정 말라고 안심시켰다. 그러나 걱정을 하지 않을 수 없었다. 그들의 얼굴에 나타난 표정이 말해주고 있었다.

진주만 공격 한 달 후에 소집 영장이 다시 날아왔다. 지로는 히로시마에 있는 군부대로 출두했다.

히데코와 어머니는 다시 한 번 이사해 아버지 가족과 함께했다. 히데코는 명문 세이비학원에 들어갔다. 일본 군에서 부설한 학교였다. 애국 열기가 넘치던 시대였기에 일본의 신화적인 기원에 관한 교육을 받았다. 두 신이 흙탕물을 휘저어 물방울이 섬들로 변하고 해 돋는 나라가 만들어졌다. 천상의 그들의 손자가 규슈섬에 내려와 온 일본을 통치했다. 학생들은 나라에 헌신한 일본인들에 관한 국민가요를 불렀다.

1944년이 되자 분위기가 바뀌었다. 사람들은 사이판이나 괌 같은 먼 곳에 있던 사랑하는 가족을 잃었다. 점점 더 많은 배들이 파괴됐다. 정부는 식료품과 연료 배급제를 실시했다. 시장에서 물건들이 빠르게 사라졌다. 공장들은 문을 닫았다. 그리고 일본의 도시들은 끊임없는 미군 B-29의 공습으로 불타고 있었다. 하지만 히데코는 그런 고난에서 대부분 비껴나 있었다. 히로시마는 폭격을 당하지 않았다. 단짝 미요시, 그리고 사촌들과 뛰어놀았다. 아버지는 가까운 군부대에 배치돼 있었고, 매일 밤 집으로 돌아왔다.

그러나 1945년 초, 히로시마는 다른 도시가 됐다. 곳곳에 방공호를 팠다. 인근 도처의 집들 사이에 물탱크가 만들어졌다. 비상용 물을 저장하기 위해서였다. 소이탄으로 붙은 불을 어떻게 끄는지에 관한 재난 안전 훈련으로 가정 생활과 학교 수업이 지장을 받았다. 옷에는 이름과 주소를 적은 표를 꿰매어 붙였다. 무슨 일이 생기면 누구인지 알아볼 수 있게 한 것이었다.

히데코의 어머니 기미코는 14만 명이 죽은 1923년의 간토關東 대지진에서 살아남았다. 어머니는 일본에 대한 '마지막 공격'이 히로시마에 닥칠 경우 어떻게 해야 하는지 딸에게 상세히 이야기해주었다.

적은 공중에서 공격해올 것이다. 기미코는 경고했다. 집 안에 있을 경우 히데코는 무거운 가구를 꽉 잡고 있어야 한다. 그렇게 하면 집이 무너질 경우 그 밑에 몸을 보호할 공간이 생길 것이다. 어머니는 그렇게 일렀다. 그런 다음에 가능한 한 빨리 건물을 벗어날 길을 찾아야 한다. 소이탄으로 인한 불이 자신을 휩싸기 전에 말이다. 밖으로 나오면 빨리 강으로 달려가야 한다. 도망치는 동안에 머리를 덮개나 방석으로 확실하게 가리고서 말이다. 비행기는 공격을 피해 달아나는 사람들을 죽이기 위해 돌아오는 경우도 많다.

기미코는 이런 내용이 히데코의 마음속에 새겨질 때까지 몇 번이고 반복했다. 히데코는 설마 하는 생각으로 그 말을 들었고, 내일이 꼭 오늘 같지 않을 수 있다는 것을 결코 사실로 믿지 않았다.

4월 10일까지, 히로시마의 아이들은 도시에서 피난을 가야 했다.

히데코의 어머니는 재봉틀에 붙어 부지런히 손을 놀렸다. 어린 딸이 기미타로 가지고 갈 옷을 준비하고 소지품을 꾸렸다. 어머니는 전날 밤 늦게까지 자지 않고, 오랜 시간 기차를 타고 갈 때 먹을 도시락을 준비했다. 그들은 꾸러미의 내용물들을 아주 자세히 살펴보았다. 기미코는 마지막으로 작은 주머니를 하나 남겨뒀다가 그것을 히데코의 손에 쥐여주었다. 그러고는 말했다.

"이건 우리 분신이야. 아빠 손톱과 내 머리카락 한 줌이다."

히데코는 어리둥절했다. 어머니가 다시 말했다.

"지금은 매우 위급한 시기란다. 우리는 어떤 일에 대해서도 준비가 돼 있어야 해. 엄마 아빠에게 무슨 일이 일어나더라도 너는 우리에게서 나온 것을 갖고 있다. 우리를 기억해다오."

히데코는 멍해졌다. 이 이야기를 어떻게 받아들여야 할지 알 수 없었다. 히데코는 도시가 폭격을 당하고 있기 때문에 집을 떠나야 한다는 것을 알았다. 도시는 아이들에겐 너무도 위험했다. 그러나 그것을 자기네 도시나 자기 부모와 연결시키지는 않았다. 그것은 생각할 수도 없었다.

히데코가 두려워하고 있음을 알아챈 기미코는 딸에게, 이것은 오직 만에 하나 있을 경우의 이야기일 뿐이라고 말했다. 잘된다면 전쟁이 끝났을 때 그들은 바로 이곳 히로시마에서 딸을 기다리고 있을 것이라고 했다.

히데코가 물었다.

"얼마나 걸릴 것 같아요?"

"엄마도 몰라."

기미코가 이렇게 말한 뒤 미소를 지었다.

"나는 도쿄 지진에서도 살아남았어. 나는 어디서도 살아남을 수 있어. 나는 내가 오래 살 거라고 생각한다. 너도 그렇고."

동이 트기 전에 수많은 아이들과 그 부모들이 히로시마 역 광장을 메웠다. 많은 사람이 울었고, 또 어떤 사람들은 눈물을 삼켰다. 관리들은 기운을 내게 하는 연설을 했고, 승리하는 날까지 고난을 참고 있는 사람들에게 찬사를 보냈다. 히데코 같은 아이들에게 기차에 타라는 말이 떨어졌다.

히데코는 여자아이들 무리의 통솔자로 지명됐다. 더 어린 아이들이 기차에 타도록 돕는 것이었다. 히데코는 기차에 탈 차례가 되자 어머니 쪽으로 돌아서 작별의 손을 흔들었고, 기미코가 손수건으로 눈가를 꾹 누르며 눈물을 숨기고 있는 모습이 보였다. 히데코는 어머니를 닮아 자주적이고 강인했다. 그러나 아직은 어린아이였다. 감정이 북받치자 울음을 터뜨리고 자기 자리로 가는 내내 흐느껴 울었다. 히데코는 최대한 기운을 짜내 자기가 할 일을 했다. 반 아이들의 이름을 불러 빠진 사람이 없는지 확인했다.

호루라기가 울었다. 기차가 역을 떠날 때 히데코는 어른들을 바라보았다. 그들은 선로로 모여들어 울부짖고 팔을 흔들었다. 다시는 아이들을 보지 못할 사람들 같았다.

가는 길은 멀었다. 히데코는 다른 아이들을 달래려고 애썼다. 그러나 기차가 출발한 지 몇 시간이 지났는데도 몇몇은 아직 울고 있었다. 차창 밖으로 줄지은 산들과 초가집들이 지나갔다. 낮이 밤으로 바뀌고 기차는 기미타의 젠쇼지 역에 도착했다. 시간은 거기서 멎은 것 같았다. 히데코는 시간이 언제 다시 시작될 것인지, 언제 집으로 돌아갈 수 있는지, 자신이 부모를 그리워하는 만큼 그들도 자신을 애타게 그리워하고 있는지 궁금했다.

나날들은 음울하고 힘들었다. 형편은 전혀 나아지지 않았다. 행동을 취해야겠다고 결심했다.

히데코는 학교에서 그들이 집에 보내는 편지를 검열하고, 밝은 이야기가 아니면 부치지 않는다는 것을 알아차렸다. 그래서 검열을 피하고 진실을 알리는 편지를 부모에게 전할 수 있는 방법을 찾기로 결심했다. 강요된 노동, 굶주림, 불결함을 이야기하고 구해달라고 호소할 참이었다.

집에서 사는 것이 위험할지는 모르지만, 여기보다 나쁠 수는 없어. 그렇게 생각했다. 히데코에게는 어머니가 필요했다.

카운트다운: 68일

5월 30일, 일본 기미타

카운트다운

66일

6월 1일, 미국 워싱턴

나이 든 헨리 스팀슨은 견디기가 힘들었다. 이틀 동안 지도를 들여다보고 커피를 마시고 실행 계획을 보고 언쟁을 벌인 끝에 잠정위원회는 최종 권고안을 낼 태세를 갖췄다. 이 핵무기를 사용할 것인가, 아니면 일본에 가서 낡은 방식으로 피 말리는 전쟁을 계속할 것인가? 최종 결정은 트루먼이 내리겠지만, 이 위원회는 상당한 무게감을 지니고 있었다.

그것은 쉽지 않은 일이었다. 군사부 장관은 문제의 모든 측면에 대해 꼼꼼하게 들었다. 경제적 영향, 환경 훼손, 같은 인간을 상대로 그런 파멸적인 무기를 사용하는 것의 도덕성. 스팀슨은 들으면 들을수록 같은 질문으로 되돌아갔다. 얼마나 많은 민간인이 죽게 될까? 일본의 모든 도시가 파괴되고, 수많은 무고한 사람이 죽고, 눈앞의 모든 것이 불에 타고 앞으로 수십 년 뒤까지 오염된다. 이러한 가능성은 마음을 혼란스럽게 했다.

그러나 일본을 항복하게 하려면 다른 방법은 없는 듯했다.

이 나라는 전쟁에 지쳐 있었다. 진주만 피격 후 3년여가 지났지만 미국인들의 일상은 여전히 전쟁을 중심으로 돌아갔다. 공장에서는 탱크와 비행기를 쏟아냈다. 학교에서 나온 젊은이들은 계속해서 징집돼 해외로 배치되고 있다. 여자들과 아이들은 점점 난민들처럼 보이고 있다. 식료품, 직물, 옷과 가재도구 등이 여전히 배급제이기 때문이다.

독일이 항복했을 때 낙관론이 춤을 추었다. 일본과의 전쟁도 곧 끝날 것이고, 육·해군 병사 대부분도 아마 크리스마스 전에 고국으로 돌아올 것이고… 그러나 그런 희망은 매일매일 더 희미해지고 있었다.

트루먼 대통령은 말을 돌리지 않았다. 일본에서 "승리하는 데 쉬운 방법은 없다"고 의회에서 말했다. 승리를 거두려면 태평양의 미군 병력 수를 두 배로 늘려 400만 명이 돼야 한다. 동맹국들이 동참하기로 약속했지만, 트루먼은 기대치를 눌러 낮췄다.

우리는 아직 무기를 든 400만 명의 일본 군대의 주력을 대면하지 않았습니다. 그리고 여기에 아직 군에 징집되지 않은 복무 연령의 남자 수백만 명이 더 있습니다.[1]

트루먼의 메시지는 미국의 희망에 찬물 한 동이를 부은 격이었다. 전쟁에 지친 시민들이 매번 신문을 펼치고 라디오를 틀고 영화관에 갈 때면 으레 뉴스에는 전쟁과 폭격과 사상자 소식이 끝없이 펼쳐졌다.

스팀슨의 책상에 놓인 신문은 노르망디에서 베를린까지의 질주에서 선두에 섰던 오랜 역사의 제1군이 지금 태평양으로 배치됐다고 보도했다. 미국 침례교 해외선교회는 전쟁 범죄의 증거를 발견했다. 분명히 일본군들이 2년 전 필리핀에서 열한 명의 목사와 한 목사의 아홉 살짜리 아들을 참수했다. 신문 간지로 들어가면 미국이 이미 독일 및 일본과 싸우는 데 들어간 비용이 2800억 달러라는 계산을 내놓고 있다. 또 다른 기사는 미군이 가장 최근에 소이탄 공습으로 불태운 오사카에 초점을 맞췄다. 기자는 커티스 르메이Curtis LeMay 장군의 말을 인용했다. 줄기찬 공중전을 책임지고 있는 사람이다.

"아무리 줄이려고 하더라도, 결국 엄청나게 많은 시민을 죽이게 될 것입니다."[2]

스팀슨은 엄청난 파괴가 이루어지고 있는 이 전쟁을 혐오했다. 그는 군인이었지만, 분명히 인도주의자이고 외교관이며 국제법과 도덕성의 옹호자였다.[3] 그는 전쟁이 "인간성의 한계 안으로 제한돼야" 한다고 생각했다. 공군력은 "정당한 군사적 목표물"[4]로 제한해 행사돼야 한다.

그러나 2차 세계대전은 고귀한 교전 규칙들을 뒤엎어버렸다. 독일과 일본은 도시와 마을에 있는 민간인들에게 무자비하게 총을 겨누었고, '못마땅한 자들'을 죽음의 수용소로 몰아넣었다. 미국은 그렇지 않았다고 그는 주장했다. 계획적으로 민간인들을 겨냥해 대량으로 살해하는 것은 부도덕한 일이었다.

그러나 지금 자기 나라가 셀 수 없이 많은 사람들을 죽이게 될 무기를 사용하려 하고 있다. 바로 그것이 그의 난제였다. 스팀슨은 이 무기의 파괴력에 경외감을 가지면서도 또한 섬뜩함을 느끼고 있었다. 스팀슨은 이 폭탄을 "프랑켄슈타인"이면서 동시에 "세계 평화를 위한 수단"[5]이라고 불렀다.

스팀슨은 자신의 우려를 트루먼에게 전달했다. 그는 정정당당과

인도주의로 이룬 미국의 명성은 "앞으로 수십 년 동안 평화를 위한 세계의 가장 큰 자산"이라고 대통령에게 말했다.

"나는 민간인들을 제외한다는 원칙이 어떤 새로운 무기를 사용할 때도 가능한 한 적용돼야 한다고 생각합니다."[6]

원자폭탄의 첫 시험 날짜가 다가오자 스팀슨은 새로운 정책 하나를 서둘러 마련했다. 전시 및 평화시에 핵무기를 적절히 사용하기 위한 몇 가지 지침이었다. 트루먼의 승인을 받아 스팀슨은 5월 초 잠정 위원회를 만들었다. 보다 공식적인 핵 통제 기구가 만들어질 때까지였다.

스팀슨은 책임자였고, 저명한 산업계·과학계·정치계 인물 여덟 명이 위원으로 참여했다. 2차 세계대전 때 정부의 과학 연구 동원을 감독한 전기공학자 배니바 부시Vannevar Bush, 하버드대학 총장 제임스 코넌트James Conant 같은 사람들이다. 오펜하이머와 엔리코 페르미 등 맨해튼 사업 지도자 넷은 과학계를 대표했다.

그로브스 장군은 스팀슨의 생각을 지지했다. 위원회는 "이 폭탄에 관한 매우 중대한 결정이 군사부의 독단에 의해서 이루어진 것이 아니라, 제복을 입은 사람들의 직접적인 영향력에서 멀리 벗어난 한 그룹의 개인들에 의해 도출된 결론"임을 세계에 보여주는 것이었다.

5월 9일 첫 모임을 가진 위원회는 곧바로 복잡한 문제와 씨름하기 시작했다. 스팀슨은 위원회가 직면하고 있는 어려움을 인정했다. 그는 이렇게 말했다.

"여러분, 문명의 흐름을 뒤집을지도 모르는 행동을 권고하는 것이 우리의 책무입니다."

카운트다운: 66일

6월 1일, 미국 워싱턴

이 폭탄을 단순한 새로운 무기 이상의 것으로 생각하는 것이 중요했다. 그것은 "인간의 우주에 대한 관계에서 혁명적인 변화"라고 그는 경고했다. 그것은 "문명의 파멸"[7]을 의미하는 것일 수도 있었다.

이 노병 혼자만이 역사와 도덕성에 대한 우려를 품은 것은 아니었다. 이 위원회는 이 사업에 참여해 일하고 있는 상당수 과학자들의 의혹을 반영하기 위해 설계된 것이었다. 과학계의 비판론은 실라르드 레오가 주도했다. 이미 1939년에 아인슈타인을 독려해 프랭클린 루스벨트에게 편지를 써서 히틀러가 핵무기를 개발하고 있을 가능성에 대해 경고하도록 했던 바로 그 물리학자다. 실라르드는 지금 이를 심각하게 재고하고 있었다.

그는 시카고대학 야금연구소의 선임 물리학자였다. 여기서 폭탄에 연료를 공급할 수 있는 무기용 플루토늄 생산을 맡고 있었다. 실라르드는 맨해튼 사업을 운영하는 데서 군부가 주도적인 역할을 하는 것에 대해 불편함을 느꼈다. 두 달 전에 그는 동료들을 조직해 핵무기 사용에 대한 제한을 요구했다. 그는 루스벨트 대통령에게 보내는 공개 편지 초안을 작성해 이 폭탄 사용에 대한 통제를 실행하라고 촉구했다. 이 편지는 맨해튼 사업에 관계된 다양한 곳에 배포됐다. 그러나 편지는 결국 대통령에게 전달되지 않았다.

루스벨트 대통령이 죽은 뒤 실라르드는 트루먼과 백악관에서 만나는 일을 추진했다. 그러나 이는 마지막 순간에 잠정위원회에서 대통령을 대리하고 있는 제임스 번스에게로 넘겨졌다. 실라르드와 동료 두 사람은 사우스캐롤라이나주 스파턴버그에 있는 그의 집을 방문했다. 이 만남은 계획했던 대로 진행되지 않았다.

실라르드는 "폭탄을 실험하고 그것을 사용하는 것이 옳은 일인지"[8] 고민하느라 여러 날 잠을 이루지 못했다고 번스에게 말했다. 다른 나라들이 독자적인 핵 프로그램을 열심히 추진하고 있어 몇 년 안에 폭탄을 개발할 것으로 보였다. 그는 이렇게 경고했다.

"아마도 우리에게 닥친 가장 큰 즉각적인 위험은 우리의 원자폭탄 '시범'이 미국과 소련 사이에 이런 무기의 생산 경쟁을 촉발할 것이라는 점입니다."[9]

그러나 미국 상원 의원과 대법관을 지내고 곧 트루먼 정부의 국무부 장관이 되는 번스는 타고난 정치인이었다. 번스에게 원자폭탄은 다른 나라들에 대한 미국의 힘을 상징하는 것이었다. 그것이, 일본을 패퇴시키고 소련이 아시아와 유럽에서 영향력을 확장하지 못하게 막아줄 것이라고 생각했다.

실라르드는 실망을 안은 채 만남을 끝냈다. 번스는 대량 살상 무기를 사용하면 어떤 도덕적 대가를 치러야 하는지보다는 소련의 전후 행동에 관심이 있다고 말했다. 실라르드는 포기하지 않았다. 그는 같은 생각을 가진 과학자들을 규합해 이 폭탄을 민간인들을 상대로 사용하지 말도록 미국 정부를 설득하는 작업에 나섰다.

1925년 노벨 물리학상을 받은 제임스 프랑크James Franck를 필두로 한 맨해튼 사업 참여 과학자들은 극비 보고서에서 논거를 제시했다. 미국의 핵 개발이 언제까지나 비밀로 남을 수는 없을 것이라고 그들은 말했다. 그들은 핵무기 경쟁이 미국으로 하여금 다른 어떤 나라도 선제 공격을 할 수 없게(압도적인 보복의 두려움 때문에) 만들 정도의 빠른 속도로 군비를 개발하도록 압박할 것이라고 예측했다.

카운트다운: 66일

6월 1일, 미국 워싱턴

잠정위원회는 5월에 네 번 만났고, 마지막 회의 다음 날인 6월 1일에 다시 소집됐다. 그때까지 그들은 실라르드와 프랑크가 제기하는 반대를 무시했다. 그들은 폭탄의 잠재적인 파괴력과 그것이 일본의 싸우고자 하는 의지에 미칠 영향 쪽으로 옮겨갔다.

한때 어느 위원은 이 폭탄의 파괴력을 깎아내리려고 이렇게 주장했다.

"그것은 현재 수준의 어느 공습이 가져오는 효과와 크게 다르지 않을 겁니다."

그러나 오펜하이머는 동의하지 않았다. 과학자들은 아직 이 폭탄의 폭발력에 확신을 가지지 못했다. 그것은 어쨌든 다이너마이트 2천 톤에서 2만 톤에 해당할 수 있었다. 그러나 시각적인 효과는 "엄청날 것"[10]이라고 오펜하이머는 그들에게 장담했다. 그 폭발은 "3킬로미터에서 6킬로미터 높이까지 올라가는 멋진 발광"[11]이 될 것이다. 이 폭발은 적어도 반경 1킬로미터 안의 모든 생명체를 위험에 빠뜨릴 것이다. 그는 이 무기는 집결 부대와 군수공장을 상대로 사용하는 것이 바람직하다고 말하고, 폭탄이 2만 명을 죽일 것이라고 예측했다.

위원회 과학 자문단의 일원이자 노벨상 수상자인 아서 콤프턴Arthur Compton은 그들이 비군사적 실연實演을 마련했으면 좋겠다는 요구를 했다. 일본이 전쟁을 계속하는 것이 쓸데없음을 깨달을 수 있도록 말이다.

다른 사람들은 이 제안에 부정적이었다. 번스는 일본 어디에 폭탄이 떨어질지 알려줄 경우 그들은 미군 포로를 그 지역으로 옮길 것이라고 말했다.

스팀슨은 다른 점을 우려했다. 만약에 폭탄이 터지지 않는다면? 스팀슨은 나중에 이렇게 회상했다.

"항복을 받아내려는 우리의 노력에, 경고나 실연 후에 불발탄이 되는 것보다 더 악영향을 미치는 것은 없었을 것이다. 실제로 그럴 가능성이 있었다."[12]

변수가 하나 더 있었다. 그들은 허비할 폭탄이 없었다. 그들은 예비 원자탄을 만들 수 있을 만큼 우라늄-235나 플루토늄을 충분히 생산하지 못했다. 스팀슨은 이렇게 말했다.

"우리가 가진 적은 양으로 빠르게 충분한 효과를 거두는 것이 중요했다."[13]

오펜하이머는 나중에 이 논란에 대해 다음과 같이 요약했다.

이들 무기를 최초로 사용하는 일에 대한 우리 과학계 동료들의 의견은 일치하지 않았다. 그 범위는 순전히 기술적인 실연을 제안하는 것에서부터 항복을 유도하는 최선의 방식으로 설계된 군사적 적용에 이르기까지 다양했다. 순전히 기술적인 실연을 지지하는 사람들은 핵무기 사용을 금지하기를 바랐고, 우리가 지금 이 무기를 사용하면 장래의 협상에서 우리의 입장이 편견에 싸이게 될 것을 두려워했다. 다른 사람들은 즉각적인 군사적 사용이 미국인들의 생명을 지킬 기회를 준다는 점을 강조했으며, 그러한 사용이 특정 무기를 배제하는 것보다 더 전쟁 방지에 효과적이라는 점에서 세계의 앞날을 더 밝게 할 것이라고 주장했다.

우리는 우리가 나중 견해 쪽에 더 가깝다는 것을 알게 됐다. 우리는 어떤 기술적인 실연도 전쟁의 종료를 가져올 수 없다고 제언할 수 있었다. 우리

는 군사적 이용 이외에는 대안이 없다고 보았다.[14]

결국 스팀슨은 오펜하이머의 생각에 동의했다. 일본의 히로히토 천황과 그의 군부 조언자들을 항복하게 만드는 유일한 길은 "제국을 파괴할 수 있는 우리의 힘을 확실하게 입증할 수 있도록 엄청난 충격"을 가하는 것뿐이었다. 스팀슨은 이렇게 덧붙였다.

그러한 효과적인 충격은 희생자의 수를 본래 예상했던 것의 몇 분의 1로 줄일 수 있다. 미국과 일본 모두에서 말이다.[15]

스팀슨은 군부의 기획통들이, 미군이 일본을 침공할 경우 대량의 사상자가 날 것으로 예측하고 있음을 알고 있었다. 일본이 본토를 지키기 위해 얼마나 많은 국민이 죽게 될 것인지는 분명치 않았다. 전쟁은 몇 년 더 이어질 수도 있었다. 아무도 그것을 원치 않았다.

따라서 6월 1일 회의 이후 스팀슨은 준비가 돼 있었다. 그의 위원회와 과학 자문단은 모든 가능한 시나리오를 논의하고 세 가지 권고안에 대한 합의에 도달했다. 이제 스팀슨은 그것을 트루먼에게 전하게 되는 것이다.

- 원자폭탄은 가능한 가장 빠른 시일 안에 일본을 상대로 사용해야 한다.
- 그것은 가장 타격을 입기 쉬운 주택이나 다른 건물들에 둘러싸인 군사 시설에 사용돼야 한다.
- 그것은 경고 없이 사용돼야 한다.

스팀슨과 위원들이 그것으로 문제가 마무리됐다고 생각했다면 그들은 틀렸다. 그것은 길고도 깊은 느낌을 주는 논쟁의 시작이었다. 그것은 수십 년 동안 이어진다.

카운트다운: 66일

6월 1일, 미국 워싱턴

카운트다운

53일

6월 14일, 미국 오마하

그들은 성능을 높인 B-29가 네브래스카주 오마하에 있는 조립 라인에서 나오기를 기다리며 길고도 더운 한 주를 보냈다. 술과 주먹다짐으로 보낸 한 주였고, 빌린 방에서 즐겁게 보냈다. 로버트 루이스 대위와 그의 승무원 여덟 명은 이제 최첨단 초공중요새를 타고 며칠 동안 웬도버로 돌아갈 준비가 돼 있었다. 거기서 그들은 짐을 꾸리고, 그런 뒤에 티니안섬에 있는 제509부대의 다른 대원들과 합류할 것이다.

본래는 이런 식으로 전개되리라고 생각지 않았다. 그들은 주문한 폭격기를 인수해 곧바로 돌아갈 준비를 하고 6월 7일에 모습을 드러냈다. 비행기는 준비가 되지 않았다. 그래서 루이스는 부하들에게 긴장을 풀 기회를 주었다.

그리고 그들은 옛날의 소년으로 돌아갔다. 고주망태, 내동댕이친 유리컵, 질투하는 남편, 경찰관. 루이스는 그들 모두를 감옥에 보내지 않는 데 성공했다. 이것이 처음이 아니었고, 그 자신은 럭비공으로 유명했지만 루이스의 부하들은 그에 대한 충성심이 깊었다.

루이스는 뉴욕시에서 태어나 뉴저지에서 자랐다. 그리고 진주만 피격 이후 육군 항공단에 들어갔다. 짜릿함을 즐기는 그는 곧 잘나가는 성능 시험 조종사가 됐다. 그는 비행의 전설 찰스 린드버그를 B-29에 실어 나른 적도 있었다. 린드버그는 루이스가 어려운 비행기를 조종하는 방식에 감명을 받아 자신의 역사적인 첫 대서양 횡단 비행에 루이스가 함께했으면 좋았겠다고 말했다.

화려한 엽궐련 애호가인 커티스 르메이 장군도 마찬가지였다. 루이스는 르메이를 자신의 첫 B-29 비행에 태우고 온갖 묘기를 보여주었다. 그들이 착륙하자마자 르메이는 루이스를 대위로 진급시켰다. 바로 그 들판에서 말이다.

루이스를 칭찬한 것은 린드버그와 르메이뿐만이 아니었다. B-29 성능 시험 프로그램의 그의 상관 티베츠도 마찬가지였다. 티베츠는 직접 루이스를 훈련시켰고, 그가 항공대에서 새 비행기의 최고 조종사가 되는 모습을 지켜보았다. 루이스는 초공중요새를 수백 번 탔고, 기계 결함으로 인한 추락에서 두 번 살아났다. 루이스는 곤란한 상황에서도 언제나 냉정을 유지했다.

티베츠가 원자폭탄 작전을 이끌도록 선택됐을 때 그는 곧바로 루이스를 뽑았다. 티베츠는 루이스의 기술을 존경했다. 그러나 두 사람이 늘 사이가 좋은 것은 아니었다. 티베츠는 진지하고 원칙을 강조하는 지휘관이었다. 그는 군복 단추를 풀어놓는 법이 없었다. 루이스는 그와 정반대였다. 스물여섯 살의 이 허풍선이는 체격이 다부지고 금발이었다. 그는 낡은 항공 재킷을 입고 있었다. 그는 분쟁을 주먹으로 해결하는 거리의 아이였다. 그러나 불량배는 아니었다. 루이스는 약자를 지켜주었고, 부하 승무원들을 잘 챙겨주었다. 그러나 그는 전투 비행을 해본 적은 없었다. 그것은 그에게 불리한 딱지였기에 괴롭게 여겨졌다.

루이스는 초공중요새를 시험해보면서 티베츠와 가까워졌다. 그러나 티베츠의 유럽 시절 친구인 밴커크와 페어비가 이 비밀 프로그램 때문에 웬도버에 도착하자 관계가 변했다. 옛 친구들은 '삼총사' 같았다. 독일, 프랑스, 영국 상공에서의 두렵고 재미있었던 기억들을 함께 나누었다. 루이스는 공포스러운 비행을 많이 했다. 그러나 그는 그들의 대화에 아무런 무용담도 보탤 수 없었다.

그는 밴커크 및 페어비와 잘 어울렸다. 그들은 밤 늦게까지 카드놀이를 했다. 페어비는 카드 귀신이었다. 사실상 전문가였다. 그리고 루이스는 언제나 많은 돈을 잃는 것 같았다. 티베츠는 농담 삼아 그에게 페어비한테 도박으로 덤비지 말라고 충고했다. 그는 이렇게 말했다.

"놀던 물에서 놀아야지."

따끔했다. 루이스는 정중한 콧수염과 레트 버틀러 같은 외모의 페어비를 오만하다고 생각했다.

그들의 임무에 대해 루이스에게 알리지 않는 것은 도움이 되지 않았다. 그가 알고 있는 것이라고는 그들이 무언가 큰일을 위해 훈련하고 있다는 것뿐이었다. 그는 1944년 11월 24일 부모에게 보낸 편지에서 자신이 느낀 지루함과 불만을 이렇게 표현했다.

오늘은 판에 박힌 날의 전형이었어요. 아침 회의 다음에 폭격 훈련, 돌아와서 점심(맛있었어요), 그리고 또 훈련. 나는 이유를 묻지 않았어요. 아무도 묻지 않아요.[1]

1945년의 로버트 루이스 대위

몇 주 뒤에 루이스는 나올 수 있었다. 그는 크리스마스를 맞아 가족에게 가고 싶었고, 제509부대의 고참 항공 기관사가 결혼 때문에 집에 가는 데 비행기를 탈 필요가 있음을 알게 됐다.

12월 17일, 루이스와 기관사는 C-45 쌍발 수송기를 '임차'해 뉴저지주 뉴어크까지 4천 킬로미터의 여행에 나섰다. 그들은 악천후를 만났다. 오하이오주 컬럼버스 상공을 지날 때 C-45의 무선 통신과 고도계, 나침반이 고장 났다. 루이스는 지면 쪽으로 비행기를 조종했다. 가로등에 의지해 길을 찾으려 애썼다. 그러나 눈보라 때문에 시정은 거의 제로에 가까웠다. 루이스는 오직 동쪽 방향을 유지해 마침내 뉴어크에 착륙했다. 연료통에는 연료가 바닥나기 직전이었다.

크리스마스 뒤에 루이스는 그 항공 기관사와 그의 신부를 비행장에서 다시 만났다. 규정상 민간인은 군용기 탑승이 금지돼 있기 때문에 루이스는 자신의 항공 재킷과 모자를 신부에게 주고 몰래 태웠다. 그들은 돌아오는 길에 다시 눈보라를 만나 착륙하지 않을 수 없었다. 루이스와 신혼부부는 12월 29일 마침내 기지로 돌아왔다. 티베츠는 화가 나서 루이스에게 군사 법원에 회부하거나 영창에 보내거나 제대를 시켜버리겠다고 말했다. 그러나 루이스는 대수로운 일이 아니라고 생각했다.

티베츠는 한 주일 동안 고심했다. 그는 혹독한 날씨에 고장 난 비행기를 모는 것은 강철 같은 담력이 필요한 일임을 인정했다. 의문의 여지 없이 루이스는 특출한 조종사였고, 항공대는 그의 기술이 절대적으로 필요했다. 결국 티베츠는 책임을 묻지 않기로 했다. 그는 루이스의 인생을 망치고 싶지 않다고 그에게 말했다. 그러나 이제부터 매처럼 그를 지켜볼 것이라고 했다. 한 번 더 규정을 위반하면 기회는 없다고 했다.

루이스는 그로부터 6개월 동안 얌전하게 지냈다. 그는 자기 승무원들이 오마하에서 벌인 짓들에 대한 책임이 자신에게 넘어오지 않기를 바랐다. 설사 그렇게 된다 해도 티베츠는 이것이 그들이 티니안섬으로 향하기 직전에 마음껏 즐길 수 있는 마지막 기회였음을 이해할 것이다. 그들이 그곳에 가기만 한다면 무슨 일이 일어날지 누가 알겠는가?

루이스는 그것이 어떻게 되든, 자신과 휘하 승무원들은 비밀 임무를 위한 비행기를 충분히 탈 수 있을 것이라고 생각했다. 대부분의 훈련일에는 루이스가 기장이었지만, 티베츠가 동승할 때 루이스는 부조종사였다.

물론 루이스의 승무원들은 자기네 기장이 그 영광스러운 자리에 적합하다고 생각했다. 티베츠는 함께 타는 경우가 드물었다. 그는 늘 행정적인 문제로 고위층과 만나느라 바빴다. 하지만 그들은 티베츠가 아마도 '첫 출격' 비행기를 조종하는 사람이 될 것임을 알고 있었다.

그것이 명령이 작동하는 방식이다. 티베츠는 검증된 전투기 조종 사였다. 작전 중에 아이젠하워 장군을 태워 가도록 맡길 정도였다. 게다가 그는 조직 능력이 탁월했다.

한 달 전 티베츠는 오마하의 글렌 L. 마틴 폭격기 공장을 방문했다. 그가 중대 임무에서 탈 비행기를 선택하기 위해서였다. 티베츠는 항 공기 엔지니어들에게 제509부대 B-29의 디자인을 수정하도록 조언 했다. 더 가볍고 더 빠르게 만들려는 것이었다. 그들은 후미 기총좌 機銃座와 보호 장갑裝甲을 제외한 모든 것을 들어냈다. 가역可逆 피치프 로펠러(비행기가 반대 방향으로 활주할 수 있게 해준다)를 단, 더 빠른 엔진 이 추가됐다. 비행기의 속도와 기동성을 높이기 위한 것이다. '꼬마' 와 '뚱보'를 탑재하기 위해 폭탄 격납실 문도 넓혔고, 투하 순간에 빠 르게 개폐할 수 있도록 공기압을 고려해 설계했다.

티베츠는 승무원들이 그를 좋아하는지는 정말로 신경 쓰지 않았다. 그는 제509부대가 임무 수행 준비를 갖춰놓는 데 집중했다. 그들은 제 대로 될 때까지 훈련했다. 그의 비행대 일부는 1945년의 첫 석 달을 쿠바에서 보냈다. 고고도 해안 및 해양 비행과 장거리 운항 연습을 했 다. 고고도 폭격은 새로운 전술이었고, 티베츠는 승무원들을 끊임없 이 닦달해 폭탄 투하의 정확성을 높이도록 했다. 그들은 급강하 조종을 연습했다. 티베츠가 생각하기에 B-29가 원자폭탄의 폭풍爆風을 피할 수 있는 유일한 방법이었다. 승무원들은 전에 웬도버에서 실제 폭탄의 모양과 크기를 본뜬 대형 '모조' 폭탄을 떨어뜨리는 훈련을 했다. 일본에서의 중요한 투하를 준비하기 위해서였다. 그리고 늦봄에 거의 전원이 짐을 꾸려 태평양을 건너 티니안섬으로 왔다. 지도상에는 작은 점일 뿐인 곳이었다.

그러는 동안에 티베츠는 이런 회의 저런 회의에 참석하느라 웬도버와 워싱턴, 로스앨러모스를 오갔다. 그는 역사상 최초의 원자폭탄 투하 임무를 맡은 정예 집단 1800명을 대표하고 있었다. 그는 너무 바빠서 부하들에게 매여 있을 수 없었다.

더구나 티베츠는 결코 그들과 공유할 수 없는 냉철한 정보를 가지고 있었다. 폭탄을 투하하고 나면 그 폭발에서 생기는 충격파는 승무원들을 죽게 할 수 있었다. 폭탄이 최종 목표물에 도달하기 전에 폭발하지 않는다고 아무도 보장할 수 없었다. 그와 그의 부하들은 치명적인 위험 속으로 날아가고 있었다.

오마하에 있던 루이스와 그의 동료 승무원들은 이에 대해 전혀 알지 못했다. 루이스의 승무원들은 자기네 비행기가 준비되자 번쩍거리는 새 B-29를 점검했다. 그들은 각자의 위치로 가서 벨트를 묶었다. 루이스는 항공 기관사에게 그 거대한 엔진을 돌리라고 명령했다. 그 소리는 갓 짜낸 비단처럼 부드러웠다. 이 비행과 그 뒤의 티니안섬으로 가는 긴 비행에서 그는 조종석에 앉을 것이다.

카운트다운

49일

6월 18일, 미국 워싱턴

해리 트루먼은 백악관에서 혼자 살고 있었다. 베스와 마거릿, 그리고 장모는 여름을 보내기 위해 2주 전 미주리주 인디펜던스로 떠났다. 대통령은 외로웠고, 그것이 싫었다.

그는 크고 텅 빈 집 한가운데서 그가 들은 소음이 앤드루 잭슨과 시어도어 루스벨트가 돌아다니며 프랭클린 루스벨트와 언쟁을 벌이는 것이라고 상상했다. 그는 여러 방들과 심지어 아직 가보지 않았던 골방들을 돌아다니며 자기 연민에 빠졌다.

그는 아내에게 많은 편지를 썼는데, 그 가운데 이렇게 쓴 적이 있다.

사랑하는 베스에게.

불과 두 달 전만 해도 나는 상당히 행복하고 만족스러운 부통령이었소. 그러나 상황이 너무 변해 현실처럼 느껴지지 않을 지경이오. (…)

나는 이곳 이 오래된 집에 앉아 외교 문제에 골몰하고, 보고서를 읽고, 연설문을 짜내고 있소. 그러는 동안 내내 유령들이 복도를, 그리고 심지어 이곳 서재에서까지 왔다 갔다 하는 소리를 듣고 있소.[1]

그러나 가족에 대한 그리움보다 그를 더욱 괴롭히는 문제가 있었다. 태평양에서의 전쟁을 어떻게 끝낼 것인가. 그는 맨해튼 사업과 그것이 지닌 무시무시한 잠재력을 알게 됐다. 그는 최고위 조언자들 및 장군들과 이야기를 나누었다. 그는 여러 가지 조언들을 잔뜩 들었다. 이제 앞으로 나아가기 위한 방법을 결정할 필요가 있었다. 그것이 아무리 임시적인 것이라도 말이다.

6월 18일 오후 3시 30분, 트루먼 대통령은 그의 전시 내각 회의를 소집했다. 합동참모본부와 군사부의 고위 민간 관료들도 참여시켰다.

방에는 20세기 중반 미국의 거물 몇 명이 있었다. 나중에 국무부 장관이 되는 육군 원수 조지 마셜. 군사부 장관 헨리 스팀슨. 나중에 독일 고등판무관에서부터 세계은행그룹WBG 총재와 케네디 암살을 조사하는 워런위원회 위원에 이르기까지 여러 자리에 오르게 되는 차관보 존 매클로이.

다른 참석자도 모두 뛰어난 사람들이었다. 해군부 장관 제임스 포리스털, 루스벨트와 지금의 트루먼 행정부에서 참모총장으로 일하고 있는 해군 원수 윌리엄 레이히, 해군 작전본부장인 해군 원수 어니스트 킹, 심장 발작에서 회복 중인 헨리 아널드 장군을 대신한 육군 항공대의 아이라 이커 중장 등이다.

회의 의제는 방 안의 번쩍거리는 사람들에 걸맞게 어마어마했다. 어떻게 하면 일본의 무조건 항복을 압박해 2차 세계대전을 끝낼 수 있느냐였다. 몇 주 동안 트루먼은 원자폭탄에 대한 여러 가지 의견들을 들었다. 잠정위원회는 그것을 가능한 한 빨리 일본을 상대로 사용하라고 권고했다. 경고 없이 말이다. "가능한 한 많은 주민들에게 심대한 심리적 인상을 주기 위해서"였다.

트루먼은 또 다른 방안을 고려했다. 이 무기를 실전에 사용하기 전에 실연을 하는 것이다. 그러나 그런 접근은 두 가지 문제점을 안고 있었다. 이 무기가 작동에 실패할 경우 일본의 계속 싸우려는 의지에 불을 붙이는 꼴만 되고 만다. 그리고 미국의 전쟁 포로들이 공격 지점에 배치될 우려가 있다.

대부분의 군사 지도자들은 새로운 초강력 무기를 사용하는 데 찬성했지만, 예외들이 있었다. 태평양의 미국 육군 사령관 더글러스 맥아더Douglas MacArthur 장군은 일본의 "패배가 불가피"하며, 그렇게 파괴적인 새 전쟁 무기를 사용하는 것은 어리석은 일이라고 생각했다. 유럽의 연합군 최고사령관 아이젠하워 장군 역시 같은 주장을 했다.

그리고 이 나라에서 가장 계급이 높은 군 장교인 대통령의 참모총장 레이히 제독은 단호하게 원자폭탄에 반대한다고 언명했다. 이유는 달랐다. 이 "빌어먹을 것"은 터지지 않을 것이라고 했다. 그는 그것을 "세상에서 가장 큰 허풍"이라고 불렀다.

트루먼이 6월 18일에 그의 최고위 군사 및 민간 조언자들과 회의를 연 것은 이런 배경에서였다.

대통령은 가장 먼저 마셜 장군에게 물었다. 마셜은 지금 태평양의 상황이 노르망디 상륙 직전에 유럽에서 마주쳤던 것과 "사실상 동일"하다고 말했다. 그러면서 비슷한 전략을 제안했다. 일본 본토에 대규모 육상 침공을 하는 것이다. 11월 1일 남쪽의 섬 규슈를 시작으로, "일본에게 방어를 준비할 시간을 최소화"[2]하면서 말이다.

카운트다운: 49일

6월 18일, 미국 워싱턴

마셜은 예상 사상자 수를 이야기했다. 그는 노르망디 상륙 때 처음 30일 동안 죽고 다치고 실종된 미국인이 4만 2천 명이라고 지적했다. 미군은 오키나와에서의 치열한 전투에서 비슷한 사상자를 냈다. 그러나 마셜은 이렇게 말했다.

"규슈에서의 첫 30일 동안에는 우리가 루손섬에서 치렀던 희생의 규모를 넘지 않으리라고 믿을 만한 이유가 있습니다."

루손섬 전투는 필리핀을 탈환하기 위한 맥아더의 작전에서 중요한 전투였으며, 거기서는 미국인 사상자가 더 적어 3만 1천 명이었다.

그는 이렇게 덧붙였다.

"전쟁에서 승리하기 위해서는 쉽고 피 흘리지 않는 방법이 없다는 것은 냉엄한 현실이며, 부하들의 결의를 굳건히 유지하는 것은 지도자의 당연한 책무입니다."

제안된 규슈 침공은 이미 '올림픽'이라는 작전명이 붙어 있었다. 마셜은 대단히 정밀하게 필요한 병력 수를 제시했다. 76만 6700명. 트루먼은 레이히 참모총장에게 사상자 수에 대한 그의 생각을 물었다. 제독은 오키나와에서 미군이 35퍼센트를 사상자로 잃었다고 지적하고, 이는 일본 침공에서 25만 명의 사상자가 생긴다는 의미라고 말했다.

일부 평가들은 더 많은 사상자 수를 제시했다. 마셜 장군의 참모들은 일본을 패퇴시키기 위한 전면적인 육상 작전(암호명은 '함락Downfall')에서 50만 명에서 100만 명이 희생될 것이라고 생각했다. 최대의 섬 혼슈 침공은 1946년 3월 이후에나 이루어질 것으로 보였다. 다시 말해서 전쟁은 몇 달, 심지어 몇 년을 더 끌 수 있다는 얘기였다.

대통령은 스팀슨 장관을 향했다. "백인의 일본 침공이 일본인들을 더욱 긴밀하게 단결시키는 효과"를 가져오지는 않을지 물었다. 스팀슨은 아마도 그럴 것이라고 대답했다. 포리스털 장관은 전면 침공 작전이 마무리되는 데 1년, 어쩌면 1년 반이 걸릴 것이라고 덧붙였다.

트루먼은 자신이 소련으로부터 8월에 전쟁에 참여한다는 확약을 받아내 일본의 저항을 단축시키기를 희망한다고 말했다. 레이히 제독은 미국의 현재 요구(일본의 무조건 항복)를 받아들이지 않을 가능성을 제기하고, 그것이 적으로 하여금 계속 싸우고 더 많은 미국인을 죽이려는 투지만 돋우게 할 것을 우려했다.

그러나 대통령은 항복 조건을 완화하는 것은 어쨌든 정치적으로 폭발성이 있음을 알고 있었다. 그는 이 문제에서 여론을 변화시키려 노력할 태세가 돼 있지 않았다.

트루먼에게 일본을 침공하는 데 치러야 할 희생이 엄청나리라는 것은 분명했다. 오키나와를 점령하기 위한 현재의 작전은 생생한 증거였다. 미군 전략가들은 이 섬의 통제권을 장악하는 데 이틀이 걸릴 것이라고 예측했다. 그러나 20제곱킬로미터를 차지하기 위한 싸움은 이제 78일째 계속되고 있었다. 일본군은 이 섬에서 12만 명 가운데 10만 명을 잃었고 분명히 패배했지만 일본군 병사 수천 명이 여전히 싸우고 있었다. 많은 경우 항복보다는 자기네 수류탄 위에 엎어지는 것을 선택한다. 적이 오키나와에서 그 정도로 결사적으로 싸운다면 본토를 방어할 때는 어떻겠는가?

그렇지만 대통령은 합참에 규슈를 침공하는 계획을 진행하도록 지시하고는 "최종적인 조치에 관해서는 나중에 결정"하겠다고 덧붙이며 논의를 끝냈다.

회의가 끝나가고 전시 내각이 자리를 뜨려고 할 때 트루먼은 군사부 차관보 존 매클로이가 아직 한 마디도 하지 않았음을 깨달았다.

"매클로이, 자네 얘기를 들어야 모두들 이 방을 떠날 수 있겠네. 내가 방금 내린 결정에 대해 어떤 식으로든 합리적인 대안이 있다고 생각하나?"

매클로이가 상사인 스팀슨 장관을 돌아보자, 스팀슨이 말했다.

"얘기해보게."[3]

매클로이는 차관보라는 그의 직위가 드러내는 것보다 더 중요한 인물이었다. 그는 뉴욕 법조계에서 매우 존경받는 사람이었다. 스팀슨은 그를 자신을 위한 해결사로 워싱턴에 데려왔고, 전쟁에 관한 모든 주요 토론에서 발언할 기회를 보장하기 위해 노력했다.

알고 보니 매클로이는 할 말이 무척 많았다. 한 시간에 걸쳐 침공과 병력 규모와 사상자 등에 관해 상세하게 이야기했지만 원자폭탄에 대해서는 한 마디도 없었다. 그것이 전쟁을 1년 이상 빨리 끝내고 수십만 명의 미국인을 살릴 잠재력을 가졌는데도 말이다.

이윽고 매클로이는 대통령에게 말했다.

"네, 저는 대통령께서 다른 방법을 쓰실 수 있다고 생각합니다. 우리는 이 전쟁을 공격과 상륙이라는 전통적인 방식 이외의 것을 통해 끝내려는 연구를 하지 않는다면 우리의 정신 상태를 점검해봐야 합니다."

그리고 나서 그는 회의에 참석한 누구도 하지 않은 일을 했다. 폭탄 이야기를 꺼낸 것이다. 그들 모두는 맨해튼 사업에 대해 상세히 알고 있었지만, 방 안은 쥐 죽은 듯이 고요했다. 매클로이는 나중에 이렇게 회상했다.

내가 '폭탄'이라는 말을 입에 올리자, 그 선택된 사람들 사이에서도 그것은 일종의 충격이었다. 폭탄은 입 밖에 내어 언급하는 것이 아니었다. 그것은 마치 예일대학의 고상한 사람들 사이에서 이 학교의 비밀 결사인 '해골과 뼈Skull and Bones'를 언급하는 것이나 마찬가지였다. 그런 일은 도무지 없었다.

이제 매클로이는 더 밀고 나갔다.

"저라면 우리에게 폭탄이 있다고 그들에게 말할 것이고, 그것이 어떤 무기인지 알릴 것입니다."

그래도 항복을 거부한다면?

"저는 우리가 그들에게 폭탄에 대한 구체적인 경고를 한다면 우리의 도덕적 입장이 더 나아진다고 생각합니다."

곧바로 반박이 튀어나왔다. 폭탄이 터지지 않는다면 어찌할 것인가? 미국은 당황할 것이고, 일본은 더욱 결연해질 것이다. 매클로이는 퇴각을 거부했다.

"모든 과학자들이 그 물건은 터질 거라고 우리에게 말했습니다."

이제 방 안에 있던 모든 사람의 의견을 들었으므로 트루먼은 회의를 끝내며 그들에게 "이 문제를 논의"해야 한다고 말했다. 그는 76만 6700명의 미군 병력을 동원하는 육상 침공 계획을 승인했다.

원자폭탄은 성공적으로 검증되기 전에는 그 사용 여부가 결정되지

카운트다운: 49일

6월 18일, 미국 워싱턴

않을 것임이 분명했다. 현재로서 그것은 야심 차고 무시무시한 과학 사업이었다.

미국 오션사이드

오션사이드는 아름답고 깨끗하고 안전한 캘리포니아 해안의 오아시스였다. 만 1년 동안 위험한 작전들을 수행하고 살아남은 드레이퍼 카우프만은 조용함에 적응하기가 힘들었다.

그가 휴가를 보내는 것 같지는 않았다. 그것은 그의 다음번 큰 과제의 시작이었다. 그의 마음속에는 많은 계획이 있었다. 그러나 무진 애를 썼지만 오키나와를 머릿속에서 지워버릴 수 없었다. 끊임없는 포격, 기관총 소리, 피바다의 무모한 돌격, 그리고 공포스러운 비명과 죽음.

어느 날 밤 카우프만이 함장과 함께 길머호 함교에 서 있을 때, 그는 가미카제 비행기 한 대가 똑바로 그들을 향해 날아오는 것을 발견했다. 배에서 총을 쏘고 또 쏘았지만, 그것은 "타오르는 횃불"처럼 길머호로 달려들어 왔다. 비행기는 배의 이물 회전포탑을 들이받아 수병 한 명을 죽이고 세 명을 다치게 했다. 카우프만은 집에 보낸 편지에서 상당히 절제된 표현으로 이렇게 썼다.

"누군가가 말 그대로 폭탄을 안은 채 자신을 던져 나에게로 온다는 것은 매우 불편한 느낌을 주기 십상이다."[4]

오키나와 이후에 카우프만은 필리핀 수빅만으로 가서 "강좌를 운영"

하라는 명령을 받았다. 더 많은 잠수병을 훈련시킨다는 말이다. 수빅만은 카우프만에게도 좋았다. 아버지 카우프만 중장이 그곳에 주둔하고 있었다. 그들은 마침내 만날 수 있었다.

'레지Reggie'라 불린 제임스 카우프만은 로버트 아이첼버거Robert Eichelberger 장군의 참모들과 긴밀히 협력했다. 아이첼버거의 제8군은 필리핀을 점령하기 위한 길고도 처절한 싸움을 마무리해가고 있었다. 카우프만 중장의 사무실은 반원형 막사에 있었고, 그의 아들은 상륙하자마자 바로 그곳으로 향했다.

그들은 몇 년 동안 만나지 못했다. 드레이퍼는 아버지가 자신을 자랑스러워한다는 것을 알았다. 그는 1940년에 하던 일을 그만두고 미국 구급차 의용대에 들어갔다. 아버지에게 말도 하지 않은 채였다. 미국은 그때 참전하지 않은 상태였고, 드레이퍼는 아버지가 그에게 썼던 긴 편지를 회상했다. 왜 거기에 들어갔느냐고 묻고, 집으로 돌아오라고 촉구하는 내용이었다.

제임스는 이렇게 썼다.

"나는 도무지 아무것도 이해할 수가 없다."

군대는 그를 필요로 하지 않았다. 아들에게 무슨 일이 있어서 무언가 비밀스러운 일로부터 도망친 것일까? 그는 또 이렇게 썼다.

"다시 여기로, 너는 우리에게로 와야 한다. 어려울 때 내가 너를 내버려두지 않았잖니?"

그는 자기 아들이 성인이라는 것을 알고 있었다. 그래서 그의 호소는 아마도 소용이 없을 터였다. 그는 자신이 언제나 아들을 위해 그곳에 함께 있겠다며 편지를 끝맺었다.

카운트다운: 49일

6월 18일, 미국 워싱턴

나는 너를 매우 좋아하고, 언제나 너를 칭찬했으며 너를 엄청나게 믿고 있다. 네가 무엇을 할 생각이든, 그리고 내가 네 결정에 대해 어떻게 생각하든 상관없이 나는 너를 위해 할 수 있는 모든 일을 할 것임을 네가 알아주었으면 한다.

사랑한다. 아빠가.[5]

드레이퍼는 아버지가 지난 몇 년 동안 자신이 이룬 대단한 공적을 지켜보고 있었음을 알고 있었다. 영국과 미국의 폭탄 처리반, 그리고 잠수병들. 기나긴 5년이었지만 더 길게 느껴졌다. 부자는 드디어 만났지만, 그것은 침울한 재회였다. 둘 다 지쳐 있었다. 그들은 고향과 휴가와 가족을 그리워했다. 그리고 그들 모두는 무엇이 기다리고 있는지 알고 있었다. 바로 일본 침공이었다.

계획은 아직 작성 중이었지만, 카우프만 부자는 수중폭파반UDT이 중요한 역할을 하리라는 것을 알고 있었다. 드레이퍼는 싸움의 제일선에 서게 되는 것이다. 그는 이렇게 오랫동안 살아남았다. 그는 운을 너무 믿은 채 덤비고 있었다.

5일 뒤, 드레이퍼 카우프만은 오션사이드에 있었다. 그의 상관들은 그가 거기서 신병 몇 팀의 훈련을 시작하기를 원했다. 오키나와를 함락시킨 미군은 그곳에 거대한 공군 기지와 해군 기지를 건설하고 있었다. 필연적인 일본 본토 침공의 도약대였다. 그것은 하루아침에 이루어질 수 없었다. 우선 그들에게는 더 많은 장비, 더 많은 병력이 필요했다. 모두를 훈련시키고 계획을 짜내고 모든 세부 사항들을 연구해야 했다.

일본은 큰 섬들이 죽 늘어선 나라였다. 카우프만의 팀들은 도서 전투를 위해 준비된 것이었다. 그들은 해변에 상륙하는 병력을 위해 해안을 청소한다. 수중 장애물 지도를 만들고, 숨겨진 기뢰를 제거하며, 정찰 임무를 띠고 해안에 잠입한다. 그들 가운데 얼마나 죽게 될까? 카우프만은 궁금해졌다. 이것이 얼마나 오래갈까?

카우프만은 국민들이 전쟁을 끝내고 싶어 한다는 것을 알고 있었다. 그는 징후를 볼 수 있었다. 캘리포니아의 신문들에는 전후 계획에 관한 기사가 넘쳐났다. 병사들이 모두 제대하면 미국 경제에 어떤 영향을 줄지 추측하는 기사들이었다. 집은 충분히 있을까? 일자리는 충분한가? 미국 경제는 호황을 누리며 군수품을 쏟아내고 있었다. 그러나 어느 순간에 공장들은 자동차와 세탁기와 아이스크림 생산으로 돌아가게 된다.

카우프만은 침공이 언제 시작될지 알지 못했다. 자기 상관들이 알고 있는지도 확신할 수 없었다. 그 결정은 펜타곤에 있는 사람들이 한다. 그에게는 걱정해야 할 자신의 일이 있었다. 그는 한 달 훈련을 위해 휘하의 24개 팀 모두를 오션사이드로 부르기 시작했다. 태평양 각지의 배치된 곳으로부터 불러들인 것이다. 전쟁터는 너무 광대했기 때문에 지휘관들은 새로 수중폭파단UDF을 만들었다. 부대는 두 개의 별개 전대戰隊로 나뉘게 된다. 깃발도 독자적으로 쓴다. 그것은 해군이 긴 싸움을 준비하고 있다는 분명한 조짐이었다.

카우프만은 캘리포니아 해변을 바라보았다. 수평선에 배가 한 척 보였다. 그 위에는 비행기가 한 대 떠 있었다. 순간 그는 또 하나의 무서운 전투 장면을 떠올렸다. 그는 도무지 두려움을 떨쳐버릴 수 없

었다. 그는 일본인들이 그 먼 섬들에서 얼마나 악착같이 싸웠는지를
알고 있었다. 그들이 자기네 본토에서 얼마나 악착같이 싸울지는 그
저 상상만 할 수 있을 뿐이었다.

카운트다운

36일

7월 1일, 미국 로스앨러모스

시험일까지 불과 2주가 남았고, 로스앨러모스에서는 압박감이 커지고 있었다. 트루먼은 곧 영국과 소련 정상을 만나러 독일로 갈 예정이었다. '트리니티Trinity' 폭발 시험은 7월 16일로 정해졌다. 그것은 도박이었다. 그 결과에 따라서 대통령은 일본과의 전쟁을 끝내고 소련을 다루는 데 자신이 얼마나 좋은 패를 가졌는지를 알게 된다.

트루먼은 실패를 용납하지 않을 것이다. 그로브스는 연기를 고려하지 않을 것이다. 오펜하이머는 이미 이루어진 몇 년의 연구를 몽땅 날려버리는 것은 생각할 수 없었기 때문에 자신과 휘하 연구진들을 더욱 거세게 몰아붙였다. 그에게는 다른 방법이 없었다.

2주는 폭탄에 문제가 되는 기계적 결함들을 모두 해결하는 데 충분한 시간이 아니었다. 로스앨러모스에서 북쪽으로 370킬로미터 떨어진 황량한 사막에 있는 시험 장소는 아직도 준비 중이었다. 그들은 단번에 이를 해내야 했다.

과학자와 기술자들은 신경이 곤두서 있었다. 그리고 지쳐 있었다. 그로브스는 속도를 요구했다. 변명이 통하지 않았다. 이에 따라 다가

오는 시험의 압박감 속에서 그들은 로스앨러모스와 시험장 사이를 끝없이 오가며 일했다. 시험장은 저녁에도 40도 가까운 온도가 열기를 뿜는 곳이었다. 그들은 아직도 폭탄을 만들기 위한 거푸집과 주물, 그리고 핵 폭발의 효과를 측정하기 위한 장비를 만지작거리고 있었다. 일부 사람들은 자기네 책상 위나 사막에 친 텐트에서 자기도 했다. 오펜하이머는 세세한 일들이 너무 많아 밥 먹는 것도 잊을 지경이었다. 몸무게가 52킬로그램까지 빠졌다. 너무 수척해 보여 그로브스는 그가 쓰러질까 봐 걱정했다.

긴장감은 시간 부족이나 과로와만 관련된 것이 아니었다. 시험 날짜가 다가오자 과학자들은 원자폭탄과 관련된 실존적 문제와 씨름했다. 그렇게 치명적이고 돌이킬 수 없는 무언가를 만들고 사용하는 일의 도덕성에 대해서 말이다.

물리학자 필립 모리슨은 목표물선정위원회 회의에서 오펜하이머와 그로브스 등 다른 군사 지도자들에게 과학자들의 우려를 거리낌 없이 표출했다. 모리슨은 이 무기가 곧 나온다는 것을 일본에 미리 경고해 그들이 사전에 항복할 기회를 주어야 한다고 말했다. 그의 생각은 관리들뿐만이 아니라 바로 자기네 상사 오펜하이머에 의해서도 무시됐다. 모리슨은 풀이 죽었다. 그는 회의에서 물러나오며, 전사戰士들이 프로그램을 통제하고 있으며 과학자들은 그들의 결정에 아무런 영향도 미치지 못한다고 느꼈다.

핵무기 사용 제한을 요구하는 실라르드 레오의 청원은 로스앨러모스를 한 바퀴 돌았고, 많은 과학자들은 군부가 무고한 시민들이 사는 도시에 이 폭탄을 떨어뜨리기보다는 시험 폭발을 통해 폭탄의 파괴력을 보여주어야 한다는 데 동의했다. 물리학자 에드워드 텔러Edward Teller는 이 청원서를 오펜하이머에게 가져왔지만 그는 서명을 거부했다. 과학자들은 "그런 식의 정치적 압박에 관여해서는 안 된다"라고 오펜하이머가 말했다.

텔러의 동료 수십 명이 이 청원에 서명했다. 이 문제를 신중하게 생각하는 사람들도 있었다. 로스앨러모스의 몇 안 되는 여성 과학자 가운데 한 명인 릴리 호니그Lilli Hornig 같은 사람들이다. 호니그는 신참자였고 화학자였다. 남편 도널드 호니그Donald Hornig와 함께 불과 1년 전에 로스앨러모스로 이주했으며, 남편은 맨해튼 사업의 분과 책임자였다. 이 문서에 서명한다는 건 곧 자신의 경력을 망칠 수도 있다는 것이었지만, 릴리는 이미 남성이 지배하고 있는 자신의 분야에서 많은 장애물을 극복한 터였다. 그에게 이것은 원칙의 문제였다.

맨해튼 사업에 참여한 많은 과학자들처럼 릴리 슈벤크Lilli Schwenk (릴리의 결혼 전 성이다—옮긴이) 역시 외국 태생이고 유대인이었다. 아버지는 체코의 화학자이자 소아과 의사였다. 그들 가족은 미국으로 이민해 뉴저지주 몬트클레어에 정착했다. 어린 나이 때부터 부모는 릴리가 과학 쪽의 경험을 쌓도록 격려했다. 어려서 릴리는 아버지의 실험실을 찾았다. 거품 이는 유리 비커와 시험관과 플라스크가 있는 커다란 방이었다. 아버지는 딸의 장난감 집에 축소형 유리 제품들을 넣어주었고, 딸에게 화학에 대한 깊은 사랑을 심어주었다. 릴리는 펜실베이니아주 브린마칼리지에서 화학을 전공했고, 1942년에 하버드대학 대학원에 들어갔다.

당시에는 여성이 대학원에 들어가는 경우가 드물었고, 자연과학

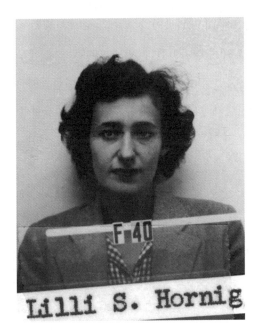

로스앨러모스 시절의 릴리 호니그의 보안 배지 사진

1964년 12월 도널드 호니그(왼쪽)와 린든 존슨(오른쪽)

학위를 따는 일은 더욱 드물었다. 릴리는 하버드에서 여성이 이류 학생이라는 것을 금세 알아차렸다. 담당 교수는 그들이 받아들인 몇 명 안 되는 여성이 전쟁터에 나간 남자들의 가련한 대용품이라고 노골적으로 이야기했다. 대학원 과학관에는 여자 화장실이 없었다. 가장 가까운 화장실은 다른 건물에 있었는데, 열쇠를 가진 교수를 찾아야 했다.

릴리는 첫 수업을 듣기 전에 이학부理學部 교수들에게 불려가 학부실에서 면담을 가졌다. 안에는 긴 회의 탁자가 있고, 과거 학장들의 초상이 내려다보고 있었다. 모두가 근엄한 백인 남성이었다. 교수들은 탁자 한쪽 끝에 앉았고, 릴리에게는 다른 쪽 끝에 앉으라는 말이 떨어졌다. 그들은 퉁명스러웠다. 여자들은 늘 물리화학에 애를 먹었다고 했다. 그래서 대학원 강의를 듣기 전에 하버드대학 학부에서 물리화학 수업을 들어야 한다고 했다.

릴리는 깜짝 놀랐다. 자신은 대학원생이라고 그들에게 말했다. 학부 수업을 들으러 하버드에 온 것이 아니었다. 교수들은 릴리가 겁을 먹지 않는다는 것을 알 수 있었다. 그래서 그들은 흥정을 했다. 릴리는 물리화학 자격 시험을 봐야 했다. 그 시험을 통과하면 대학원 수업을 들을 수 있었다.

릴리가 하버드에서 첫날 만난 학생 도널드 호니그에게 의지하게 된 것이 바로 이때였다. 도널드는 조용하고 진지한 위스콘신주 밀워키 출신의 젊은이였다. 그는 물리화학 박사 과정을 밟고 있었다.

도널드는 작고 날씬하고 예쁜 눈을 가진 릴리에게 곧바로 이끌렸다. 그는 릴리에게 자기 노트를 빌려주고 무슨 질문이든 대답해줄 수

카운트다운: 36일

7월 1일, 미국 로스앨러모스

있는 것이 좋았다. 릴리는 시험에서 좋은 성적을 거두어 교수들이 틀렸음을 입증했다.

릴리와 도널드는 사랑에 빠져 1943년에 결혼했고, 그해 둘 다 졸업했다. 도널드의 박사학위 논문 제목은 〈폭발에 의해 생성된 충격파에 관한 연구〉였고, 매사추세츠주의 우즈홀해양학연구소WHOI 수중폭발물 연구실에 들어갔다.

얼마 지나지 않아 도널드 호니그의 상사가 이상한 초청장을 넘겨주며 명시되지 않은 장소에서 명시되지 않은 일을 해달라고 요청했다.

"그거 참 재미있군요. 누가 나를 부른 겁니까?"

도널드의 말에 상사는 이렇게 대답했다.

"나는 말해줄 수 없네."

"어떤 종류의 일인데요?"

"거기에 대해 아무 얘기도 할 수 없네. 아주 비밀스러운 일이야."

"어느 동네에 가서 일하는데요?"

그가 물었지만 역시 아무 대답도 없었다.

"적어도 동, 서, 남, 북, 이런 거라도 말해줄 수 없어요?"

상사가 말했다.

"그것도 말해줄 수 없네."[1]

그래서 도널드는 거절했다. 그날 늦게 연구실 구내 방송에서 그를 찾았다. 그 목소리는 이렇게 말했다.

"도널드 호니그 씨에게 뉴멕시코주 샌타페이에서 전화 왔습니다."

화학자 조지 키스탸콥스키George Kistiakowsky였다. 그는 로스앨러모스에서 원자폭탄을 위한 장약裝藥 개발을 이끌고 있었다. 키스탸콥스키는 그들이 계약을 하기 전까지 사실들이 좀 모호하기는 하지만 이 요청이 적법한 것이라고 도널드를 안심시켰다.

키스탸콥스키는 이렇게 말했다.

"당신이 거절하는 바람에 다들 미쳐 있소. 거절한 사람은 당신이 처음이오."[2]

도널드는 릴리와 상의해봐야 한다고 말했다. 그러나 금세 또 다른 전화가 왔다. 하버드대학 총장 제임스 코넌트였다. 그는 맨해튼 사업에 대해 알고 있던 극소수의 민간인 가운데 한 사람이었다. 그는 루스벨트로부터 영국과의 초기 과학 교섭을 맡도록 지명된 사람이었고, 잠정위원회 위원이기도 했다. 코넌트는 "도대체 무엇 때문에 그러느냐"고 묻고, 도널드에게 "매국노"냐고까지 했다.

코넌트는 이렇게 말했다.

"명심하게, 호니그. 엉클 샘이 손가락으로 자네를 가리키고 있어."[3]

도널드는 코넌트로부터 애국심을 의심받을 필요는 없었다. 그는 곧바로 집으로 가서 릴리에게 두 사람에게서 온 전화에 대해 이야기했다. 릴리는 이사 가는 문제로 머뭇거렸지만, 키스탸콥스키가 릴리에게 로스앨러모스에 일자리를 주겠다고 제안하자 결정이 나버렸다. 부부는 닳아빠진 타이어를 단 1937년식 포드 자동차를 사서 3500킬로미터를 달려 뉴멕시코로 갔다.

도널드는 곧바로 플루토늄 폭탄을 폭파시키는 점화 장치 개발 작업에 들어갔다. 그러나 릴리는 로스앨러모스의 인사 담당자로부터 타자를 얼마나 빨리 칠 수 있느냐는 질문을 받았다.

"난 타자 못 쳐요."[4]

카운트다운: 36일

7월 1일, 미국 로스앨러모스

릴리가 쏘아댔다. 그가 하버드에서 화학 석사학위를 딸 때 타자는 과정에 들어가지 않았다.

결국 릴리는 플루토늄 화학 일을 하게 됐다. 여러 가지 플루토늄염의 용해도와 방사능을 테스트하는 것이었다. 릴리가 느끼기에 따분한 일이었다. 방사능이 여성의 임신에 악영향을 미칠 수 있다는 우려 때문에 릴리는 폭발물 쪽으로 옮겼다. 그곳에서는 원자폭탄을 위한 장약 생산을 도왔다.

시간이 지나면서 호니그 부부는 로스앨러모스 생활에 적응했다. 릴리는 스물셋이고 남편은 스물넷이었다. 그들은 이 사업에 참여하고 있는 과학자들 상당수가 거의 같은 연령대라는 사실을 발견했다. 그들은 일하지 않을 때는 분주하게 사교 생활을 즐겼다. 저녁 파티를 하고, 인근 산으로 놀러 가고, 야영을 하고, 말을 타고 달렸다. 심지어 뮤지컬 모임도 있었다. 릴리는 세트 만드는 일을 도왔고, 도널드는 관현악단에서 바이올린을 연주했다.

그러나 이런 활동들은 그저 기분 전환용일 뿐이었다. 호니그 부부는 자기네가 언제나 폭탄과 프로젝트와 실험의 그늘 아래 있다는 사실로부터 벗어날 수 없었다. 시험 날짜가 점점 다가올수록 릴리는 그들의 모든 노력이 가져올 수 있는 결과물에 대해 생각이 더욱 많아졌다. 과학자들은 도덕적 책임이 있다. 지금은 분명히 말해야 할 때다. 호니그 부부는 청원에 서명했다.

카운트다운

35일

7월 2일, 미국 로스앨러모스

시험 날짜가 다가오면서 그로브스 장군은 어느 때보다 더 스파이에 대해 걱정했다. 그는 모든 연구와 개발 현장에 대해 비밀을 강조했다. '사서함 1663'이 로스앨러모스에서 일하는 모든 사람들의 유일한 주소였다. 그들의 우편물은 일상적으로 검열을 받았다. 게시판에는 굵고 때로는 아리송한 경고들이 나붙었다.

> 나사 풀린 대화
> ─첩자를 위한 연쇄 반응
>
> 나요? 그래, 당신.
> 이 일에 대해 입을 다물 것!

모든 실험실과 공장, 시설에서 보안 요원을 흔히 볼 수 있었다. 프로그램이 시작됐을 때 독일의 정탐 가능성에 대한 보안에 초점을 맞추는 것은 당연해 보였다. 군사 정보는 나치만이 미국의 기술 또는 정보를 이용할 만한 전문 지식과 산업적 능력을 갖고 있다고 추정하고 있었다. 일본과 이탈리아는 원자폭탄을 만들 만한 산업적 기반시설과 원자재가 부족했다.

그러면 소련의 경우는 어떨까? 그들은 기본적인 것을 모두 갖추고 있었다. 그들은 미국의 동맹이었지만, 믿을 수 없었다. 그로브스는 일찌감치 그것을 알았다. 그가 맨해튼 사업의 군사 부문 책임자로 부임한 지 일주일도 되지 않아 캘리포니아의 로런스버클리국립연구소 LBNL에서 소련 요원이 발견됐다. 이 요원은 미국 공산당 동조자를 이용해 과학자들로부터 정보를 얻으려 했다.

그로브스는 즉각 미국의 보안 목표를 수립했다. 이런 것이었다. 미국의 과학적 성과에 관해 독일이 알지 못하게 한다. 첫 원자폭탄 투하

로스앨러모스의 보안 출입구 가운데 한 곳

는 사전에 새어 나가지 않도록 철저히 관리한다. 그리고 마지막으로 미국 핵무기 프로그램의 상세한 내용이 소련의 손에 들어가지 않게 한다.

광범위한 배경 확인이 방첩 활동의 중요한 부분이었다. 군부는 과학자들과 보조 인력들이 협박에 취약하지 않기를 바랐다. 다시 말해서 그들의 개인적 이력을 시시콜콜 조사한다는 얘기다. 공산주의자들과 연관이 있는 모든 것은 의심의 대상이었다.

그로브스는 공산주의를 혐오했다. 그러나 그는 맨해튼 사업에 참여한 많은 과학자들이 이데올로기에 손을 대본 적이 있음을 알고 있었다. 두 세계대전 사이의 유럽은 아나키스트와 사회주의자, 그리고 온갖 형태의 자유 사상가로 넘쳐났다. 그 가운데 상당수가 대학 교수와 과학자였다. 대공황은 공산주의 이론에 대한 동조를 촉발했고, 이 프로그램에 참여한 거의 모든 과학자들은 극좌파의 선전을 보았거나 그쪽 친구들을 두고 있었다. 많은 사람들이 파시즘의 파도를 피해 서방으로 가서 일자리를 얻었다. 오펜하이머도 그중 한 사람이었다.

오펜하이머는 1933년 히틀러가 정권을 잡고 유대인 교수들이 직장에서 쫓겨나기 전에는 정치에 관심이 없었다. 그는 추방된 물리학자들을 돕기 위한 기금에 기부했다. 그는 《자본》을 읽었다. 이 책에서 철학자 카를 마르크스는 자본주의 체제가 어떻게 노동자들을 착취하는가에 대한 자신의 이론을 상세히 설명했다. 그는 공산당원들과 어울렸으나, 직접 당에 가입한 적이 있다는 증거는 없었다. 그는 인종차별 폐지와 노동권을 지지했으며, 에스파냐 내전의 반파시스트 세력에 돈을 보내주었다. 그의 아내 키티는 당원이었고, 전남편은 노동권

카운트다운: 35일

7월 2일, 미국 로스앨러모스

운동가이자 제15국제여단(링컨여단)에 자원해 에스파냐 내전에서 파시스트들과 싸우다 죽었다. 1939년 소련이 독일과 불가침 협정을 맺고 나치와 힘을 합쳐 폴란드를 침공하자 오펜하이머는 공산주의 운동을 부정하고 헌신적인 파시즘의 적이 됐다.

그의 주변에는 공산주의자로 알려지거나 그렇게 의심받는 사람이 많았기 때문에 연방수사국FBI은 오펜하이머에 관한 두툼한 서류철을 가지고 있었고, 이 물리학자에게 "공산주의에 동조하는 교수"라는 딱지를 붙였다.

그로브스가 맨해튼 사업을 감독하는 군부 위원회에 오펜하이머의 이름을 제시하자 몇몇 위원들이 거부 의사를 표명했다. 그러나 그로브스는 그의 충성심을 보증했다. 게다가 이 위원회가 어디서 로스앨러모스를 운영할 보다 자격이 있는 후보자를 구할 수 있겠는가? 그로브스의 변함없는 지원이 결국 성공했다. 그러나 보안 요원들은 여전히 이 물리학자를 감시했다. 단지 확인 차원이었다.

그로브스는 실용주의자였다. 그는 맨해튼 사업 참여 과학자의 일부가 대공황 동안에 공산주의에 노출됐을 수도 있음을 알고 있었다. 공산당은 실업자들을 조직화하고 노동자들의 권리를 옹호하는 데 에너지의 대부분을 쏟았다. 그러나 그로브스는 자신의 부하들이 미국보다 소련에 더 충성하는 사람을 모두 찾아낼 수 있을 것이라고 생각했다.

가장 큰 문제 가운데 하나는 프로젝트에서 고용한 수많은 외국 태생의 과학자들을 걸러내고 감시하는 것이었다. 그들의 과거 행적을 죄다 검토하는 것은 사실상 불가능했다. 그로브스는 불충한 의도를 가진 누군가가 선별 과정을 통과할 수 있다는 것을 인정했다.

그리고 로스앨러모스의 보안 환경은 끔찍했다. 너무도 많은 사람들이 한 곳에서, 공통의 목표를 위해 일했다. 정탐을 막기 위해 그로브스 장군은 프로젝트 과학자들이 자기네 일을 토막 쳐서 하도록 했고, 사업의 전체적인 범위와 과정을 아는 사람의 수를 제한했다.

그러나 오펜하이머는 정반대의 방침을 택했다. 그는 다른 부서의 과학자들이 서로 만나서 업무를 공유하고 협력하도록 장려했다. 직접 이런 집단 토론을 주재하기도 했다. 이에 따라 창조성과 효율성, 협동 정신을 발전시킬 수 있었다. 그러나 그러한 접근은 스파이들의 정보 수집을 용이하게 했다. 그런 일이 일어난다면 그것은 전쟁이 끝난 후에도 오랫동안 미국을 괴롭힐 것임을 그로브스는 알고 있었다.

카운트다운: 35일

7월 2일, 미국 로스앨러모스

카운트다운

34일

7월 3일, 미국 로스앨러모스

후줄근한 사내 하나가 천천히 반원형 막사와 간이 실험실을 지나 걸어갔다. 그는 손에 든 메모장을 들여다보며 미소 짓고 있었다. 그는 긴 황혼의 그림자나 해가 생그리더크리스토산맥을 비껴 넘어가는 것은 안중에도 없었다. 아름다운 것도, 시시한 것도 모두 눈에 들어오지 않았다.

윌리엄 로런스William Leonard Laurence는 걸어가면서 일을 하고 있었다. 머릿속에서 인용구를 구성하고 편집하고 이리저리 움직였다. 그는 방금 중요한 과학자와 긴 인터뷰를 마쳤다. 그는 자신이 모든 것을 제대로 했음을 확인해야 했고, 그 사람이 설명한 것을 정확하게 이해했다고 확신해야 했다.

그의 겉모습은 남의 눈에 띄지 않도록 의도된 것 같았다. 50대 초반의 로런스는 다부진 체격에 약간 동유럽 악센트가 있고 코는 묘하게 납작한 모습이었다. 검은 머리칼은 매끄럽게 빗어 뒤로 넘겼다. 옷은 너무 크고 타이는 너무 넓어 로스앨러모스의 기준으로도 유행에 맞지 않았다. 그는 또 하나의 과학자나 기술자일 수도 있었다. 메모장과

티니안섬에서의 《뉴욕 타임스》 특파원 윌리엄 로런스

펜을 들었더라도, 그리고 늘 그를 그림자처럼 따르는 군 보안 요원이 있더라도 말이다.

어느 순간에 로런스는 자리에 앉아 낮에 했던 일을 쓰고 그것을 큰 그림에 맞추려고 할 것이다. 그러나 로스앨러모스와 다른 모든 맨해튼 사업 연구 장소들에서 몇 달 동안 인터뷰를 한 뒤에도, 대작을 쓰는 일에 착수하기에는 여전히 너무 일렀다. 그는 아직 줄거리들을 모으고 있었다. 그는 자신의 이야기를 채워줄 큰 사건들이 앞으로 일어날 것임을 알고 있었다.

로런스는 《뉴욕 타임스》의 과학 기사를 쓰는 기자였는데, 그로브스에 의해 이 역사적인 프로젝트를 취재하도록 발탁됐다. 4월 이후 그에게는 맨해튼 사업과 로스앨러모스의 내부 활동을 취재할 수 있는 독점적인 권한이 주어졌다. 로런스 기자는 이 비밀의 세계를 '화성 원자국Atomland-on-Mars'이라 불렸다.

로런스는 자신의 분야에서 대단한 명성을 날리고 있었다. 그는 과학 보도로 1937년 퓰리처상을 함께 받은 몇 개 신문사 기자들의 일원이었다. 군 정보 당국은 로런스를 꼼꼼하게 조사했다. 그는 위험 인물이 아니었고, 오히려 그의 개인사는 암흑가 영화의 소재가 될 만한 가치가 있었다.

그는 리투아니아에서 태어났고, 본명은 레이프 볼프 시에프Leib Wolf Siew였다. 반항적인 10대 시절에 그는 1905년 러시아 혁명에 참여했다. 이때 러시아 전역의 많은 성난 노동자들이 열악한 노동 조건에 항의해 파업을 벌였다. 차르는 폭력으로 응답했고, 무기도 없는 시위자 수백 명이 그의 군대에 의해 죽거나 다쳤다. 로런스의 코는 경찰의 총 개머리판에 맞아서 납작해진 것이었다.

체포를 피하기 위해 그의 어머니는 그를 절임통에 넣어 러시아에서 독일로 밀항시켰다. 그 뒤 그는 미국으로 갔고, 거기서 '윌리엄 레너드 로런스'라는 새 이름으로 새로운 삶을 시작했다. '윌리엄'은 셰익스피어의 이름이고, '레너드'는 레오나르도 다빈치에게서 따온 것이며, '로런스'는 그가 살던 매사추세츠주 록스버리의 거리 이름이었다. 그는 하버드대학에 들어갔지만, 1차 세계대전 때 법학대학원을 중퇴하고 미국 육군에 입대했다. 프랑스에 배치된 그는 통신대에서 전신 중계 일을 했다. 지휘관들과 휘하 전투 부대 사이의 메시지 전달 담당이었다.

고국으로 돌아온 로런스는 기자가 되기로 결심했다. 그는 《뉴욕 월드》 신문에서 몇 년을 보낸 뒤 1930년 《뉴욕 타임스》에 합류했고,

거기서 미국의 1세대 과학 기자 가운데 한 사람이 됐다. 공상과학 소설의 열렬한 팬이던 로런스는 자연스럽게 물리학과 우주에 관심을 갖게 됐다. 더 중요한 것은 그가 복잡한 개념을 독자들에게 설명할 능력이 있었다는 점이다.

전쟁 전 시기에 로런스는 의학, 물리학, 화학, 천문학의 동향을 늘 파악하고 있었다. 굴지의 신문사에서 과학 기자로 일하던 그는 저명한 과학자들을 취재했다. 로런스는 1940년 매사추세츠공과대학MIT에서 오펜하이머의 난해한 고등 수학 강의를 들었다. 그 뒤 로런스는 오펜하이머에게 연락해 그의 강의 몇몇 부분에 대한 설명을 요청했다. 오펜하이머는 자신의 주제가 "일반 대중을 위한 것이 아니다"[1]라고 딱 잘라 말했다.

로런스는 주눅 들지 않았다. 그는 자신이 그저 대중보다 먼저 알고 본 대로 쓰려는 것뿐이라고 말했다. 오펜하이머가 물었다.

"그래서 어떻게 할 건데요?"

로런스는 강의의 일부를 대중이 알아들을 수 있는 단순하고 분명한 말로 설명했다. 오펜하이머는 감명을 받고 이렇게 말했다.

"나는 그걸 그런 식으로 생각해본 적이 없어요."[2]

이후 오펜하이머와의 관계는 순조로웠다.

로런스는 핵 에너지의 중요성을 일찌감치 알아보았다. 1939년 2월 컬럼비아대학에서 열린 학술 회의에서 그는 물리학자 엔리코 페르미와 닐스 보어로부터 핵분열에 관해 들은 뒤 곧바로 핵 '연쇄 반응'의 군사적 잠재력을 인식했다.

1940년 9월 《새터데이 이브닝 포스트》에 보도된 한 기사에서 로런스는 핵 에너지를 이용하는 일의 긍정적 잠재력과 부정적 잠재력을 예견했다. 이 기사는 너무도 놀라울 정도로 통찰력이 있는 것이어서, 그로브스는 1943년 잡지사에 이 기사가 실린 과월호를 찾는 사람이 있었는지 '당장' 알려달라고 요구했다.

로런스의 가장 큰 과제는 1945년 4월에 시작됐다. 그로브스 장군은 맨해튼 한복판에서 조금 벗어난 곳에 있는 《뉴욕 타임스》 건물로 걸어 들어갔다. 그는 어느 시점에 정부가 원자폭탄에 대한 상세한 내용을 일반에 공개할 것임을 알고 있었다. 로런스가 그 일에 적임자라고 판단했다.

그로브스는 《뉴욕 타임스》 편집국장 에드윈 제임스Edwin James에게 비밀 프로젝트를 위해 기자가 필요하다고 말했다. 그는 로런스가 몇 달 동안 '사라져야' 하며 프로젝트가 끝날 때까지 아무것도 보도할 수 없다고 말했다. 그 프로젝트는 또한 단독 보도도 될 수 없었다. 로런스의 기사는 다른 뉴스 매체들에도 제공돼야 했다.

제임스는 약정에 서명한 뒤 로런스를 자기 사무실로 불렀다. 그로브스는 같은 말을 하고 이 일이 "절대 비밀"을 요한다고 말했다.

"당신은 사실상 지구상에서 사라질 것입니다."

그로브스는 이렇게 말한 뒤, 로런스가 정부의 승인을 얻어 일할 뿐 아니라 정부의 통제에 따라 일할 것이라고 덧붙였다. 기사 하나도, 문장 하나도, 단어 하나도 그로브스가 허락하기 전에는 나갈 수 없었다. 로런스는 또한 보도 자료와 필요한 다른 공식 통신문도 써야 했다.

로런스는 조건이 마음에 들지 않았지만, 대형 기사의 냄새를 맡았다. 아마도 원자폭탄과 관련이 있을 것이다. 로런스 기자는 조건 하나를 내걸었다. 그는 완전한 취재의 자유를 원했다. 그로브스는 승낙했다. 로런스는 기회를 잡았다고 흥분했다.

그는 아내 플로렌스에게 잠시 집을 떠날 것이며 가능한 한 빨리 연락을 하겠다고 말했다. 그러고는 그 이후 줄곧 집에 들어가지 않았다. 그는 테네시주 오크리지에서 거대한 우라늄 분리 공장을 보았고, 워싱턴주 핸퍼드의 플루토늄 생산 원자로를 보았고, 1942년 페르미가 첫 번째의 통제된 연쇄 반응을 성공시킨 시카고대학의 야금연구소를 보았고, 이 모든 것의 신경 중추인 로스앨러모스의 실험실을 보았다.

그는 그 과정에서 많은 과학자들을 인터뷰했다. 알면 알수록 그는 이 프로젝트의 규모와 범위에 압도당했다. 그는 때로 열광에 빠지려는 마음을 억제하고 객관성을 유지해야 한다는 사실을 떠올렸다. 응원가를 부르려고 그 일을 하고 있는 것이 아니었다.

하버드대학 총장이자 잠정위원회 위원인 제임스 코넌트는 로런스에게 이 프로젝트에 대해 신이 나서 떠들어댔다.

"사람들은 이 일에 대해 이야기할 수 있는 때가 오기 전에는 이런 일이 있으리라는 것을 상상도 못할 거야. 이건 쥘 베른(《해저 2만 리》, 《80일간의 세계 일주》 등으로 유명한 프랑스의 과학 소설 개척자—옮긴이)보다 더 환상적이야."[3]

코넌트의 말에 로런스는 이렇게 대답했다.

"제대로 터지면 믿겠죠."[4]

로런스는 이 과제를 좋아했다. 그것은 과학의 환상 세계를 여행하는 것이었으며, 일생의 이야기를 추적하는 것이었다. 그의 주위에 있는 모든 것은 "꿈이 이루어진 듯한 것"이었다. 그는 자신이 "화성 방문객"

같은 느낌이었다고 말했다.

원자폭탄의 원리들을 일반 대중에게 설명하는 것은 어려운 일이겠지만, 그는 그것을 너무 쉽게만 하는 것 역시 원치 않았다. 그것은 줄타기였다. 로런스는 메모장에 끝없이 끼적거리며 말과 그림을 가지고 놀았으며, 복잡한 용어를 벗겨내 매우 간단한 요소로 만들었다. 그가 결국 무슨 말을 고르든 군부의 검열을 거쳐야 하기 때문에 그는 조심스럽지 않을 수 없었다. 이는 그가 기자 생활을 하면서 느낀 가장 큰 압박이었지만 그는 그것을 좋아했다. 이야기를 제대로 하려면 처음으로 돌아가서 시작해야 했다.

그는 결국 이렇게 썼다.

핵 에너지로 가는 열쇠는 1939년에 발견됐다. 원소의 희귀한 형태인 원자량 235의 우라늄(U-235)이 분열해 그 원자의 핵으로부터 비교적 많은 양의 에너지를 산출할 수 있다는 사실이 발견된 것이다.

문제는 자연에서 발견되는 것과 같은 U-235의 원자가 보통의 원자량을 가진 우라늄(U-238)의 원자와 분리할 수 없게 혼합돼 있다는 것이다. U-235는 혼합물의 0.7퍼센트에 불과하다. 두 형태의 우라늄은 같은 화학적 특성을 가진 쌍둥이(동위원소)이기 때문에 이를 화학적 수단으로 분리할 수 없다. 반면에 이를 농축하는 물리적 방법은 현실적인 관점에서 볼 때 존재하지 않는다. 1온스(28.35그램)를 생산하기 위해서는 현재 최고의 장치 1천 개를 동원하면 천 년이 걸린다는 계산이 나오기 때문이다.[5]

무거운 기술적 설명을 한 뒤 로런스는 지루한 이야기를 벗어던진다.

3년 동안에 과학자와 기술자들은 과학의 '이상향'을 만들었다고 그는 썼다. "어제 불가능하던 것이 국가 비상사태라는 자극 아래 상상의 마법과 집중된 지적 능력, 그리고 하고자 하는 의지에 의해 엄청난 차원의 현실로 바뀌는"[6] 곳이다.

로런스는 자신의 기사가 언제 보도될지 알 수 없었다. 모든 것은 앞으로 2주 동안 전개되는 사태에 달려 있었다. 그때 원자폭탄이 터지게 돼 있었다. 그는 최선을 다해 배경 기사와 해설 상자 기사를 준비했다. 그렇게 함으로써 마감 시간에 몰려 급박하게 기사를 쏟아내야 할 시기에 대비했으며, 역사상 가장 큰 특종 가운데 하나를 보도하는 흥분감을 느꼈다.

그는 그들이 시험을 위한 방아쇠를 당길 때 로스앨러모스에 있을 것이다. 그는 핵 시대의 탄생을 목격하게 될 것이다.

카운트다운: 34일

7월 3일, 미국 로스앨러모스

카운트다운
21일

7월 16일, 독일 포츠담

해리 트루먼은 대통령이 된 뒤의 첫 해외 여행지인 독일에서 아침에 잠을 깬 뒤 잘 느껴보지 못한 감정에 휩싸였다. 그는 겁을 먹고 있었다. 대통령이 된 지 석 달 이상이 지났다. 그러나 지금 그는 녹록지 않은 새로운 도전에 직면했다.

그는 전날 밤 독일에 도착했다. 포츠담 회담을 시작해야 했다. 여기서 그는 영국 총리 처칠 및 소련 총리 스탈린과의 3대 강국 정상회담에서 루스벨트를 대신하게 된다. 그리고 자신이 열심히 준비하기는 했지만, 최대의 국제 무대에 나설 준비가 돼 있는지 확신할 수 없었다.

한편 지구를 거의 반 바퀴 돌아 미국 뉴멕시코주 앨라모고도에서는 7년간의 연구·개발과 공사 끝에 과학자들이 세계 최초의 핵무기를 터뜨릴 준비를 갖추고 있었다.

트루먼은 이 시험에 대한 생각을 멈출 수 없었다. 유럽의 그가 있는 곳은 뉴멕시코주의 과학자들이 있는 곳보다 여덟 시간이 빨랐다. 그가 할 수 있는 것이라고는 기다리는 것뿐이었다. 그러나 그는 이 시험의 결과(여전히 매우 불확실했다)가 초강국 관계의 역학을 극적으로 변화시킬 수 있음을 잘 알고 있었다. 폭발이 성공한다면 "분명히 저 친구들에 대해 주도권을 갖게 될 것"[1]이라고 생각했다.

처칠 및 스탈린과 마주 앉는다는 생각만으로도 트루먼은 몇 주 동안 걱정에 휩싸였다. 그는 미국을 떠나던 7월 7일, 일기에 이렇게 털어놓았다.

어젯밤 베스에게 이야기했고, 그저께 밤에도 했다. 아내는 내가 소련 사람과 영국 사람을 만나러 가는 것이 못마땅했다. 나도 마찬가지였다. (…) 이 여행은 참 싫다! 그러나 가야 한다. 이기든 지든, 아니면 비기든. 그리고 우리는 이겨야 한다.[2]

회담을 앞둔 며칠 동안 트루먼은 지도자들이 논의할 여러 주제들에 대한 설명 자료를 주문했다. 우려되는 소련의 동유럽 지배, 피폐한 독일의 장래, 유대인 민족운동, 일본과의 전쟁에서 이기기 위한 전략. 마지막 주제는 트루먼이 큰 관심을 갖고 있는 것이었다. 스탈린은 일본과의 전쟁에 합류하겠다는 얄타 정상회담에서 했던 약속을 지키지 않았다. 지금 트루먼은 소련이 전쟁에 참여하겠다는 확약을 해주길 바라고 있었다.[3]

무엇보다도 새로 대통령이 된 트루먼은 자신이 다른 두 지도자와 잘 어울릴 수 있을지에 대해 걱정했다. 루스벨트는 처칠과 100일이 넘는 시간을 보냈다. 때로는 백악관으로 부르기도 했다. 두 사람은 밤 늦게까지 잠을 자지 않고 전쟁 계획을 논의했을 뿐만 아니라 자신들의 길고도 파란만장한 인생 이야기를 나누기도 했다. 루스벨트는

카운트다운: 21일

7월 16일, 독일 포츠담

또한 자신이 스탈린과도 좋은 업무 관계를 구축했다고 생각했다.

트루먼은 사람을 다루는 자신의 능력을 믿고 있었다. 그는 '복잡한' 문제가 실제로는 그렇게 복잡하지 않다고 생각했다. 사람들은 마주 앉아 문제를 논의하면 차이를 해결할 수 있다. 하지만 이것은 세계에서 가장 큰 무대였다. 트루먼이 이전에 보지 못했던 무대였다. 주역 노릇을 하는 것은 고사하고 말이다.

대통령과 그의 고위 보좌관들, 그리고 100여 명에 이르는 수행원들은 바다에 떠 있는 미국 해군 순양함 오거스타호에서 8일을 보냈다. 그는 시간의 대부분을 새 국무부 장관 제임스 번스와 상의하고 갑판을 한 바퀴 돌면서 보냈다. 그는 매일 갑판사관 사무실에 마련된 임시 지도실地圖室로부터 최신 자료를 받았다. 백악관 지도실과 직통 전화로 연결되는 곳이었다. 그는 휘하 사람들을 혹사하면서 미국이 전 세계에서 직면한 커다란 문제들(그런 문제들은 너무나도 많았다)에 관해 국무부가 준비한 긴 메모들을 검토했다.

매일 오후 6시에는 30인조 악단이 식사 전에 뮤지컬을 연주했다. 저녁 8시에는 번스의 숙소에서 영화가 상영됐다. 대통령은 영화 관람 대신 자기 방에서 카드놀이 하는 것을 선택했다.[4]

트루먼 일행은 카드를 하면서 대화를 했다. 그러나 그것은 우리가 보통 하는 포커 판의 잡담이 아니었다. 한 가지 주제는 방금 치른 영국 총선거에서 처칠이 이길 것이냐였다. 개표가 아직 진행되고 있었지만, 대부분은 처칠이 이길 것이라고 생각했다.

또 다른 주제는 원자폭탄이었다. 트루먼의 참모총장 레이히 제독은 줄곧 그것이 터지지 않을 것이라고 말했다. 그는 이렇게 주장했다.

"이것은 우리가 한 일 중 가장 큰 바보짓입니다. 폭탄은 터지지 않을 겁니다. 이건 폭발물 전문가로서 드리는 얘기입니다."

이제 7월 16일 아침이 됐다. 트루먼은 베를린 바로 바깥의 숲이 우거진 한적한 교외 바벨스베르크에서 잠을 깼다. 그는 카이저슈트라세에 있는 그리프니츠 호숫가의 스투코를 바른 3층짜리 저택에 묵고 있었다.

트루먼은 처음부터 마음이 불편했다. 그는 일기에 이렇게 썼다.

칙칙한 노란색과 빨간색의 퇴락한 프랑스 샤토 양식 건축. 프랑스를 덮어버리려는 독일의 노력 때문에 퇴락했다. (…) 이 집은 다른 집들과 마찬가지로 소련 사람들이 모든 것을 떼어갔다. 작은 숟가락 하나 남지 않았다. 그러나 정력 넘치는 미군 지휘관이 소련의 약탈 열차를 붙잡아 가구 상당수를 회수한 덕에 살 만한 곳이 됐다. 이만한 데도 없다.[5]

색깔과 상관없이 이 저택은 '작은 백악관'이라는 별명을 얻었다.

관리들은 대통령에게 이 집이 한 독일 영화 제작자의 소유였다고 말했다. 나치 영화 산업의 총수였는데, 시베리아로 보내졌다고 했다. 그러나 사실은 더욱 음울했다. 유명한 출판인이 가족과 그곳에 살았다. 트루먼이 여기에 오기 10주 전에 소련군이 이 집을 약탈하고 딸들을 강간했으며, 식구들에게 한 시간 안에 여기서 나가라고 명령했다.

대통령을 위해서는 2층에 스위트룸이 마련됐다. 침실과 사무실, 그리고 참모총장과 함께 쓰는 목욕실이 있었다. 그는 실내 장식을 '악몽'이라고 표현했지만, 더 큰 문제가 있었다. 창문에 가리개가 없었다.

포츠담의 저택 '작은 백악관' 앞에서의 트루먼 대통령과 일행들

여름의 열기 속에서 호수에서 날아온 모기들이 대통령 일행에게 날이 시원해질 때까지 고통을 안겨주었다.[6]

　회담은 이날 늦게 시작될 예정이었다. 그러나 그렇게 되지 않았다. 스탈린이 아직 도착하지 않았다. 소련에서는 그가 언제 올지에 대해 아무런 소식도 전해주지 않았다. 처칠은 같은 단지 안의 또 다른 저택에 머물고 있었다. 그는 오전 11시에 트루먼의 처소를 방문했다. 그의 딸은 그가 10년 동안 그렇게 일찍 일어난 적이 없다고 말했다. 트루먼은 6시 30분에 이미 일어나 있었다.

　트루먼은 처칠을 만난 적은 없지만, 세상의 많은 사람들과 마찬가지로 그를 뉴스 영화와 라디오 방송을 통해 잘 알고 있었다. 그의 감동적인 목소리와 강력한 말들, 나치 전쟁 조직에 대한 그의 활기찬 저항을 말이다. 그러나 '작은 백악관'에 나타난 처칠은 약해진 모습이었다. 일흔 살인 그의 나이보다 늙어 보였고, 지치고 의기소침해진 쇠락하는 한 민족과 제국의 지도자였다.

그들은 두 시간 동안 대체로 사교적인 이야기를 나누었다. 트루먼은 자신이 회담을 위한 의제를 준비했다고 말하고, 처칠에게 그 역시 마찬가지냐고 물었다. 처칠은 자신에게 그것이 필요치 않다고 말했다. 그는 새 대통령에게 감명을 받은 듯했다. 나중에 트루먼의 "분명한 판단력"과 "상당한 자신감과 결의"에 대해 언급했다. 두 지도자는 헤어지기 전에 술을 한 잔씩 들며 "자유를 위한 노력을 다짐"했다. 처칠의 한 보좌관은 총리가 대통령을 만나 "즐거워했다"고 결론지었다.[7]

트루먼은 그만큼 확실하지는 않았다. 그는 이날 일기에 이렇게 썼다.

그는 내게 허튼소리를 잔뜩 해댔다. 자기 나라가 얼마나 위대하고, 자신이 얼마나 루스벨트를 좋아했고 또 얼마나 나를 좋아하려고 하는지 등등. (…) 나는 우리가 잘 지낼 것으로 확신한다. 그가 내게 지나친 아첨을 하려고 하지만 않는다면 말이다.[8]

그날 오후 스탈린이 의문스럽게도 나타나지 않은 상황에서 트루먼 대통령은 일정에 없던 베를린 관광을 하기로 결정했다. 근사한 느낌을 받을 것 같았다.

그는 번스 국무부 장관 및 레이히 제독과 함께 무개차에 탔다. 시로 가는 도중에 그들은 미군 제2기갑사단 전 병력이 아우토반 한쪽을 따라 도열해 있는 것을 보았다. 그것은 놀라운 무력 시위였다. 1100대의 탱크와 트럭과 지프차. 대통령은 반≄무한궤도 정찰 차량에서 부대를 사열했다.[9] 병사와 장비들의 열은 너무 멀리까지 뻗어 있어 차로 대형 전체를 통과하는 데 22분이 걸렸다.

"제가 본 것 가운데 가장 강력한 육상 병력입니다. 이들이 어디든 가고자 한다면 누구도 이들을 제지할 수 있을 것으로 보이지 않습니다."

레이히가 말하자 사령관은 이렇게 대답했다.

"아직 아무도 제지한 적이 없습니다."[10]

거기서 트루먼은 베를린 중심가로 차를 몰았다. 파괴는 놀라울 정도였다. 세계에서 네 번째로 큰 도시는 사라지고, 잔해 더미로 가득차 있었다. 영국과 미국 폭격기들의 잇단 폭격과 이어서 소련의 포격으로 인한 것이었다. 대통령의 차량 행렬은 거의 남아 있는 게 없는 히틀러의 수도 거리를 천천히 달렸다. 제국 총리 관저와 이 나치 지도자가 추종자들에게 연설하던 발코니, 전승기념탑Siegessäule, 브란덴부르크 문, 티어가르텐Tiergarten(동물원).

트루먼은 일기에 이렇게 썼다.

히틀러의 우매함. 그는 너무 많은 영토를 얻으려고 애쓴 탓에 도를 넘어 멸망했다. 그에게는 도덕이 없었는데 그 국민들은 그를 지지했다. 그것보다 더 슬픈 광경을 본 적이 없다. 그렇게 철저한 응보를 목격한 적도 없다.

트루먼은 1차 세계대전 때 포병 장교로 복무하며 파괴를 보았지만,

트루먼 대통령과 번스 국무부 장관, 해군 원수 레이히가 1945년 7월 16일 베를린의 잔해를
살펴보고 있다.

이렇게 심한 것은 본 적이 없었다. 독일 민간인 노숙자들의 길고 구불
구불한 줄이 이어져 있었다. 노인과 여자, 아이들. 자기 소지품으로
남은 전 재산을 밀거나 끌고 있었다. 젊은이들은 사라졌다. 히틀러의
일그러진 꿈에 희생됐다. 7월의 열기 속에서 어디서나 시신의 악취가
진동했다. 트루먼은 참화에 충격을 받았지만 눈이 흐려지지는 않았다.

"나는 그렇게 파괴된 것을 본 적이 없다. 그들이 거기서 무언가 교
훈을 얻었는지 어떤지 알지 못하겠다."[11]

카운트다운: 21일

7월 16일, 독일 포츠담

트루먼 대통령은 핵폭탄의 첫 시험 소식을 기다리고 있었다. 그것은 너무도 파괴적이어서 제대로 터진다면 전쟁의 성격과, 인간이 같은 인간을 파괴할 수 있는 능력을 영원히 바꿔놓을 것이다. 이것이 그가 베를린에서 본 것을 되돌아보면서 마음속으로 한 생각이었다.

나는 카르타고, 바알베크, 예루살렘, 로마, 애틀랜타, 베이징, 바빌론, 니네베에 대해 생각했다. 스키피오, 람세스 2세… 윌리엄 셔먼, 칭기즈칸, 알렉산드로스에 대해서도. (…)
나는 어떤 식의 평화를 원한다. 그러나 나는 기계가 도덕을 수백 년 앞서는 것을 두려워한다. 그리고 도덕이 그것을 따라잡으면 그 필요는 전혀 없어진다.

미국 앨라모고도

뉴멕시코 사막에 있는 30미터 높이의 철탑 꼭대기 작업장에 경비원처럼 앉은 도널드 호니그는 처마에서 떨어지는 비 속에서 웅크리고 있었다. 그의 옆 대臺 위에는 '장치'가 놓여 있었다. 세계 최초의 원자폭탄이다. 천둥이 쳤다. 작은 오두막집이 덜컹거렸다.
탑은 일망무제의 사막에 있는 거대한 피뢰침처럼 홀로 서 있었다. 번개가 이것을 치면 무슨 일이 일어날까? 호니그는 그런 생각 자체를 하고 싶지 않았다. 이 4톤짜리 핵무기는 끌어올려져 준비가 돼 있었다. 뇌우만 그치면 시험은 진행될 수 있다. 지구 반대편에 있는 트루먼과 마찬가지로 호니그가 할 수 있는 것이라고는 기다리는 일뿐이었다.

탑에서 10킬로미터 떨어진 곳에 있던 오펜하이머는 통제 센터를 서성거렸다. 장치는 새벽에 폭발하도록 돼 있었지만, 심한 폭풍우로 시험이 지연될 가능성이 생겼다. 통제 센터의 군 기상 전문가는 폭풍우가 곧 지나갈 것이라고 말했지만, 그것이 참을 수 없는 압박감을 누그러뜨리지는 못했다. 사람들은 손톱을 물어뜯거나 줄담배를 피우는 등 긴장을 누그러뜨리기 위해 뭔가를 했다. 그로브스 장군은 갈수록 화가 커져 폭풍우의 책임을 다름 아닌 일기 예보관에게 돌렸다.

아무도 더 이상 지연되는 것을 원치 않았다. 그들은 이곳까지 오기 위해 너무도 열심히 일했다. 오펜하이머는 먼저 시험을 해야 한다고 주장했고, 반면에 그로브스 장군은 시험에 허비할 만큼 플루토늄이 충분하지 않다고 맞섰다. 그러나 오펜하이머는 요지부동이었다. 완전한 시험이 없으면 이 무기의 효율성에 의문이 남을 것이라고 주장했다. 특히 전투에서는 말이다. 세계에서 이전에 핵 폭발을 본 적이 없기 때문에 얼마나 많은 에너지가 방출될지에 대해서는 의견 차이가 컸다. 로스앨러모스의 일부 과학자들은 개인적으로 그것이 터지기나 할지에 대해 계속 의문을 가졌다.

플루토늄 폭탄을 시험하는 것은 중요했다. 과학자들은 우라늄 코어의 원자폭탄 '꼬마'는 터질 것으로 생각했다. 그러나 '뚱보'에 대해서는 확신하지 못했다. 그들은 플루토늄 폭탄의 새로운 내파 설계에 대해 확인해야 했다. 몇 개의 플루토늄 폭탄이 지금 만들어지고 있어 몇 주 또는 몇 달 안에 선을 보일 예정이었다.

탑 위의 호니그 옆에 있는 무기는 플루토늄 코어의 원자폭탄이었다.

카운트다운: 21일

7월 16일, 독일 포츠담

트리니티 시험장의 30미터 높이의 철탑 바닥에 있는 '장치'

1945년 7월 16일 트리니티 시험 직전의 '장치'

1944년 5월에 오펜하이머는 시험장을 물색하기 시작했다. 맨해튼 사업 지도자들은 안전하게 폭탄 시험을 할 수 있는 평평하고 한적한 황무지 지역을 찾아 뉴멕시코, 텍사스, 캘리포니아를 뒤졌다.

결국 첫 번째 원자폭탄을 폭발시킬 장소 조성을 맡은 실험물리학자 케네스 베인브리지Kenneth Bainbridge는 뉴멕시코 사막에서 완벽한 지점을 찾아냈다. 로스앨러모스에서 남쪽으로 370킬로미터쯤 떨어진 이곳은 앨라모고도 공군 기지의 외진 구석에 있었다. 호르나다 델무에르토Jornada del Muerto('죽은 자의 여행')라 불리는 사막의 일부였다. 오펜하이머는 이 시험에 존 던의 시 한 구절을 따서 '트리니티'라는 별명을 붙였다.

사막 한가운데에 제대로 가동할 수 있는 과학 실험실을 만드는 것은 베인브리지의 일이었다. 쉬운 일이 아니었다. 그의 팀원들은 장치를 넣을 철탑을 건설했고, 맨해튼 사업 연구자들이 안전하게 지켜볼 수 있는 세 개의 콘크리트 관측 벙커도 만들었다. 베인브리지는 목장 가옥 하나를 임대해 그것을 야전 실험소 겸 헌병 주둔소로 바꾸었다. 울퉁불퉁한 길은 사람과 물자를 시험장으로 수송하기 위해 평평하게 고르고 포장했다. 폭파 시 전력을 공급하고 이어지는 연구를 하기 위해 수 킬로미터에 이르는 전력 및 통신선도 깔았다.

폭발 지점에 있던 과학자들은 반응의 핵심 양상과 내파의 균형, 방출되는 에너지 등을 측정할 준비를 하고 있었다. 가장 큰 관심은 폭발로부터 나오는 방사능이었다. 그들은 날씨가 복사輻射를 모두 상층 대기로 올라가도록 할 것인지에 대해 확신할 수 없었다. 이에 따라 군대는 주변 지역 주민들을 대피시킬 준비를 하고 있었다. 벙커에 있던 기술 하사관들에게는 탈출로 지도를 주었다. 물론 유사시를 대비해서였다.

포츠담 회담이 다가오자 오펜하이머는 트리니티 시험을 7월 16일 월요일 오전 4시에 하기로 일정을 잡았다. 7월 11일 아침에 그는 아내 키티에게 인사하고 그 이후 퇴근하지 않았다.

7월 14일에 그는 앨버커키에서 군 지도자들과 만났다. 역사적인 사건을 보려고 워싱턴에서 날아온 사람들이었다. 그날 밤 과학자들은 호니그의 기폭 장치를 시험 가동했다. 그것은 이상 없이 작동됐다. 가동한 그 순간만. 호니그의 상사 조지 키스탸콥스키는 오펜하이머와 높은 사람들에게 이것이 장치에서 잘 작동될 것이라고 장담했다.

7월 15일 아침, 트럭 한 대가 짐을 싣고 탑 쪽으로 후진했다. 이 강철 구조물 바로 아래였다. 운전수가 천 덮개를 벗겨내자 눈부신 햇빛 아래 폭탄이 드러났다. 그것은 선, 스위치, 나사와 진단 장치 등으로 가득 찬 엉성한 강철 공이었다. 3.6톤의 그 공 껍데기 안에는 폭발물 외피에 묶인 6킬로그램의 플루토늄이 들어 있었다. 일꾼들은 조심스럽게 폭탄을 정해진 위치로 옮기고 그 아래에 매트리스를 깔았다.

탑 꼭대기 주름진 강철 작업장 바닥에 구멍을 내어 강철 케이블을 늘어뜨렸다. 일꾼들이 폭탄을 케이블에 걸었고, 전기 권양기가 그것을 천천히 위로 들어 올렸다. 그것이 꼭대기에 올라갔을 때 케이블 가운데 하나가 풀려 장치가 옆으로 흔들렸고, 지켜보던 사람들은 숨을 멈추었다. 다행히 폭탄은 위치를 바로잡고 구멍을 통해 위로 올라가 작업장 바닥에 내려졌다. 폭탄이 제자리에 놓이자 기술 하사관들이 강철 덮개의 구멍 안에 전기 기폭 장치를 끼우는 까다로운 작업을 시작했다.

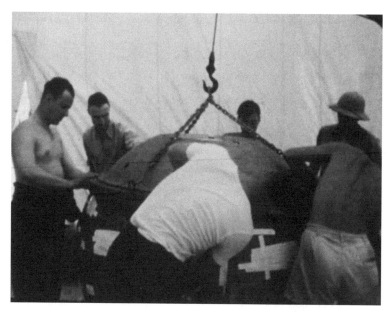

오펜하이머(뒤쪽 오른쪽에서 두 번째)가 트리니티 시험 전에 '장치'를 검사하고 있다.

그 아래에서 오펜하이머는 신경을 곤두세우고 있었다. 이 무기는 매우 복잡했고, 시험장에 있던 많은 사람들은 그것이 어떻게 작동하고 얼마나 망가지기 쉬운지 잘 알고 있었다. 그는 밤에도 폭탄을 꼭 지키게 했다. 오펜하이머는 호니그에게 '자원'해서 폭탄을 아침까지 지키도록 요구했다.

호니그는 오펜하이머가 왜 자신을 이 일에 투입했는지에 대해 여러 시간 동안 생각해봤다. 그날 앞서서 실패했던 기폭 장치를 그가 개발했기 때문일지도 모른다. 호니그가 맨해튼 사업의 분과 책임자들 가운데 가장 젊은 사람이기 때문일지도 모른다. 소모품으로 쓰기 가장 좋으니까. 아니면 호니그가 30미터 높이의 탑에 올라갈 수 있는 유일한 과학자이기 때문일 수도 있었다. 이유가 무엇이든 그가 자신의 임무에 대해 이야기했을 때 릴리 호니그는 흥분을 느끼지 않았다.

그는 해가 질 무렵에 도착해 탑에 올라갔고, 골이 진 작업장에 자리 잡았다. 이 건조물은 한쪽이 트여 있었고, 다른 세 면은 창문이 전혀 없었다. 그 위에는 전화기가 한 대 있었고, 머리 위 소켓에는 60와트짜리 백열전구가 달려 있었으며, 접의자가 하나 있었다. 그는 뒷주머니에서 책 한 권을 꺼냈다. 앨런 스미스H. Allen Smith의 익살스러운 에세이 모음《무인도의 데카메론Desert Island Decameron》이었다. 그는 앉아서 책을 펼쳤다.

호니그는 전에 경비원을 해본 적이 없다. 방해자가 나타나더라도 그와 싸워 물리치기 위한 도구로는 전화기와 대중문학 작품밖에 없다. 어둠이 깔리고 지평선에서 번개가 번쩍거리자 호니그는 처음으로 공포의 떨림을 느꼈다. 그런 뒤에 폭우가 시작됐고, 그는 탑과 지면이 모두 흠뻑 젖어 번개의 힘이 그대로 사막 표면에 전달될 것이라고 판단했다. 그러나 또 다른 가능성이 신경 쓰이게 했다. 갑자기 전기가 일어나면 폭탄이 기폭될 수 있다. 그런 일이 일어나더라도 그는 절대로 알 수 없을 것이다.

마침내 그가 바라던 전화가 왔다. 탑에서 내려와 오펜하이머가 있는 지휘 벙커로 오라는 것이었다. 호니그는 마지막으로 작업장을 둘러보고 그 안에 있는 못생긴 물건에 손을 얹었다. 아무도 이것을 다시 볼 수 없을 것이다.

비가 억수같이 내리고 있었다. 연간 80밀리미터의 비가 내리는 지역에서 그해 이미 100밀리미터가 내렸다. 온 사막이 물에 잠겼고, 길은 엉망이었다. 호니그가 벙커 안으로 들어서자 바닥에 물이 고여 있었다. 그는 차를 한 잔 따르고는 다른 사람들과 함께 다음에 무슨 일이 일어날지 보려고 기다렸다. 그는 피곤했다. 72시간 동안 잠을 자지 못했다.

오전 4시 30분, 호니그는 다음 임무를 위해 자리를 잡았다. 뭔가 잘못되면 폭발을 중지시킬 수 있도록 손가락을 제어 스위치 위에 올려놓았다. 그는 폭파를 중지시킬 수 있는 마지막 사람이었다. 통신 채널은 활기를 띠었다. 가극풍의 목소리가 에스파냐어 노래를 불렀고, 멕시코에서 오는 무선 신호가 잡혔다. 다음 차례는? 호니그는 혼자 생각했다.

긴장을 풀기 위해 기술 하사관들이 폭발 규모를 예측하는 내기 판을 마련했다. 에드워드 텔러는 높게 질렀다. TNT 4만 5천 톤. 오펜하이머는 소심하게 3천 톤에 걸었다. 그로브스는 엔리코 페르미가 추가 내기를 시작하자 짜증이 났다. 폭발이 대기로 옮겨 붙을지 어떨지, 그리고 옮겨 붙을 경우 뉴멕시코만 파괴할지 전 세계가 영향을 받을지 하는 내기였다.

그로브스는 보다 신중한 과학자들이 오펜하이머를 설득해 시험을 연기하지 않을까 우려했다. 페르미는 지금은 핵폭탄을 터뜨리기에 적당한 시기가 아니라고 오펜하이머에게 경고했다. 폭풍우로 인해 그들 모두는 방사능 비를 흠뻑 맞게 될 것이다. 바람은 시속 50킬로미터의 속도로 빠르게 불고 있었다. 그는 오펜하이머에게 이렇게 말했다.

"재앙이 닥칠 수 있습니다."

군 기상 전문가 잭 허버드Jack Hubbard는 해가 뜨면 폭풍우가 그칠 것이라고 장담했지만 그로브스는 그를 믿지 않았다.

오펜하이머와 그로브스는 결정을 내려야 했다. 둘 다 더 이상의 지연은 원치 않았다. 그로브스는 트루먼에게 어떻게 이야기할 수 있을까? 오펜하이머는 자기 휘하 사람들을 걱정했다. 그들은 이 마감일을 맞추기 위해 너무도 열심히 일했다. 그들은 압박을 받았고 지쳤다. 시험이 연기된다면 그들을 빠르게 재편성할 수 있을까? 그로브스와 오펜하이머는 시험 시각을 오전 5시 30분으로 잡고 최선의 결과를 기대하기로 결정했다.

허버드가 예측했던 대로 바람과 비는 아침이 되면서 그쳤다. 5시를 조금 넘긴 시각에 그로브스는 또 다른 벙커로 가서 최종 카운트다운을 지켜보기로 했다. 그로브스와 오펜하이머는 서로 다른 벙커에 자리를 잡았다. 일이 잘못될 경우를 대비해서였다. 아무도 프로젝트의 핵심 지도자 두 사람을 한꺼번에 잃기를 원치 않았다.

한편 폭발 지점에서 서북쪽으로 30킬로미터 떨어진 언덕 위에는 《뉴욕 타임스》 기자 윌리엄 로런스가 워싱턴에서 온 고위 참관자들과 함께 자리를 잡고 있었다. 그들은 앨버커키에서 버스 석 대, 승용차 석 대, 무선 장비를 가득 실은 트럭 한 대의 행렬을 지어 이곳에 도착했다. 로런스는 자신들이 "어느 곳에서도 몇 킬로미터나 떨어져 있고, 생명의 흔적이 전혀 없으며, 먼 지평선에서 깜박이는 불빛조차 하나 없는"[12] 뉴멕시코 사막 한가운데 있었다고 적었다. 이 콤파니아힐이 "폭발 시각"까지 그들의 야영지였다.

그들은 둥그렇게 모였다. '발사' 때 그들이 해야 할 일들에 대한 설명을 듣기 위해서였다. 군인 하나가 손전등 불빛에 의지해 주의 사항을 읽었다. 예정 시각 5분 전에 짧은 사이렌 신호가 울리면 모든 사람은 누울 만한 곳을 찾아두어야 한다. 예정 시각 2분 전에 긴 사이렌 신호가 울리면 모든 사람은 "얼굴과 눈을 아래쪽으로 향한 채 즉시 바닥에 엎드려야" 한다.

그 지침에는 이렇게 적혀 있었다.

섬광을 똑바로 바라보지 마십시오.
그 일이 일어난 뒤 몸을 뒤집어 구름을 보십시오.
폭풍爆風의 물결이 지나갈 때까지 지면에 머물러 계십시오(2분입니다).[13]

로런스가 보니 몇몇 과학자들은 얼굴과 손에 자외선 차단제를 바르고 있었다. 칠흑같이 어두운 밤에, 섬광이 일어날 것으로 예상되는 지점에서 30킬로미터나 떨어진 곳에서 말이다. 그들은 "방출되는 핵에너지의 잠재력"을 누구보다 잘 알고 있었다.

지휘 본부에서는 카운트다운 소리가 확성 장치를 통해 들렸다. 베이스캠프에 있던 참관자들은 FM 무선 신호를 통해 알았다.

육군 정보 장교 토머스 존스는 자신이 곧 바빠지리라는 것을 알았다. 그의 역할은 이 거대한 폭발을 아무도 알아차리지 못하게 단속하는 것이었다. 그에게는 시험장 주위에 주둔하고 있던 부하들이 있었다. 멀리는 남쪽 텍사스주의 엘패소와 애머릴로 같은 곳에까지 있었다. 보통 시민이 뭔가 이상한 얘기를 해오면 그의 팀은 그들을 속여야 했다. 그것이 이 시험의 비밀을 유지하기 위해 노력하는 유일한 방법이었다. 그는 자신이 다뤄야 할 일이 그 정도에서 그쳐주기를 바랐다. 폭탄에 대해 사람들은 전혀 몰라야 했다.

예정 시각이 코앞에 닥치자 일부 과학자들은 용접공 안경을 쓰고 벙커 바닥에 엎드린 자세를 취했다. 발을 폭발 장소 쪽으로 한 채였다. 예정 시각, 즉 진실의 순간에 어떤 일이 일어날지 아무도 알 수 없었다. 모든 것이 끝나는 순간이 될 수도 있었다.

2분 전을 가리키자 오펜하이머가 중얼거렸다.

"아, 이 일은 너무 견디기 힘드네."[14]

마지막 몇 초가 째깍째깍 흘러갔다.

호니그의 손은 '비상 스위치'를 누를 준비를 하고 있었다. 점화는 자동 타이머로 통제되고 있었다. 오전 5시 30분, 전기 펄스가 벙커에서 탑과 폭탄의 점화 장치로 전달된다. 1억 분의 1초 안에 32개의 장약이 이 장치의 코어 둘레에서 줄줄이 터져 안에 있는 플루토늄의 영역을 오렌지 크기에서 라임 크기로 압축한다. 이 장치가 폭발한다.

이제 호니그는 이것을 멈추게 할 수 있는 유일한 사람이었다. 그는 아드레날린이 요동치는 것을 느꼈다. 더 이상 피곤한 줄도 몰랐다. 그는 카운트다운 소리를 들었다. 폭발 30초 전, 그의 앞에 놓인 제어반에서 붉은빛 네 개가 번쩍였고 전압계 바늘이 왼쪽에서 오른쪽으로 획 젖혀져 점화 장치가 완전히 충전됐음을 보여주었다. 좋은 징조였다. 아직 마지막 몇 초가 천천히 흘러가고 있었다.

다른 벙커에서 그로브스는 이를 앙다물었다 풀었다 했다. 무거운 침묵이었다. 그곳에 엎드려 있을 때 그가 할 수 있었던 생각은 "카운트다운이 끝나고 아무 일도 일어나지 않으면" 무슨 일이 일어날까 하는 것뿐이었다.

그때 통제 벙커에서 징이 울렸다. 올 것이 왔다. 5시 29분 45초, 전기 펄스가 전선을 통해 전해지고 뇌관을 쳤다. 32개 모두가 동시에 점화되고 폭탄 중앙에 있는 플루토늄 코어를 압축해 파멸적인 핵반응을 촉발했다.

3천만 분의 1초 안에 동트기 전 어둠 속의 참관자들은 강렬한 섬광을 보았고, 거대한 폭풍爆風의 파도와 귀가 먹먹한 굉음이 이어졌다. TNT 2만 톤의 폭발력이었다. "한낮의 해보다 밝은" 빛은 300킬로미터 밖에서도 보였고, 그 소리는 150킬로미터 밖에까지 전해졌다. 노란색과 주황색의 불덩어리는 위쪽으로 뻗치고 온 하늘에 퍼졌다. 이어 화려한 버섯구름이 공중으로 1200미터 높이까지 솟아올랐다.

열기는 사막을 온통 그슬렸으며, 철탑을 증발시키고 사막 바닥에 깊이 1.8미터, 길이 300미터의 구덩이를 냈다. 탑 근처에서 풀을 뜯던 영양 한 무리가 사라졌다. 폭파 반경 1.5킬로미터 안에는 생명체의 흔적이 없었다. 방울뱀 한 마리, 풀 한 포기 남지 않았다. 아무도 폭발에 의해 방사능이 생성되는 것을 볼 수 없었지만, 그들 모두는 그것이 거기 있음을 알았다.

두 벙커에 웅크리고 있던 사람들은 충격과 기쁨과 안도에 휩싸였다. 장치가 작동했다! 군부 참관자들은 엄청난 힘의 과시에 망연자실했다. 통제 벙커에 있던 토머스 패럴 장군은 "엄청난 굉음"을 들었고, "그것은 종말의 날을 경고하는 것"[15]이었다. 그로브스에게 이 폭발의 바람은 하나의 각성이었다. 그 순간 그는 전쟁이라는 일이 영원히 바뀌었음을 깨달았다. 그는 이렇게 말했다.

"나는 더 이상 펜타곤이 그런 폭발의 바람에서 안전한 피난처라고

0.025 SEC.
N

100 METERS

트리니티 시험에서의 거대한 불덩어리와 버섯구름

생각지 않습니다."[16]

콤파니아힐에서 흰 불빛은 너무 밝고 매우 오랫동안 지속됐다. 제임스 코넌트는 "온 세계가 화염에 싸여 사라져버렸다"[17]라고 생각했다. 에드워드 텔러는 이 폭발이 "어두워진 방의 짙은 커튼을 쏟아지는 햇빛 아래 열어놓는"[18] 것과 같았다고 말했다. 통제 벙커에서 키스탸콥스키는 이렇게 말했다.

"나는 세상 종말의 순간에, 지구 존재의 마지막 100분의 1초에 마지막 인간은 우리가 본 것을 보리라고 확신합니다."[19]

공중에서도 이 광경은 마찬가지로 인상적이었다. 물리학자 루이스 앨버레즈Luis Alvarez는 1만 2천 미터 상공의 B-29 안에서 조종사와 부조종사 사이에 무릎을 꿇고서 이를 보았다. 폭발 지점에서 25킬로미터 떨어진 곳의 상공이었다. 경고도 없이 "강렬한 빛이 시야 전체를 가렸다." 그런 뒤에 그는 불덩어리와 버섯구름을 보았다. 그는 사진을 찍고 싶었지만, 카메라 가져오는 것을 깜빡했음을 깨달았다. 그래서 그는 자신의 '기계 제도' 실력을 발휘해 핵 구름을 스케치했다.

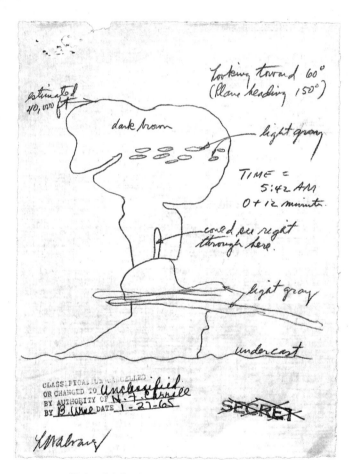

루이스 앨버레즈가 스케치한 트리니티 시험의 버섯구름

카운트다운: 21일

7월 16일, 독일 포츠담

공군 기지 부근에 사는 사람들은 눈부신 섬광과 귀가 먹먹한 굉음이 걱정스러워 곧바로 군 당국에 문의하기 시작했다. 존스는 거짓말을 준비해놓고 있었다. 군에서는 주민과 경찰들에게 탄약 적치장이 폭발했지만 모든 것은 통제할 수 있다고 말했다. 앨버커키의 미국 연합통신AP 기자는 기지에서 무슨 일이 일어났느냐고 묻는 사람들의 전화를 수도 없이 받았다. 그 기자는 군이 여기에 답변하지 않으면 기사를 쓰겠다고 말했다. 결국 군에서는 성명을 발표했다.

오늘 아침 앨라모고도 공군 기지 보류지에서 일어난 강력한 폭발에 관한 문의가 몇 건 접수됐습니다.

상당한 양의 고성능 폭발물과 조명탄을 보관하고 있는, 외딴 곳에 위치한 탄약고가 폭발했습니다. 인명 손실이나 상해는 발생하지 않았습니다. (…) 폭약에 의해 폭발한 독가스탄의 함유량에 영향을 주는 기상 상태로 인해 군은 소수의 민간인들을 그들의 집에서 일시적으로 소개疏開하는 것이 바람직하다고 판단하고 있습니다.[20]

한편 윌리엄 로런스 기자는 압도당했다. 그는 이렇게 썼다.

'원자력 시대'는 1945년 7월 16일 아침, 산악전시시간(2차 세계대전 때 미국이 임시로 설정한 '동부' '산악' '중앙' '태평양' 등 네 개 전시 시간대 중 하나—옮긴이) 5시 30분 정각에 뉴멕시코주 앨라모고도에서 약 50항공마일 떨어진 반半사막 지역의 한 곳에서 시작됐다. 이곳에서 새로운 날의 동이 트기 불과 몇 분 전이다.

오래전 인간이 처음으로 불을 이용해 문명을 향한 행진을 시작했던 순간과 어깨를 나란히 할 만한 역사의 이 위대한 순간에, 물질의 원자 한가운데에 갇혀 있던 방대한 에너지가 이 지구상에서 전혀 본 적이 없는 정도의 불꽃의 폭발 속에서 처음으로 풀려나, 수많은 슈퍼태양의 빛으로 땅과 하늘을 영원처럼 느껴지는 잠시 동안 비췄다.[21]

반면에 이 폭탄을 위해 그렇게 오랫동안 일했던 남자들은 보다 평범한 반응을 나타냈다. 그로브스 장군은 오펜하이머를 맞으면서 얼굴에 함박웃음을 지었다. 그는 이렇게 말했다.

"당신이 자랑스럽소."

평소에 말이 많던 오펜하이머는 이 한마디밖에 하지 못했다.

"고맙소."

그러나 오펜하이머 역시 자랑스러웠다. 그는 폭탄이 전쟁을 빨리 끝내줄 것이라고 생각했다. 동시에 그는 문명의 미래에 대해 생각하면서 《바가바드 기타》에 나오는 인도의 명구 한 구절을 떠올렸다.

"이제 나는 죽음에 이르렀다. 그것은 세계의 파괴자다."

어떤 사람들은 축하를 하며 서로 등을 두드려주었다. 다소 조용한 사람들도 있었다. 그들은 희열에 빠지는 대신 냉철한 반성을 했다. 시험 지휘자였던 케네스 베인브리지는 이 폭발을 "더럽고 무시무시한 시연試演"[22]이라고 불렀다.

일본의 도시에 폭탄이 떨어지면 무슨 일이 일어날지 분명했다. 그렇다. 그것은 전쟁을 빨리 끝낼 것이다. 그러나 그 대가는? 오펜하이머가 베인브리지에게 다가가 악수를 청하자 군인이었던 그는 손을 잡지 않았다. 그는 오펜하이머의 눈을 보며 말했다.

"이제 우리는 모두 개새끼들이오."[23]

트리니티 시험장의 타버린 철탑 잔해 옆에 있는 오펜하이머와 그로브스 장군

카운트다운

20일

7월 17일, 독일 포츠담

이튿날 아침, 트루먼 대통령은 '작은 백악관' 2층의 책상에 앉아 일을
하고 있었다. 그가 전날 밤 중대 뉴스를 들은 곳이 바로 그곳이었다.

저녁 8시 직후, 스팀슨 군사부 장관과 조지 마셜 육군 원수가 도착
했다. 보좌관의 말로는 중요한 일이 있어 왔다고 했다. 스팀슨이 이
곳 독일에 왔다는 사실 자체도 좀 놀라운 일이었다. 트루먼은 당초 그
를 포츠담에 데리고 오지 않으려 했다. 독일로 오기 전에 그는 일흔여
덟 살이 다 된 스팀슨에게, 그를 '과로'하게 하고 싶지 않다고 말했다.[1]
스팀슨은 그 말을 들으려 하지 않았다. 그는 자신의 건강에 대해 군
의무감에게 물어보라고 말했다. 트루먼은 포기했다. 이 나이 든 정치
인에게 이 여행이 얼마나 중요한지를 인식한 것이다.

스팀슨과 마셜이 도착했을 때 대통령은 번스 국무부 장관을 만나
고 있었다. 스팀슨은 트루먼에게 워싱턴에서 온 전문을 넘겨주었다.
그가 그리도 애타게 기다리던 핵 실험에 관한 첫 보고였다.

오늘 아침에 수술함. 진단은 아직 끝나지 않았으나 결과는 만족스러운 듯

하고 이미 기대치를 넘어섰음. 아주 멀리서까지 관심을 가지니 현지 언론이 필요함. 그로브스 박사는 만족함. 그는 내일 돌아옴. 계속 알리겠음.

트루먼은 흥분했다. 대통령이 된 지 얼마 되지 않았지만, 그동안 걸려 있던 핵심적인 문제 가운데 하나가 이제 해결됐다. 원자폭탄이 성공했다. 그는 이번 정상회담에서 더 이상 약자가 아니었다. 그는 훨씬 좋은 패를 들고 포츠담 회담을 시작하게 됐다. 트리니티 시험의 성공은 그에게 새로운 자신감과 낙관을 갖게 했다. 여태까지 만들어진 무기 가운데 가장 강력한 무기가 이제 그의 무기고에 있다.

17일 정오 직전. 트루먼은 책상에서 고개를 들었다. 거기 그가 있었다. 요시프 스탈린, '강철 같은 사람'(그가 트빌리시 신학교 시절 필명으로 썼다가 본명이 된 '스탈린'이 이런 의미다—옮긴이), 소련의 독재자, 트루먼이 본 뉴스 영화에서 자신의 장군들보다 우뚝했던 사람, 공산당 지도자, 그리고 시골뜨기. 그가 직접 여기에 왔다. 165센티미터의 몸으로. 스탈린은 트루먼을 "좀 건방진 아이" 보듯이 바라보았다.

스탈린은 수수한 카키색 제복을 입고 있었다. 그의 군용 튜닉 가슴에는 노란 별 하나가 장식돼 있었고(소비에트 연방영웅 훈장이다), 바지 옆쪽에는 붉은 줄이 내리 그어져 있었다. 머리칼은 넓은 이마에서부터 뒤로 빗어 넘겼다. 콧수염은 굵고 무성했다. 눈은 노란색이었다. 담배 연기로 물이 든 듯했다.[2] 피부는 마마 자국이 있고 누렇게 떠 있었다. 바로 모스크바에서 '크렘린 안색'으로 알려져 있는 것이었다.[3] 이는 깨지고 변색돼 있었다.

그를 맞는 전직 미주리 옷가게 주인은 가벼운 두 줄 단추 정장에 두 가지 색상의 구두, 물방울무늬 넥타이, 그리고 그에 맞는 손수건을 했다.

스탈린은 하루 늦게 온 데 대해 사과했다. 트루먼은 루스벨트가 그랬듯이 편한 농담을 하려 애썼지만, 그것은 미소의 기미조차 이끌어내지 못했다. 이 소련 사람은 너무도 사무적이었다.

트루먼은 스탈린에게 자신은 외교적 게임을 하지 않는다고 말했다. 그는 늘 어떤 문제에 관해 모든 주장을 듣고 난 뒤 가부를 말한다고 했다. 스탈린도 그것이 마음에 드는 듯했다.

그러자 스탈린은 트루먼에게, 자신은 얄타에서 했던 약속을 지킬 것이라고 말했다. 8월 중순에 일본에 선전포고를 하겠다는 것이었다. 대통령은 깜짝 놀랐다. 그리고 크게 안도했다. 그것은 트루먼이 포츠담에 온 핵심 목적이었다. 지금 그는 심지어 회담이 시작되기도 전에 그것을 이루었다. 트루먼은 일기에 이렇게 직설적으로 썼다.

"그는 8월 15일 일본과의 전쟁에 들어올 것이다. 그렇게 되면 일본 애들은 끝이다."

점심시간이 됐고, 트루먼은 스탈린과 함께 먹어야겠다고 생각했다. 스탈린은 일단 초대를 사양했다. 트루먼이 압박했다.

"부담 갖지 마세요."

스탈린은 결국 동의했고, 식당에서는 이미 준비한 양을 더 늘렸다. 먼저 시금치 크림수프와 호밀 흑빵이 나왔다. 주 메뉴는 간과 베이컨이었다. 스탈린은 만족해 콧수염을 쓰다듬었다. 그는 포도주를 매우 칭찬했고, 트루먼은 나중에 20여 병을 그의 숙소로 보냈다.

트루먼이 스탈린에게 히틀러가 죽었다는 말에 대해 어떻게 생각하

카운트다운: 20일

7월 17일, 독일 포츠담

체칠리엔호프 궁전. 1945년 7월 포츠담 회담이 열렸던 장소다.

느냐고 묻자 그는 히틀러가 아마도 아직 살아 있을 것이라며, 에스파냐 또는 아르헨티나에 숨어 있을 것이라고 했다. 스탈린은 히틀러가 자신의 벙커에서 자살했다는 검시 보고서를 소련이 가지고 있다는 사실을 알려주지 않았다. 그들은 아프리카의 에스파냐 및 이탈리아 식민지에 대해 이야기를 나누었다. 트루먼은 스탈린의 말을 들으면서 그와 흥정을 할 수 있으리라는 생각을 했다. 그가 파악한 스탈린은 직설적이고 정직하고 "무척 똑똑"했다.

포츠담 회담은 그날 오후 5시에 공식적으로 시작됐다. 처칠이 '터미널Terminal'이라는 암호명을 붙인 이 회담은 독일 황태자의 여름 거처였던 체칠리엔호프 궁전에서 열렸다. 정문 관리실에서는 세 나라의 국기가 모두 휘날리고 있었다. 성조기, 유니언잭, 낫과 망치. 그러나 회담은 소련이 주최하는 것이었고, 그들은 그것을 분명히 했다. 총과 검을 든 붉은군대 병사들이 긴 진입 차로에 도열해 있었다. 마당에는 제라늄과 분홍 장미, 수국으로 만든 7.3미터짜리의 거대한 소련의 붉은 별이 있었다.

이 궁전에는 176개의 방과 네 개의 부속 건물이 있었다. 각국 대표단은 별도의 출입문을 가진 별도의 처소에 들었다.

회담은 오크 판자의 응접실에서 열렸다. 크고 어두웠으며 천장이 높고 커다란 창문으로 호수가 내다보였다. 방 한가운데에 지름이 4미터 가까이 되는 둥근 나무 탁자가 있었다. 천으로 덮여 있었고, 중앙에 세 나라의 소형 국기가 있었다. 참석자들을 위한 재떨이도 있었다.

탁자에는 나라별로 다섯 자리씩이 주어졌다. 나머지 참모들은 그들 뒤에 앉았다. 트루먼은 미국 대표단의 중앙에 앉았다. 그 오른쪽에는 번스 장관과 레이히 제독, 왼쪽에는 전 모스크바 주재 대사 조지프 데이비스Joseph Davies와 통역관 노릇을 할 국무부의 러시아 전문가 칩 볼런Chip Bohlen이 앉았다.

영국 대표단은 특이했다. 처칠이 총선거 상대인 노동당의 클레멘트 애틀리를 데려왔기 때문이다. 개표가 완료되고 그가 새 총리가 될 경우를 대비한 것이었다.

트루먼은 이 배치가 편하게 느껴졌다. 커다란 포커 탁자 같은 느낌이 들었기 때문이다.[4] 그러나 그는 이 모임의 신참이고(불과 10년 전만 해도 시골 판사였다), 처칠이나 스탈린은 자신을 이용할 수 있다고 생각하리라는 것을 잘 알고 있었다.

카운트다운: 20일

7월 17일, 독일 포츠담

첫 번째로 해야 할 일은 의장을 지명하는 것이었다. 그리고 큰 판에 익숙한 스탈린이 먼저 수를 썼다. 그는 트루먼을 추천했다. 이 자리에 있는 유일한 국가 원수라는 것이었다. 처칠이 곧바로 동의했다.

트루먼은 이 일이 탐탁지 않았지만, 늘 그렇듯이 그는 준비가 돼 있었다. 그는 매일 회의를 끝낼 때 다음 날 회의 의제를 미리 정해놓자고 말했다. 그는 의도를 분명히 밝혔다.

"그저 논의만 하는 것은 원치 않습니다. 결정을 내려야 합니다."

그리고 처칠과 스탈린이 모두 유명한 늦잠꾸러기들이었음에도 불구하고 회의를 오후 5시가 아니라 4시에 열자고 말했다. 두 사람은 동의했다.

그러나 뚜렷한 차이가 곧바로 드러나기 시작했다. 트루먼은 스탈린이 2월 얄타 회담에서 루스벨트와 처칠에게 했던 약속을 끄집어냈다. 특히 나치로부터 해방된 동유럽 나라들에서 자유롭게 선출된 정부를 세우겠다는 그의 맹세를 말이다. 사실 소련은 독일을 향해 진격하면서 폴란드, 헝가리, 체코슬로바키아와 그 밖의 나라들에 꼭두각시 정권을 만들었다. 스탈린 역시 지금 영국의 수중에 들어가 있는 독일 해군에 관한 자기네 몫을 원했다. 트루먼은 회의를 1시간 45분 만에 끝냈다.

회의가 끝나자 소련 측은 대표단을 정성껏 마련한 뷔페 저녁 식사로 안내했다. 거위 간, 철갑상어 알, 수많은 종류의 고기와 치즈, 그리고 엄선한 포도주와 보드카가 있었다. 트루먼은 이것이 소련의 전형적인 연회라는 것을 알 수 있었다.

오후 7시 직후, 그는 '작은 백악관'으로 돌아가고 있었다. 그러나 차로 10분 걸리는 거리를 가는 도중 대통령의 차는 한 검문소에서 소련 병사들의 제지를 당했다. 곧 소련 중위 하나가 나타나 병사들에게 미국 지도자를 방해했다며 소리를 질렀다. 레이히 제독이 트루먼에게 귓속말을 했다.

"나는 저 중위가 내일 아침 총살당한다는 데 걸겠습니다."

대통령은 그날 하루를 잘 보낸 데 대해 만족했다. 그리고 그날 밤 벌써 그리워진 아내에게 편지를 썼다.

나는 일이 제대로 돌아가고 있는지 어떤지 몰라 매우 두려웠소. 어쨌든 시작은 됐고, 나는 내가 온 목적을 이루었소. 스탈린이 8월 15일에 참전한다고 하오. 아무 조건 없이 말이오. (…) 우리는 이제 전쟁을 1년 빨리 끝낼 수 있다고 말할 수 있소. 죽지 않게 된 아이들을 생각해보시오. 그것이 중요한 부분이오.[5]

원자폭탄은 시험을 했다. 초기 징후를 보면 그것은 성공이었다. 그러나 트루먼은 여전히 일본에 대한 육상 침공을 생각하고 있었다. 그리고 길고도 피비린내 나는 전쟁을.

카운트다운
19일

7월 18일, 독일 포츠담

다음 날 아침, 스팀슨 장관이 트루먼의 숙소로 달려 들어와 전문 하나를 건네주었다. 워싱턴에 있는 장관의 맨해튼 사업 담당 특별보좌관 조지 해리슨이 밤 사이 보낸 것이었다.

박사는 방금 아주 열정에 넘쳐 돌아왔고, 꼬마가 그의 형만큼이나 건강하다고 확신하고 있습니다. 그가 보기에 그 빛은 여기서 하이홀드를 알아볼 수 있을 정도이고, 나는 여기서 내는 그의 외침을 나의 농장에서도 들을 수 있을 것 같습니다.

육군 통신반의 암호 해독 담당자들은 여기에 속아 넘어가 스팀슨이 일흔일곱의 나이에 새로 아이를 얻은 것이 아니냐는 추측들을 했다. 그러나 장관은 트루먼에게 전문을 설명해주었다.

'박사'(그로브스 장군)는 이틀 전 시험한 플루토늄 폭탄이 아직 시험하지 않은 우라늄 폭탄만큼이나 강력하다고 생각했다. 그 폭발에서 나온 섬광은 400킬로미터(워싱턴에서 스팀슨의 사유지가 있는 뉴욕주 롱아일랜드의 하이홀드까지의 거리다) 밖에서도 볼 수 있었다. 그 폭발음은 80킬로미터(워싱턴에서 해리슨의 농장이 있는 버지니아주 어퍼빌까지의 거리다) 밖에서도 들을 수 있었다.

처칠과 점심을 함께하기로 했던 트루먼은 새로운 세부 정보를 듣고 기분이 들떴다. 그는 전문을 접어 주머니에 넣은 뒤 6분을 걸어서 총리의 숙소로 갔다. 두 지도자는 둘이서만 식사를 했다. 처칠과 루스벨트는 맨해튼 사업의 시초부터 파트너가 됐다. 전날 밤 스팀슨은 성공적인 시험에 관한 개략적인 보고를 총리에게 알려주었다. 이제 트루먼은 그에게 최신 정보를 주었다.

처칠은 트루먼만큼이나 기쁜 듯했다. 트루먼은 처칠이 일본을 침공한다는 구상을 싫어했음을 알고 있었다. 그러려면 100만 명의 미군의 생명과 아마도 그 절반에 이르는 영국인들의 생명이 희생될 수 있음을 두려워한 것이다. 이제 드디어 탈출구가 보이고, 1년 또는 그 이상의 피비린내 나는 악몽을 피할 수 있게 됐다. 처칠은 이 "초자연적인 무기"가 전쟁을 "한두 방의 지독한 충격"[1]으로 끝낼 수 있을 것이라고 생각했다.

두 지도자는 스탈린에게 이를 말해야 할지, 말한다면 언제 해야 할지 의논했다. 트루먼은 회담이 끝날 때까지 기다려야 한다고 말했다. 처칠은 스탈린에게 빨리 알리자고 제의했다. 그들이 그에게 숨기지 않음을 분명하게 보여주자는 것이었다. 트루먼은 적당한 날 회의가 끝난 뒤에 이 소식을 알린다는 데 동의했다. 그러나 처칠은 한 가지 경고를 했다. 스탈린에게는 "엄청난 새 사실"이 있다고만 말하고 "상세한 것"은 아무것도 알려주지 말라는 것이었다.

카운트다운: 19일
_____

7월 18일, 독일 포츠담

총리는 폭탄이 소련의 참전 약속을 무의미하게 만들었다고 덧붙였다. 전쟁은 소련이 일본이 점령한 만주로 넘어오기 전에 끝날 것이다. 트루먼은 동의했다. 적어도 당장은. 그는 그날 밤 일기에 이렇게 썼다.

일본 애들은 소련이 들어오기 전에 항복할 것이다. 나는 맨해튼 폭탄이 일본 본토 상공에 나타나면 그들이 항복할 것이라고 확신한다.[2]

점심 후에 트루먼은 스탈린의 처소에 의례적인 방문을 했다. 방금 식사를 했지만 소련 측에서 또 한 번의 정성 들인 뷔페를 차렸고, 술을 많이 마셨다. 그런 뒤에 두 지도자는 각자 자리를 떴다.

스탈린은 트루먼에게 자신이 일본으로부터 받은 메모를 건네주었다. 일본의 모스크바 주재 대사가, 히로히토 천황이 전쟁을 끝내기 위한 협상을 원한다고 말했다는 것이다. 미국과 영국은 일본이 연합국을 분열시키려 할 것으로 예상했다. 그들이 얻을 수 있는 최선의 거래를 얻기 위해서다. 스탈린은 더 자세한 내용을 요구해보자고 제안했다. "일본을 달래 재우기" 위해서다. 대통령은 일본의 선의에 대한 확신이 전혀 없다고 대답했다.

트루먼은 스탈린이 일본에서 온 메시지를 그리도 시원하게 알려주고 거기에 어떻게 대응할지 물어보는 것을 보고 감명을 받았다. 아마도 소련은 동맹국들과 정직하게 거래할 태세가 돼 있는 듯했다. 그러나 포츠담 회담 동안 양쪽은 모두 서로에 대해 결코 투명하지 않았다. 미국의 암호 전문가들은 이미 일본의 암호를 해독했고, 트루먼은 일본에서 보낸 메시지를 읽었다. 그러나 그는 스탈린 앞에서는 놀란 척했다.

트루먼이 주장해 조금 앞당긴 시작 시간인 오후 4시가 되자 세 거두는 다시 회의 탁자에 앉았다. 트루먼은 자기네 내각을 이끌 때와 마찬가지로 실무적이었다. 한 관찰자는 그의 태도가 "단호하고 간결"하다고 묘사했다.

"루스벨트가 처칠과 스탈린에게 따뜻하고 친절했다면, 트루먼은 기분 좋게 거리를 두었습니다."[3]

그러나 트루먼이 단호했다면 처칠은 그렇지 않았다. 그는 길고 두서없는 연설을 했고, 준비가 되지 않은 것처럼 보였다. 중요한 주제 가운데 하나가 연합국이 전후 독일을 어떻게 처리할 것인가였다. 처칠은 이렇게 물었다.

"독일이라 함은 무엇을 말하는 것이오?"

스탈린은 이미 이 나라 동부의 넓은 지역을 장악하고 있었다.

스탈린은 날카롭게 대꾸했다. 독일은 "전후 그들이 변한 대로의 독일"이라고 그는 말했다.

"그 밖의 다른 독일은 존재하지 않소."

트루먼은 스탈린에게 감명을 받아 최고의 찬사를 보냈다. 그는 한 보좌관에게 이렇게 말했다.

"스탈린은 내가 아는 어떤 사람보다 톰 펜더가스트와 비슷한 사람이야."

그를 좋게 보아 캔자스시티 정계 거물과 비교한 것이다.

회의 중 어느 때에 트루먼은 메모를 적어 데이비스 전 대사에게 보냈다.

카운트다운: 19일

7월 18일, 독일 포츠담

1945년 7월 포츠담에서의 처칠, 트루먼, 스탈린

"조, 내가 잘하고 있소?"

그의 물음에 데이비스는 이런 답을 써서 보냈다.

"타율 10할입니다. 대통령께서는 이 자리에서 최고로 잘 견뎌내고 있습니다."

그러나 회의 불과 2일차에, 에너지가 넘치고 과단성 있는 대통령은 이미 강대국 외교의 느린 속도에 좌절감을 느꼈다. 그는 처칠이 말이 많았던 반면에 "스탈린은 끙 소리만 내도 무슨 말을 하는지 알 수 있다"[4]고 생각했다. 그는 일기에서 이렇게 불평했다.

나는 그저 연설을 들으려고 (여름) 내내 이 끔찍한 곳에 머물러 있진 않을 것이다. 그러려면 우리나라로 가서 상원에 가겠다.[5]

카운트다운: 19일

7월 18일, 독일 포츠담

카운트다운

18일

7월 19일, 미국 오크리지

크로슬리사 라디오에서 나온 목소리가 거실 안에 울려 퍼졌다. 루스 시슨은 가족의 블라우스와 셔츠를 다림질하며 저녁 뉴스를 들었다. 미국 비행기들이 일본 도시들을 불타는 지옥으로 바꿔놓고 있었다. 미국 폭격기들이 일본의 내륙 500킬로미터 지점에 있는 목표물들도 공격했다. 도쿄는 돌무더기로 변해버렸다. 전쟁이 곧 끝날 것 같았지만 일본은 항복을 거부했다.

"일본은 왜 끝내지 않을까요?" 유식한 양키 목소리가 말했다. "마지막 한 사람까지 싸울까요?" 루스는 라디오를 끄고 싶었지만 그의 아버지가 소파의 늘 앉던 자리에 구부정하게 앉아 한 마디도 놓치지 않고 듣고 있었다.

루스는 다림판 위에 펼쳐져 있는 분홍색 꽃무늬 옷의 칼라를 살펴보았다. 로런스와 작별할 때 그 옷을 입었다. 옷의 솔기가 온통 해져거의 구멍이 날 지경이었다. 엄마가 수선해주시겠지. 새 옷을 살 돈은 없었다.

어머니 뷸라는 부엌에서 저녁을 준비하면서 들었다. 아이들은 집

안팎을 뛰어다니며 문을 쾅쾅 닫고 있었다. 2년만 지나면 남동생들도 입대하겠지. 루스는 그렇게 생각했다.

"내가 생각하기에, 그는 곧 집에 올 거야."[1]

아버지가 루스에게 말했다.

루스는 아버지에게 미소를 보내고 옷을 건 뒤 다리미 콘센트를 뽑았다. 루스는 현관에 나가 농장 끝에 줄지어 서 있는 나무들을 바라보았다. 그가 저기 어딘가에 있다. 나의 약혼자, 로런스 허들스턴.

그의 최근 편지 몇 통은 영국에서 왔다. 그러나 그는 얼마나 오래 그곳에 있을지 알지 못했다. "몇 달 안에 당신을 보게 될 것"이라고 그는 썼다. 집에 오고 싶어 죽겠다, 당신을 안고 싶어 죽겠다, 결혼하고 싶어 죽겠다… 루스는 행간을 읽으려고 애썼다. 그는 끔찍한 일들을 많이 보았고, 앞으로 더 많아질 것이다. 그는 자세한 이야기를 하지 않았다. 그게 루스로서는 걱정이 되는 부분이었다.

나치가 항복한 지 석 달이 지났는데, 유럽에서 싸운 미국 육·해군 병사 대부분은 여전히 그곳에 있었다. 테네시주 동부의 군수품 공장과 산골 마을에서 여자들은 남편과 남자 친구와 동생과 아들이 집으로 돌아오지 않고 유럽에서 곧바로 태평양으로 보내질 것이라고들 떠들었다. 그것이 로런스가 루스에게 자세한 이야기를 하지 않은 이유였을까? 아마도 그는 나쁜 소식을 전하고 싶지 않았을 것이다.

부모, 친척, 친구, 라디오, 버스에 탄 사람들. 모두가 전쟁에 대해 이야기한다. 루스는 넌더리가 났다. 유럽에서 전쟁이 끝났을 때, 이제는 공장에 그렇게 많은 사람이 필요하지 않을 거라고 생각했지만 그 생각은 틀렸다. 그들은 여전히 사람들을 고용하고 있었고, 군대를

카운트다운: 18일
_____

7월 19일, 미국 오크리지

위해 무기를 만드는 공장들 역시 마찬가지였다. 전에 로런스가 다니던 알코아에서는 《녹스빌 저널Knoxville Journal》에 광고를 내서 1주에 48시간 일할 사람을 구했다. 10대들은 시간제 일자리를 골랐다.

병사들이 금세 돌아오지 않을 것은 분명했다. 정부는 일본으로 들어가는 치명적인 마지막 공격을 준비하고 있었다. 로런스는 그리로 갈 것이다. 다시 한 번 최전선으로. 그런 생각이 루스를 공포로 얼어붙게 했다. 일개 의무병이 얼마나 많은 젊은이들을 더 구해야 한단 말인가? 그는 얼마나 오래 부상당하거나 죽지 않고 버틸 수 있을까? 모든 것이 도무지 알 수 없었다. 사람들은 최선을 다해 다음에 무슨 일이 일어날지 생각해내려고 애썼다. 그래서 소문은 끊임없이 나돌았다.

루스의 아버지는 밖으로 나와서 기지개를 켜고 하품을 했다. 그러고는 물었다.

"괜찮니?"

루스는 고개를 끄덕여 그렇다고 했다.

아버지는 가까이에 섰다. 말은 없었다. 그는 해줄 말이 없었다. 루스도 아버지가 걱정해주는 것을 알았다. 하지만 무슨 말을 해도 루스의 근심을 덜어줄 수는 없었다.

루스의 친척인 메리 루와 셀마가 오고 있었다. 아마도 그들이 복잡한 심사를 달래줄 수 있을 것이다.

루스는 다시 안으로 들어가 신문을 집어 들었다. 영화관 광고를 살펴보기 위해서였다. 넘겨도 넘겨도 온통 전쟁 얘기뿐이었다. 포츠담 회담, 소련. 루스는 정치 얘기를 피했다. 전쟁이 끝나면 대학에 가고 싶었다. 교육학 학위를 받아 교사가 되고 싶었다. 영화를 보고,

결혼하고, 말을 사고, 가정을 꾸리고 싶었다. 언젠가, 이 전쟁이 끝나면. 그런 날이 올 수 있다면.

루스 시슨(오른쪽)과 친척들

카운트다운

17일

7월 20일, 독일 포츠담

트루먼의 기분은 더욱 나빠졌다. 회담이 거의 아무런 성과도 내지 못하고 날짜만 흘러가고 있었다. 말이 많은 처칠은 계속 장광설을 늘어놓았고, 스탈린은 퉁명스럽고 직설적인 태도로 동맹국들에게 어떠한 양보도 하지 않으려고 했다. 트루먼은 "일 자체에 넌더리"를 냈다. 그는 아내에게 이렇게 썼다.

나는 그들에게 적어도 하루에 한 번, 내가 보기에 산타클로스가 죽었고 나의 최우선 관심사는 미국이라는 것을 아주 분명하게 밝혀줘야 한다오. 그리고 나는 일본 애들과의 전쟁에서 이기고 싶고, 그것도 그들 모두와 함께해서 이기고 싶다고 말이오.[1]

유럽에 관한 논의가 난항을 겪으면서 트루먼은 일본에게 어떻게 최후통첩을 보낼 것인지 하는 문제에 점점 더 많은 시간을 들였다. 그리고 핵심적인 문제는 적이 항복할 경우 히로히토 천황의 지위를 어떻게 할 것인가였다.

트루먼은 '마법Magic'으로 불리는 암호 해독 장비를 이용해 일본의 도고 시게노리東鄕茂德 외무 대신이 사토 나오타케佐藤尙武 모스크바 주재 대사에게 보내는 '초특급 비밀' 통신문을 읽고 있었다. 일본은 스탈린과 평화 협정을 맺어 미국과 영국의 영향력을 약화하고자 했다. 도고는 이런 조건을 제시했다.

만약 우리가 아직 우리의 힘을 유지하고 있는 지금 미국인들이 일본의 명예와 실존을 배려한다면 그들은 전쟁을 끝냄으로써 인류를 구할 수 있다. 그러나 그들이 가차 없이 무조건 항복을 고집한다면 모든 일본인은 철저한 항전을 벌인다는 결의를 가지고 있다.

'명예와 실존'은 천황이 어떤 권력의 자리에 남아 있도록 허용하는 것을 의미했다. 그것이 '전쟁의 종결'을 가져올 것이다. 그러나 미국이 계속 '무조건 항복'을 고집하고 천황을 권좌에서 몰아내려 한다면 일본은 '철저한 항전'을 계속할 것이다.

트루먼의 참모들은 어떻게 할 것인지를 놓고 의견이 확연히 갈렸다. 미국과 영국의 일본에 대한 입장은 시종일관 '무조건 항복'이었다. 유럽에서 나치를 상대로 취했던 입장과 똑같았다. 조건도 없고 단서도 없었다. 오로지 항복뿐이었다.

그러나 이제 스팀슨 장관과 레이히 제독은 모두 미국이 '무조건' 항복 요구를 철회해야 한다고 대통령에게 조언했다. 그들은 전쟁을 끝내기 위해 일본이 어떤 결정을 내리더라도 결국 천황의 승인을 받아야 함을 알고 있었다. 그리고 그는 자신의 지위가 위험해진다면 동의할 가능성이 거의 없었다.

번스 국무부 장관은 동의하지 않았다. 일본의 진주만 공격이라는 '악행' 이래 미국의 입장은 언제나 어떠한 조건도 붙이지 않은 완전한 항복이었다. 루스벨트는 태평양에서 벌어진 길고도 피비린내 나는 전쟁 내내 그것을 고수했다. 트루먼이 이제 그 자리를 물려받은 지 몇 달이 안 돼서 조건을 완화한다면 미국의 대중은 그를 "십자가에 매달" 것이라고 번스는 생각했다.

또 다른 문제는 소련의 참전이었다. 우려되는 점은 소련이 중국과 한국, 더 나아가 일본으로 이동하게 되면 그들은 지금 동유럽 지역에서 강화하고 있는 것과 비슷하게 아시아 지배권을 확립하려 할 것이라는 점이다. 번스 장관은 특히 미국은 소련이 참전하기 전에 전쟁을 끝내기 위해 모든 수단을 동원해야 한다고 고집했다.

그것은 핵폭탄을 사용하자는 얘기였다. 트루먼은 그것이 실전에서 터져줄 것인지에 대해, 그리고 터진다고 하더라도 일본이 항복할지에 대해 여전히 의문을 품고 있었다. 트루먼은 승리를 보장하기 위해 소련의 참전을 원했다. 장기적으로 어떤 결과를 가져오든 상관없이 말이다.

회담장에서는 진전이 없고 일본에 관한 중요한 문제들이 여전히 결정을 기다리고 있는 데다 숙소의 무더위까지 더해지니 트루먼 대통령은 더욱 짜증이 났다. 이런 가운데 그는 아이젠하워 장군과 오마 브래들리Omar Bradley 장군을 점심에 초대했다.

아이젠하워는 유럽에서 거둔 연합국 승리의 간판이었다. 그는 북아프리카와 이탈리아의 전투에서 승리를 거둔 뒤 1943년 연합국 원정

군 최고사령관에 임명됐다. 이에 따라 그는 나치가 점령한 유럽을 침공하는 책임을 맡았다. 그것은 1944년 6월 6일을 디데이로 삼아 시작됐다. 15만 명 이상의 연합군 병력이 노르망디 해변을 몰아쳤다. 이 침공은 유럽에서의 전쟁의 물결을 연합국 쪽으로 결정적으로 돌려놓았다. 아이젠하워는 이제 진정한 미국의 전쟁 영웅 가운데 하나였다.

브래들리는 그렇게 유명하지는 않았지만, 그 역시 대단한 군 지휘자였다. 그는 노르망디 상륙 때 미군 병사들의 야전 사령관이었다. 그의 부대는 독일을 처음 침공한 부대였고, 전쟁이 끝났을 때 이 나라의 상당 부분을 통제하고 있었다. 브래들리에게는 또 다른 유리한 점이 있었다. 그는 트루먼과 같은 미주리 출신이었고, 새 통수권자를 좋아했다. 그는 대통령을 "단도직입적이고 가식이 없고 명석하며 강력"하다고 평가했다.

점심을 먹는 동안 세 사람은 태평양에서의 전략과 폭탄 투하 여부에 대해 논의했다. 브래들리는 트루먼이 이미 이 새로운 초강력 무기를 사용하기로 마음을 굳혔다는 인상을 받았다. 대통령은 두 사람 가운데 누구에게도 조언을 구하지 않았지만, 아이젠하워는 어쨌든 자신의 견해를 말해야겠다고 생각했다.

아이젠하워는 사흘 전 스팀슨으로부터 폭탄에 대해 처음 듣고는 "우울한 감정"에 휩싸였다. 이제 그는 대통령에게 자신의 "엄청난 불안감"에 대해 이야기했다.[2] 첫째로, 일본은 이미 사실상 패배했다. 그런 무시무시한 폭발물을 사용할 필요가 없다. 둘째로, 미국은 진짜 대량 살상 무기를 사용해 전쟁의 성격을 극적으로 악화시킨 첫 나라가 됨으로써 "세계 여론에 충격을 주는 일을 피해야 한다."

카운트다운: 17일

7월 20일, 독일 포츠담

아이젠하워는 또한 스탈린을 참전시키려고 서두르지 말도록 트루먼에게 충고했다. 대통령에게 조언하는 다른 사람들과 마찬가지로 아이젠하워는 소련이 동아시아에서 어떤 일을 할 것인지에 대해 우려했다. 그러나 트루먼은 여전히 소련의 참전을 원했다.

휘하의 두 고위 장성과 대화를 나눈 뒤 트루먼은 생각이 더 많아졌다. 폭탄이 앨라모고도의 꼼꼼하게 통제된 조건에서 벗어나서도 제대로 작동할 것인지와 그 공격이 일본의 항복을 압박할 만큼 충분한 '충격'을 줄 것인지에 대한 의구심과 아울러, 아이젠하워가 제기한 고려 사항들에 대해서도 마음을 정리해야 했다. 그는 무시무시한 새 기술이 사용되는 인간 전쟁의 새로운 시대를 여는 사람이 되기를 원하고 있는가?

지금으로서는 일본을 침공하는 계획을 계속해서 추진할 것이다. 그러나 그는 자신이 결정을 내려야 한다는 사실을 알고 있었다. 자기네가 만든 새로운 무기를 쓸 것인지 말 것인지를. 그것도 곧.

카운트다운

16일

7월 21일, 티니안섬

티베츠 대령은 방금 또 하나의 중요한 회의를 위한 메모를 끝냈다. 그는 눈을 비비고, 하품을 하고, 잠깐 눈 좀 붙이려고 침상 위에 몸을 뻗고 누웠다. 매일 새로운 사고가 터졌다. 새로운 골칫거리들, 대립, 혼란. 이런 상태는 티베츠가 그로브스 장군으로부터 암호로 된 메시지를 받은 뒤에야 나아졌다.

뉴멕시코에서 한 시험은 성공적이었다. 이제까지 전체 프로젝트는 모두 이론적인 것이었다. 방정식과 공식에 20억 달러가 투자됐다. 이제 원자폭탄은 실제로 존재했다. 티베츠가 품었던 의구심은 몽땅 사라졌다. 그래서 그는 부하들을 더욱 호되게 훈련시켰다. 그는 다음 번 원자탄 폭발은 진짜배기라는 것을 알고 있었다.

티베츠의 승무원들은 일본 상공으로 단기單機 출격해 '호박 폭탄'을 떨어뜨렸다. 2.5톤의 고성능 폭약과, 원자폭탄과 마찬가지로 목표물 상공의 공중에서 폭발을 일으키기 위한 근접신관이 들어 있는 주황색 공이었다. 참 대단한 훈련이었다.

딱 한 사람만 비행기를 타지 못했다. 제이컵 비저 중위였다.

비저가 출격을 요청할 때마다 티베츠는 거부했다. 비저는 군 최고의 레이더 요원이었고, 티베츠는 중대 임무를 앞두고 그를 잃을지도 모르는 모험을 할 수 없었다. 비저는 핵무기가 목표물에 도달하기 전에 이를 폭발시키려는 일본의 무선 신호를 막기 위한 보장책이었다.

비저는 다른 사람들이 이번에도 자신만 남겨두고 비행 대기선으로 향하는 것을 그냥 지켜만 보고 있을 수 없었다. 그는 한 번 더 시도해 보기로 했다. 그는 티베츠의 처소로 쳐들어갔다. 자신의 주장을 펼칠 준비가 돼 있었다.

"대령님, 한 번만 가게 해주십시오."

이렇게 말하면서 모퉁이를 도니 대령이 간이침대에 누워 있었다.

티베츠는 그를 쳐다보며 한숨을 쉬었다. 그는 비저를 아꼈다. 그들은 지난 1년 동안 웬도버와 로스앨러모스, 그리고 펜타곤에서 많은 시간을 함께 보냈다. 그러나 최근에 티베츠는 평소보다 더 많은 압박을 받고 있었다. 지난 5월 제509부대가 티니안섬에 도착한 이후 그랬다. 이 섬은 나무가 우거지고 여기저기 사탕수수 밭이 펼쳐져 있는 공원 같은 지형이었다. 탁 트인 풍광은 비행장으로 최적이었다. 1944년 7월 이 섬을 점령한 지 불과 며칠 만에 시비Seabees로 알려진 해군 공병대가 불도저를 끌고 들어왔다.

뉴욕에서 온 한 공병대원은 공중에서 본 이 섬이 지리적으로 맨해튼과 유사한 점이 있음을 발견했다. 그래서 그는 뉴욕시의 격자망을 본떠 가로를 설계했다. 브로드웨이와 42번가는 가장 붐비는 교차로였고, 고향을 그리는 많은 미군 병사들은 자기네가 파크로, 매디슨로, 리버사이드 드라이브에 사는 것을 발견하고 즐거워했다. 제509부대는 125번가와 8번로의 모퉁이에 있었다. 그들은 자기네 이웃을 '컬럼비아대학'이라 불렀다. 실제 뉴욕에서 그 주소는 흑인 거주 구역인 할렘의 한가운데에 해당하지만 말이다.

이 섬은 곧 대도시와 마찬가지로 스트레스가 많고 시끄럽고 혼잡한 곳이 됐다. 이곳은 일본 본토 공습의 출발지로 완벽한 위치에 있어 미군의 주요 항공 기지였다.

미군에서는 티니안섬을 '목적지Destination'라는 암호명으로 불렀다. 그곳은 티베츠 휘하의 1200명의 부하들과 18대의 특별히 개조된 B-29를 위한 곳이기도 했다. 제509부대는 자족적인 부대였다. 제393 폭격기중대, 제320병력수송중대, 제390항공정비단, 제603항공기술대, 제1027항공군수중대 등으로 이루어졌다. 나중에 특수부대 하나가 추가돼 제1병기중대로 불렸는데, 원자폭탄을 다루는 전문가들이었다.

티베츠는 이곳에 도착하는 날부터 고위 장성들을 만나느라 바빴다. 당시 제20항공대 사령관 르메이 장군과 태평양함대 총사령관 니미츠 제독 같은 사람들이었다.

그의 부하들은 이 섬에 있는 두 개의 공군 기지 가운데 하나인 노스필드 부근에 비교적 고립돼 살고 있었다. 2.6킬로미터에 이르는 활주로는 세계에서 가장 긴 것이었다. 폭발물을 가득 실은 비행기들이 밤에 출격해 적을 공격하는 12시간의 왕복 여행을 출발하기에 충분한 여건을 갖춘 곳이었다.

마지막 몇 달은 티베츠의 일생에서 가장 미쳐 날뛰던 시절이었다. 크고 작은 문제들이 매일 튀어나왔고, 그 모든 것은 그의 관심이 필요

공중에서 본 티니안섬

한 듯했다. 좌절과 탈진이 번갈아 찾아왔다. 몇 시간 잠을 자는 날도
흔치 않았다.

문제의 상당 부분은 제509부대의 생활을 가리고 있는 비밀의 장막
때문에 생기는 것이었다. 심지어 고위 장교에게도 별것 아닌 일처럼
보고해야 했다. 티베츠의 임무는 지금 다른 비행대들이 수행하고 있
는 통상적인 폭격과는 전혀 다른 것이었다. 다른 지휘관들은 무슨 일
이 일어나고 있는지 전혀 알지 못했다. 아무도 몰랐다.

티니안섬의 다른 팀들에게 제509부대 대원들은 "응석받이 멋쟁이
패거리"였다. 그들은 조롱을 당했다. 심지어 누군가는 제509부대를
비꼬는 시를 쓰기도 했고, 그것이 등사돼 섬에 돌아다녔다. 그 가운데
일부는 이렇다.

비밀이 하늘로 솟아오른다.

그들이 어딜 가는지 아무도 몰라.

그들은 내일 다시 돌아오지만

어딜 갔다 왔는지 전혀 모를 테지.

우린 한두 달 집에 가 있어도 될 거야.

제509부대가 싸워 이기고 있으니까.

제313폭격단 사령관 존 데이비스John Davies 준장은 티베츠 팀에 대한 호기심이 발동해 그들의 임무가 무엇인지 계속 질문을 했다. 티베츠가 말할 수 없다고 대답하자 데이비스는 화가 났다. 그는 티베츠가 보이는 것이 화가 났다. 데이비스의 부하들은 일본 상공에서 전투 경험이 많았고, 그는 티베츠의 부하들이 자기네의 가장 능숙한 장교들로부터 요령을 전수받으면 도움이 될 것이라고 말했다. 티베츠는 시큰둥하게 받아들이고 승무원 세 명을 그들에게 보냈다. 그날 오후 데이비스는 티베츠에게 얘기 좀 하자고 청했다.

"자네 승무원들은 다, 자네가 오늘 아침에 여기 보낸 사람들 같은가?"

그의 물음에 티베츠는 그렇다고 대답했다.

"빌어먹을. 그놈들이 내 부하들의 기를 죽여놨어. 그들은 비행기와 조종에 대해 우리 강사보다 더 많이 알고 있어."[1]

그것으로 '지도'는 끝이 났다. 그러나 다른 대립도 많아 처리가 필요했다. 예컨대 르메이 장군 휘하의 보급 담당인 빌 어바인Bill Irvine 같은 경우다. 그는 수백 대의 B-29 정비를 섬에 집중시켜놓은 뒤, 왜 잘난 티베츠의 팀이 독자적인 별도 시설을 가져야 하는지 알려고 하지 않았다. 그가 생각하기에 B-29는 B-29였다. 그는 티베츠에게 정비 인력을 남들과 함께 쓰도록 고집하며, 제509부대 비행기를 중앙 정비소로 보내 정비와 수리를 하도록 했다. 그러나 티베츠는 전속 정비공 외에는 누구도 특화된 자기네 비행기를 만지작거리는 것을 원치 않았다. 대령은 다시 한 번 자신의 입장을 고수했다.

티베츠는 군 지도자들과의 회의를 위해 불과 한 달 사이에 세 번이나 미국을 왕래했다. 그는 뉴멕시코에서 트리니티 시험을 참관할 예정이었으나, 그가 신임하는 폭격수 토머스 페어비가 급히 그를 티니안섬으로 불렀다.

티베츠는 이 전갈을 신시내티의 런켄 공항에 막 도착했을 때 받았다. 그는 자신에게 의학 공부를 잊고 항공 쪽으로 가보라고 말해주었던 옛 멘토 앨프리드 해리 크럼 박사를 찾을 계획이었다.

페어비가 자세하게 말하지 않았지만 티베츠는 모든 일정을 취소하고 서둘러 티니안섬으로 돌아갔다. 그가 비행기에서 내리자 페어비가 기다리고 있었다. 페어비는 이렇게 말했다.

"좋지 않은 소식이에요. 정말 좋지 않은 소식이에요."[2]

원자폭탄 작전을 다른 부대에 넘기려는 움직임이 진행되고 있었다. 티베츠는 진상을 알아보겠다고 말했다.

르메이 장군이 음모의 배후에 있었다. 티베츠는 르메이가 이 임무에 얼마나 많은 훈련과 시간과 노력이 투입됐는지 제대로 이해하지 못하고 있다는 것을 알았다. 르메이는 최근까지도 핵 비밀의 공유자가 아니었다. 그는 그저 초보적인 사항들만 알고 있을 뿐이었다. 이런 무기가 존재하고 곧 사용될 것이라는 정도다.

르메이는 권한 내에서 이를 자신의 작전장교인 윌리엄 블랑셔드 William Blanchard 대령에게 이야기했고, 티베츠의 생각에 블랑셔드가 문제를 일으킨 것이다. 그는 똑똑하고 야심 찬 사람이며 매우 정치적이어서 원자폭탄이 성공할 경우 방금 태평양에 도착한 정체불명의 부대가 전쟁을 끝냈다는 영예를 차지할 것임을 알았을 것이다. 블랑셔드는 그 영광의 일부를 자신과 자신의 부하들이 차지하고 싶어 했다.

블랑셔드가 몰랐던 것은 무기를 투하하는 기술이었다. 몇 달 동안의 훈련을 통해 개발한 것이다. 티베츠에게는 르메이 휘하의 그 누구보다도 월등하게 이 특수한 임무에 숙달된 열여덟 명의 조종사가 있었다.

티베츠는 르메이의 윗선에 직접 이야기할 수 있었고, 아마도 그렇게 한다면 일은 그 자리에서 끝났을 것이다. 그러나 티베츠는 자신이 장군과 직접 맞부딪치기로 결정했다. 티베츠는 르메이에게 빼앗길 생각이 없었다. 그는 르메이의 사무실로 성큼성큼 들어가 소문이 사실이냐고 물었다. 르메이는 인정했다.

티베츠는 자신만만한 젊은 장교 시절에는 이런 경우 목소리를 높이고 화를 냈을 것이다. 그러나 흐르는 시간 속에서 그는 어떻게 하는 것이 더 나은지를 배웠다. 그는 숨을 깊이 쉬고는 "정중하면서도 단호하게" 말했다. 이 임무는 자신이 맡겠노라고. 제509부대는 처음부터 의도했던 대로 작전에 나서도록 허락돼야 한다. 르메이 장군 휘하의 누군가가 자신의 능력을 확인하고 싶다면 기꺼이 훈련 비행에 끼워줄 것이다.

카운트다운: 16일

7월 21일, 티니안섬

다음 날 블랑셔드가 티베츠 부대에 파견돼, 아직 일본의 수중에 있던 인근 로타섬으로의 훈련 비행에 합류했다. 그들은 그곳 비행장에 호박 폭탄을 떨어뜨릴 계획이었다. 블랑셔드는 벨트를 맸다. 티베츠는 엔진을 작동하고 그의 정예 팀에게 '출발' 신호를 보냈다. 티베츠가 조종석에, 로버트 루이스는 부조종석에 앉았다. 그들은 블랑셔드에게 평생 잊지 못할 비행을 체험하게 해주었다.

B-29는 항법사인 '더치' 밴커크가 계산한 정확한 시각에 목표 지점 상공에 도착했다. 페어비가 폭탄을 떨어뜨렸고, 그것은 정확히 목표물에 떨어졌다. 그 순간 티베츠는 비행기를 몰아 털이 쭈뼛 설 155도 회전을 했다. 티베츠가 알기에 이것은 비밀 임무에서 폭발 바람으로부터 벗어나기 위해 사용해야 하는 기술이었다. 블랑셔드는 관성력이 자신의 몸을 자리에 꽂아 넣는 듯해 거의 마비가 왔다. 그의 얼굴은 하얗게 질렸다. 그가 헉 하며 말했다.

"이제 됐소. 더 이상 필요 없어요."

티베츠가 말했다.

"우린 아직 안 끝났는데."

티베츠는 덤으로 대령에게 업그레이드한 비행기가 어떤 것인지를 생각할 수 있게 해주었다. 영화 촬영장의 곡예 운전자 같은 모습이었다. 이런 묘기를 부렸음에도 불구하고 B-29는 밴커크가 말한 시간에서 오차 15초 이내로 티니안섬으로 돌아왔다. 블랑셔드는 문이 열리자마자 비행기를 뛰쳐나갔다.

티베츠는 그나 르메이로부터 제509부대의 자격에 대해 아무런 말도 더 듣지 못했다.

그런데 비저는? 그는 수그러들지 않았다. 티베츠는 비저가 독일 상공에 전투 임무를 띠고 나가기 위해 입대했다는 것을 알고 있었다. 그는 자신의 이야기를 수도 없이 많은 사람들에게 수도 없이 여러 번 했다. 그러나 그는 여태껏 전투 임무로 비행에 나선 적이 한 번도 없었다. 비저는 울부짖었다.

"폴, 내가 원하는 것은 딱 이 한 번의 작전이에요. 어떻게 생겼는가 보게!"

티베츠는 딱 잘랐다. 그는 침대에서 튀어 일어났다.

"제기랄, 비저 중위, 내가 안 된다고 하면 안 되는 거야. 자, 당장 내 방에서 나가 일 봐. 다음번에 또 이런 부탁을 하려거든 자네가 티베츠 대령 해. 알았어?"[3]

비저는 휙 돌아서 막사에서 튀어나갔다.

곧 기지에 이런 소문이 퍼졌다.

"영감이 미친 듯이 날뛰었다네."[4]

카운트다운: 16일

7월 21일, 티니안섬

카운트다운

13일

7월 24일, 독일 포츠담

해리 트루먼에게는 시간이 없었다. 포츠담에 온 지 열흘째 되는 날 아침이었고, 그는 원자폭탄을 쓰고자 한다면 곧 결정을 내려야 한다는 사실을 알고 있었다. 군부는 대통령의 명령이 없으면 앞으로 나아갈 수 없었다. 그러나 그는 당면한 역사적 결정을 놓고 아직 허우적거리고 있었다.

9시 조금 뒤에 스팀슨 군사부 장관이 '작은 백악관'에 도착했고, 2층 대통령 집무실로 안내됐다. 그는 워싱턴에서 온 암호 메시지를 가지고 있었다.

극비: 긴급 수술

군사 36792 해리슨으로부터의 군사부 장관 친전 극비 보고

수술은 8월 1일 이후 환자의 준비 상태와 환경 조건에 따라 언제든 가능할 듯함. 환자의 관점에서만 보면 8월 1~3일이 조금 좋고 8월 4~5일이 아주 좋음. 예기치 못한 재발을 막는 것은 8월 10일 이전에 거의 확실함.

트루먼은 이 메시지가 무엇을 의미하는지 알았다. 폭탄은 8일 안에 일본을 상대로 사용할 준비가 된다. 그들이 기다리던 소식이었다. 그러나 트루먼은 자신이 아직 일본에 경고를 보내는 문제를 생각하고 있다고 스팀슨에게 말했다. 모든 것(비행 요원들, 과학, 1942년 루스벨트가 맨해튼 사업을 승인한 이래 투입된 수많은 인력과 시간, 수십억 달러의 돈)이 준비된 이 늦은 시점에도 트루먼은 여전히 일본에 항복할 마지막 기회를 주고 싶어 했다.

사흘 전, 트루먼은 '작은 백악관'에서 스팀슨으로부터 또 다른 보고를 받았다. 그로브스 장군에게서 온 것이었다. 1주 전에 실시된 폭탄 시험의 전모를 설명하는 첫 보고였다. 대통령에게 전달되기까지 그렇게 오랜 시간이 걸린 것은 그로브스가 이를 전문으로 보내기를 거부하고, 이 보고를 비행기에 실어 대서양을 건너 인편으로 보냈기 때문이다.

트루먼은 스팀슨이 자신과 번스 국무부 장관에게 보고서를 크게 읽어주는 것을 들었다. 보고서는 한 행씩 띄운 상태로 14쪽에 달했다. 스팀슨은 매우 흥분해 계속 말을 더듬거렸다. 그가 그것을 다 읽는 데 한 시간 가까이나 걸렸다.[1]

그로브스의 보고는 시험이 모두의 예상을 뛰어넘었다고 말했다.

역사상 처음으로 핵 폭발이 있었습니다. 정말 대단한 폭발이었습니다! (…) 저는 생성된 에너지가 TNT 1만 5천에서 2만 톤 상당을 넘을 것으로 추산합니다.

카운트다운: 13일

7월 24일, 독일 포츠담

그러나 가장 관심을 사로잡았던 것은 폭발에 대한 물리적 묘사였다.

잠시 동안 반경 30킬로미터 안의 지역에 한낮의 태양 몇 개에 해당하는 조명 효과가 있었습니다. 커다란 불덩어리가 형성돼 몇 초 동안 지속됐습니다. (…) 폭발로 인한 빛은 앨버커키, 샌타페이, 실버시티, 엘패소 등 약 300킬로미터 떨어진 곳에서도 분명히 볼 수 있었습니다. (…) 거대한 구름이 형성됐는데, 그것은 엄청난 힘으로 위로 솟구쳐 피어올랐으며 12킬로미터 높이의 아성층권亞成層圈에 도달했습니다.

그로브스는 이것이 일본과의 전쟁에 어떤 의미를 갖는지에 관해 부책임자이자 현장 작전팀장이었던 토머스 패럴 장군의 말을 인용했다.

우리는 이제 빠른 종결을 보장하고 수천 명의 미국인의 생명을 구할 수 있는 수단을 가지게 됐습니다.

스팀슨이 보고서를 다 읽었을 때 대통령은 "완전히 새로운 자신감"[2]을 느꼈다.

스팀슨은 다음 날 그로브스의 보고서를 처칠에게 가지고 갔다. 총리는 흉내 낼 수 없는 역사와 연극에 대한 감각을 뽐내며 이런 반응을 보였다.

"스팀슨, 화약이 뭐요? 하찮은 것이오. 전기가 뭐요? 무의미해요. 원자폭탄은 분노의 재림再臨이오."

그러나 폭탄이 트루먼에게 전쟁을 자신의 방식대로 끝낼 수 있다는 더 큰 자신감을 주었지만, 그는 계속해서 그것을 사용하지 않기를 바랐다. 그는 여전히 출구를 찾고 있었다. 그리고 그것은 신중하게 고른 말로 이루어진, 일본에 대한 최후통첩의 형태로 나타나게 된다. 일본과 전쟁을 하고 있는 미국, 영국, 중국 세 나라가 포츠담 선언으로 발표하는 것이다.

이 문서는 여전히 일본의 무조건 항복을 요구했다. 그리고 원자폭탄을 언급하지는 않았지만 이 선언은 이런 위협을 가하고 있다.

우리의 결의의 뒷받침을 받고 우리의 군사적 능력을 총동원한다면 일본 군대는 틀림없이 완전히 파괴될 것입니다. 그와 마찬가지로 일본 본토 역시 완전히 파괴될 것입니다.

다시 한 번 스팀슨은 '무조건 항복' 요구를 포기하도록 트루먼을 설득하려 했다. 그는 일본이 이 선언을 자기네가 천황을 포기해야 한다는 이야기로 읽을 것이라고 말했다. 그는 표현을 좀 더 모호한 것으로 바꾸길 원했다. 연합국은 "일본이 저항을 멈출 때까지 일본과의 전쟁을 계속"[3]할 것이라는 정도로 말이다. 천황에 대해서는 애매한 상태로 두는 것이다.

그러나 번스 장관은 반대했다. 그는 트루먼이 대통령 자리를 이어받은 지 나흘 만에 의회에서 한 첫 연설에서 '무조건 항복'이 미국의 정책이라고 재확인했음을 상기시켰다. 이런 조건에 따라 나치가 항복한 것이다. 일본과 천황에 대한 미국의 여론은 여전히 뜨거웠다.

카운트다운: 13일

7월 24일, 독일 포츠담

신문에는 적의 잔학 행위에 관한 기사가 넘쳐났다. 5월에 눈을 가린 미군 전쟁 포로가 무릎을 꿇고 등 뒤로 손을 묶인 채 일본 병사의 참수를 기다리고 있는 모습의 사진이 널리 유포됐다.

6월의 한 갤럽 여론 조사에서는 미국인 가운데 7퍼센트만이 천황이 그 자리를 지켜야 한다는 데 찬성했다. 꼭두각시일지라도 말이다. 응답자의 3분의 1은 그가 전범으로 처형되기를 원했다. 무조건 항복은 진주만 피격 이후 일관된 요구였다. 그 이외의 다른 어떤 것도 유화책으로 보였다.

트루먼 대통령은 최후통첩을 일본에 보내기 전에 중국에 보여 동의를 얻을 필요가 있었다. 일본은 인류 역사에 일찍이 없었던 종류의 파괴를 피할 단 한 번의 마지막 기회를 얻게 되는 것이다.

트루먼은 불안했지만 폭탄을 떨어뜨려야 한다는 것을 알고 있었다. 맨해튼 사업은 전쟁을 끝낼 수 있는 무기를 제공했다. 그리고 일본은 얼마나 엄청난 손실을 입든 상관없이 항복을 거부했다. 그들은 그에게 선택의 여지를 주지 않았다.

그러나 그렇다고 해서 그가 결정을 내리는 데 덜 고통스러워지는 것은 아니었다. 다음 날 그가 쓴 일기를 보면 그는 자신의 선택이 얼마나 중요한지 이해하고 있었음을 알 수 있다.

"우리는 세계 역사상 가장 무시무시한 폭탄을 찾아냈다. 그것은 노아와 그의 전설적인 방주 이후, 유프라테스강 유역 시대에 예언된 불의 파괴일 것이다."[4]

그러나 그것은 잠 못 이루는 기나긴 밤에 해본 생각일 뿐이었다.

7월 24일 아침으로 돌아가자. 총사령관 트루먼은 '작은 백악관'의 집무실에 앉아 작전 구상을 하고 있었다. 그는 나중에 이렇게 회상했다.

이 무기는 지금부터 8월 10일 사이에 일본을 대상으로 사용될 것이다. 나는 군사부 장관 스팀슨 씨에게 말했다. 그것을 군사적 목표물과 육·해군 병사를 대상으로 하며 여자들과 아이들은 제외할 수 있도록 하라고 말이다. 일본 애들이 야만스럽고 잔인하고 무자비하고 광적이라 해도 세계의 지도자인 우리는 공통의 행복을 위해 이 폭탄을 옛 수도나 새 수도(교토와 도쿄를 말한다―옮긴이)에 떨어뜨릴 수 없다.[5]

11시 30분, 처칠과 영국 군부 인사들이 숙소 식당으로 왔다. 미국과 영국 두 나라 합동참모본부의 회의를 위해서였다. 아마도 트루먼은 아직도 폭탄을 떨어뜨리는 일에 대해 의구심을 가지고 있는 듯했다. 그가 들은 얘기는 모두 결정을 밀고 나가라는 것뿐이었다.

트루먼은 다시 한 번 육군 원수 조지 마셜을 향했다. 대통령은 일본을 그들의 본토에서 섬멸하려면 어떠한 희생을 치러야 하는가에 대한 최신 추산을 물었다. 마셜은 자기네가 방금 치른 오키나와에서의 피비린내 나는 작전을 다시 이야기했다. 거기서 미군은 10만 명 이상의 일본군을 죽였지만 항복한 사람은 단 한 명도 없었다. 마셜은 일본의 민간인들조차도 포로가 되기보다 자살을 택했다고 말했다.

일본 도시들에 대한 미군의 폭격 역시 마찬가지였다. 미군은 하룻밤에 도쿄에서 10만 명 이상을 죽인 일이 있는데, 이에 대해 마셜은 이렇게 말했다.

카운트다운: 13일

7월 24일, 독일 포츠담

"그것은 보아하니 아무런 효과도 없었던 것 같습니다. 물론 일본의 도시들은 파괴했지만, 그들의 사기에는 전혀 영향을 미치지 못했습니다."

마셜은 일본에 "충격을 주어 움직이게"[6] 할 필요가 있다고 트루먼에게 말했다. 적에게 충격을 주는 방법 가운데 하나는 일본 본토를 침공하는 일이 될 것이다. 마셜은 여기에 미군 사상자 25만 명에서 100만 명이라는 "희생"이 필요할 것이라고 말했다. 일본 쪽도 비슷한 손실을 입을 것이다. 그곳에 있던 다른 군 지휘관들도 마셜의 추산에 동의했다. 목표는 1946년 11월까지 전쟁을 끝내는 것이라고 그들은 말했다.

거기서 트루먼은 다른 가능성 쪽을 향했다. 그는 스팀슨에게 일본의 도시들 중 어느 도시가 군수품 생산에만 집중하고 있느냐고 물었다. 장관은 명단을 죽 이야기했고, 히로시마와 나가사키도 들어 있었다. 트루먼은 방에 있는 사람들에게 자신은 결정했다고 말했다. 원자폭탄을 사용할 것이다. 그는 이 문제를 "길고도 꼼꼼하게 생각"했으며, "이 무기를 좋아하지 않는다"고 말했다. 그러나 이 무기가 작동된다면 자신은 불가피하게 그것을 사용해야 한다고 느꼈다.

그리고 그것을 사용하지 않을 경우의 대가는 섬뜩했다. 미군이 일본 본토에 더 가까이 다가갈수록 적들은 더 격렬하게 싸웠다. 트루먼이 취임한 이후 석 달 동안 태평양에서의 미군 사상자 수는 이전 3년 동안의 전쟁에서 나온 사상자 수의 절반에 육박한다. 단 하나의 일본군 부대도 항복하지 않았다. 게다가 적의 본토에서는 침공과 가장 치열한 전투에 대비한 동원이 이루어지고 있었다. 일본은 그곳에 200만 명 이상의 병력을 배치했다. 그리고 모든 민간인이 무장을 하고 전투 훈련을 받고 있었다.

트루먼은 나중에 이렇게 말했다.

"20만~30만 명의 꽃다운 젊은이들은 일본의 도시 몇 개의 가치가 있다는 생각이 들었습니다."[7]

이제 결정이 내려졌으므로 대통령은 더 이상 미룰 수 없었다. 그는 스탈린에게 맨해튼 사업과 새로운 초강력 무기의 존재에 관해 말해줄 필요가 있었다. 오후 7시 30분, 트루먼은 궁전에서 그날 회의를 마친 뒤 소련 대표단 쪽으로 걸어가 러시아어 통역을 통해 스탈린에게 말했다. 그는 별도의 만남을 요청하지 않았다. 그는 스탈린에게 "심상하게" 말했다. 미국은 이례적인 파괴력을 가진 새로운 무기를 갖게 됐다고.

트루먼은 마음을 다잡았다. 그는 스탈린이 어떻게 나올지 알 수 없었다. 그가 화를 낼까? 미국이 대형 연구·개발 사업을 추진해 파괴력이 엄청난 새 폭탄을 개발하면서 몇 년 동안 이를 동맹국에 숨겼다고?

스탈린은 그런 소식을 듣게 돼 기쁘며 미국이 "그것을 일본을 상대로 잘 사용"하기를 바란다고 말했다.

그뿐이었다. 그 무기의 특징에 대한 질문은 전혀 없었다. 소련과 그것을 공유하는 문제에 대한 얘기도 없었다. 미국과 영국 관리들은 충격을 받았다. 미국의 통역관은 트루먼의 말이 제대로 전달됐는지 완전히 확신할 수 없었다.

나중에 처칠이 트루먼에게 가서 물었다.

"어땠습니까?"

대통령이 대답했다.

카운트다운: 13일

7월 24일, 독일 포츠담

"물어보질 않는군요."

그러나 스탈린은 관심이 있었다. 그저 놀라지 않았을 뿐이다. 소련은 3년 동안 독자적인 연구를 해왔다. 그리고 그들은 맨해튼 사업 내부에 스파이를 심어두고 있었다. 로스앨러모스에 있는 클라우스 푹스 Klaus Fuchs라는 독일 출생의 물리학자가 소련에 귀중한 정보를 제공했다.

푹스는 여러 해 동안 공산주의자였다. 그의 가족이 제3제국에 대해 반대 발언을 한 이후다(그의 아버지는 강제수용소로 보내졌고, 어머니는 압박을 받아 자살했다). 푹스는 독일 공산당에 입당했다. 그들이 효과적으로 나치에 맞설 수 있는 유일한 세력이라고 생각했기 때문이다. 푹스는 결국 독일을 떠나 영국에서 물리학 박사 과정을 마쳤다. 1942년 그는 몇몇 다른 영국 과학자들과 함께 뉴욕으로 가서 컬럼비아대학에서 맨해튼 사업 팀과 일을 했다. 거기서 그는 레이먼드라는 이름의 공산당원과 만났다. 소련 스파이의 가이드였다.

푹스는 1944년 로스앨러모스에서 일하기 시작했다. 1945년 6월 2일(트루먼이 스탈린에게 이 무기에 대해 이야기하기 6주 전이다), 푹스는 샌타페이에서 레이먼드를 만났다. 푹스는 자기 차에 앉아 서류 가방을 열고 레이먼드에게 봉투를 건네주었다. 플루토늄 코어, 기폭약, 폭발력 높은 유도 장치 등 '뚱보'에 관한 기밀 사항들이 잔뜩 담긴 것이었다. 그는 원자폭탄 자체에 대한 스케치까지 집어넣었다. 로스앨러모스의 미국 과학자들은 푹스를 환영했지만, 그는 공산주의 대의의 진정한 신봉자였다. 그는 소련에 충성했지 미국에 충성한 것이 아니었다.

스탈린이 트루먼의 귀띔에 대해 무관심한 것처럼 보였지만, 소련

대표단의 한 사람은 그날 밤 스탈린과 뱌체슬라프 몰로토프 외무부 장관이 이에 대해 의논하는 것을 들었다. 몰로토프는 소련도 폭탄 개발에 "박차를 가해야" 할 때라고 말했다. 나중에 한 역사가는 이렇게 썼다.

"20세기의 핵 무장 경쟁은 1945년 7월 24일 오후 7시 30분 체칠리엔호프 궁전에서 시작됐다."[8]

카운트다운

12일

7월 25일, 미국 로스앨러모스

그들은 앨라모고도에서의 트리니티 시험 소식을 듣고 로스앨러모스 거리에서 잔치를 벌였다. 술이 넘쳐나고 북을 두드려댔으며, 과학자들과 기술자들이 그 엄청난 첫날 진종일 춤을 추었다.

시간이 지나자 목격자들은 그날 아침 사막에서 보고 느낀 것을 흥분에 차서 이야기했다. 갑작스러운 섬광, 타는 듯이 밝은 빛, 이어지는 거대한 불덩어리. 그 불덩어리는 점점 커지면서 노란색에서 주황색으로, 다시 붉은색으로 변해갔다. 버섯 모양의 구름이 하늘로 수 킬로미터나 치솟았다. 엄청난 폭발에 이어 인공 천둥의 굉음이 몇 킬로미터 밖에서까지 들렸다.

과학자, 기술자, 군인 모두가 너무도 오랫동안 너무도 열심히 일해왔다. 그들은 그 이야기를 해야 했다. 이때는 중요한 시기였고, 그들은 너무도 경이로운 것을 보았다. 그들이 시대의 천재라고 생각했던 오펜하이머의 인도 아래 그들은 자기네의 노력을 묶어 우주의 비밀을 풀어냈다.

이윽고 도취감이 사그라졌다.

일부 과학자들은 냉혹한 진실과 맞닥뜨리기 시작했다. 그들은 대량 파괴를 위한 수단을 만들어냈다. 틀림없이 그들이 그렇게 열심히 만든 무기는 곧 남자와 여자, 아이로 가득한 일본의 도시 하나를 잿더미로 만들 것이다.

로스앨러모스에서 업무 강도가 약해졌다. 과학자들은 핵무기 사용의 도덕성에 대해 공개적으로 토론하기 시작했다. 이 핵무기를 위한 전용 장약 개발을 도운 화학자 키스탸콥스키는 이 새로운 폭탄이, 이어지고 있는 일본 도시들에 대한 폭격보다 더 나쁜 것은 아니라고 말했다. 또 어떤 사람들은 그것이 일종의 교환이라고 말했다. 일본 국민들은 죽을 것이지만 이에 따라 연합군 병사라는 또 다른 국민들은 죽지 않아도 된다는 것이다.

물리학자 로버트 윌슨Robert Wilson은 특히 어려운 시기를 보냈다. 그는 동료에게 이렇게 말했다.

"우리가 만든 것은 끔찍한 거였어."[1]

또 어떤 사람들은 도덕적 입장을 취하기까지 그렇게 오랜 시간이 걸린 데 대해 죄의식을 느꼈다. 그들은 실라르드나 프랑크와 이야기를 했어야 했다. 어떤 사람들은 먼저 일본에게 경고하지 않은 채 원자폭탄을 사용하지 말도록 군 지도자들을 설득할 시간이 아직 있다고 생각했다.

오펜하이머는 삶의 거의 대부분을 우울증에 시달렸다. 그는 익숙한 어둠이 다가오고 있다고 생각했다. 오펜하이머는 군부 지도자들과 일본의 목표 도시들에 대한 세부적인 논의를 하는 회의실에서, 폭발이 일어난 곳의 아래 지상에서 무슨 일이 일어날지, 도시 지역과 그 주변에서 어떻게 대학살이 전개될지 상상했다.

그의 비서 앤 윌슨Anne Wilson은 변화를 보았다. 오펜하이머가 이렇게 중얼거리며 집에서 '전문가 구역'으로 걸어가는 모습을 보았다.

"불쌍한 서민들. 불쌍한 서민들."[2]

비서는 그것이 무슨 뜻인지 알았다.

그러나 어떻든 오펜하이머는 자신의 나중 생각을 배제할 수 있었다. 그는 폭발이 일본에 최대의 심리적 효과를 줄 수 있도록 확실히 하기 위해 그로브스와 계속 일했다. 히로시마 폭격을 책임진 두 장교인 토머스 패럴 장군과 존 모이나한John Moynahan 대령에게는 일련의 지침을 주었다.

오펜하이머는 이렇게 썼다.

구름 위에서나 흐린 하늘에서 폭탄을 투하하지 말 것. 목표물을 봐야 함. (…) 물론 비가 내리거나 안개가 끼었을 때 투하하면 안 됨.
너무 높은 곳에서 폭발시키지 말게 할 것. (…) 그러지 않으면 목표물은 큰 타격을 입지 않게 됨.[3]

오펜하이머의 야수성이 거의 발현되고 있었다. 프랑켄슈타인 박사와 달리 지금 그것을 깰 방도는 없었다. 그는 단지 손상을 입지 않으려고 애쓸 수 있을 뿐이었다.

독일 포츠담

해리 트루먼은 결정을 내리는 자신의 능력을 자부하고 있었다. 그러나 이런 결정을 내려야 하는 상황에 처했던 사람은 이전에 아무도 없었다. 트루먼조차도 지금 끙끙대고 있었다. 그는 바벨스베르크에 있는 '작은 백악관'에서 잠을 제대로 이루지 못했다. 아마도 수그러들 줄 모르는 열기 때문이거나 낯선 환경 탓이었을 것이다. 아마도 그것 때문은 아니었을 것이다.

그는 가족이 그리웠다. 아내와 한 번 통화를 한 후 그는 "회담을 깨버리고 집으로 돌아갈 이유를 짜내려 애쓰고" 있다고 썼다. 그는 아내와 딸 마거릿이 편지를 자주 하지 않는다고 불평을 했다. 그는 아내에게 "아빠가 아직 글을 읽을 만하다고 그 아가씨에게 말해달라"고 썼다. 한번은 "아기에게 뽀뽀해"[4] 주라고 아내에게 쓰기도 했다. 당시 마거릿은 스물한 살이었다.

그는 아내로부터 연락을 받으면 무척 즐거워했다.

"당신이 좋아하는 모자는 전부 이상해."

그는 아내의 편지 하나에 이렇게 대꾸했다. 그러나 그런 좋은 기분은 오래가지 않았다. 트루먼은 회담 기간 동안 심한 두통을 호소했다. 그는 평생에 걸쳐 심한 압박감을 받을 때는 그런 증상을 겪곤 했다.

선택은 뻔했을지도 모른다. 마셜 장군은 미국이 일본 본토를 침공할 경우 엄청난 사상자가 발생할 것이라는 예상을 내놓았다. 전쟁을 1년 이상 더 해야 하고, 수십만 명의 미국인이 죽거나 다치게 된다. 그러나 첫 원자폭탄을 떨어뜨리면 일본의 한 도시 전체가 파괴되고 수만 명의 민간인이 희생된다. 더 큰 문제는 그것이 인류를 파괴하는 새로운 무기를 도입하는 것이라는 점이다. 트루먼은 그 중요성을 알고 있었다. 그는 그날 일기에 이렇게 썼다.

"우리는 세계 역사상 가장 무시무시한 폭탄을 개발했다."

트루먼 대통령은 그렇게 엄청난 혼란을 느꼈음에도 불구하고 스팀슨 장관에게 진행하라고 말했다. 엄청난 결정이 관료적 언어로 단순화된 것이다.

극비 지시가 핵심 군사 지도자들에게 전해졌다. 미국 육군 전략항공군 사령관 칼 스파츠Carl Spaatz 장군, 태평양 미 육군 사령관 더글러스 맥아더 장군, 미군 태평양 함대 사령관 체스터 니미츠 제독 등이었다.

제20항공대 제509부대가 1945년 8월 3일경 이후 날씨가 가시 폭격이 가능해지는 대로 곧 그 특수 폭탄을 히로시마, 고쿠라, 니가타, 나가사키 등 네 개의 목표물 중 한 곳에 투하할 것이다. 이 폭탄의 효과를 관찰하고 기록하기 위한 군사부의 군 및 민간 과학 요원들을 수송하기 위해 또 다른 비행기가 폭탄을 실은 비행기와 동행할 것이다. 관찰 비행기들은 폭탄의 타격 지점에서 몇 킬로미터 떨어진 곳에 머물 것이다.

트루먼은 첫 번째 원자폭탄으로 전쟁을 끝내지 못할 경우 무기고에 하나가 더 있음을 알고 있었다. 두 번째 것은 우라늄 대신 플루토늄을 연료로 쓰는 것이었다. 파괴력이 더 크다는 말이다.

어쩌면 이때까지도 트루먼은 폭탄을 사용하지 않게 될 가능성이 있다고 생각했을는지 모른다. 일본이 항복할지도 모른다. 그것이, 전날 전문으로 중국에 있는 미국 외교관들에게 보낸 포츠담 선언 초안을 그들이 그때까지 받지 못하고 있다는 것을 알았을 때 트루먼이 그렇게 화를 낸 이유를 설명해줄 것이다. 그리고 그들이 결국 그 최후통첩을 손에 넣었지만 그것을 일본에 보내기 전에 동의를 받아야 할 중국 지도자 장제스蔣介石를 찾아내지 못했을 때도 마찬가지였다.

이 모든 것은 대통령의 마음속에 있었다. 그는 일기에 이렇게 썼다.

우리는 일본 애들에게 항복해서 목숨을 구하라고 요구하는 경고 성명을 발표할 것이다. 나는 그들이 그렇게 하지 않을 것이라고 확신하지만, 우리는 그들에게 기회를 줄 것이다. 히틀러의 패거리나 스탈린의 패거리들이 원자폭탄을 개발하지 않는 것이 세계를 위해 분명히 좋은 일이다. 이것은 지금까지 개발된 것 가운데 가장 무시무시한 것으로 보이지만, 그것은 가장 유용하게 쓰일 수 있다.[5]

트루먼은 다시 한 번 '무시무시한'이라는 말을 썼다.

그날 아침 회담에서는 더욱 극적인 일이 있었다. 처칠은 3주 전 치러진 총선거 결과를 듣기 위해 런던으로 돌아갈 필요가 있었다. 이 대단한 총리는 걱정하고 있었다. 그는 전날 밤 꿈을 꾸었고, 그 이야기를 주치의에게 해주었다.

"나는 죽는 꿈을 꾸었네. 내 시신이 빈방의 탁자 위에 있고 흰 종이에 덮여 있는 것을 보았어. 너무도 생생하게 말이야. 나는 내 맨발이 종이 밖으로 튀어나온 것을 봤지. 실물과 거의 똑같았어."

카운트다운: 12일

7월 25일, 미국 로스앨러모스

처칠은 스스로 해몽을 했다.

"아마도 끝난 것 같아."[6]

그러나 처칠이 걱정했듯이, 그의 뒤를 이어받을 가능성이 있는 노동당 지도자 클레멘트 애틀리 역시 걱정을 했다. 그는 처음부터 영국 대표단의 일원으로 들어가 있었다. 애틀리는 소심한 인물이었다. 대머리에 손질한 콧수염, 둥근 안경을 썼다. 그는 독일 여름의 무더위에도 스리피스 정장을 입었다. 처칠은 이 자신의 맞수를 "양의 탈을 쓴 양"으로 즐겨 불렀다. 스탈린은 회담에서 그를 만나본 뒤 이렇게 말했다.

"애틀리 씨는 내가 보기에 권력에 굶주린 사람처럼 보이지 않습니다."

회의를 끝내면서 세 거두는 사진을 찍기 위해 궁전 밖에 섰다. 그것이 마지막 사진이 됐다. 트루먼은 가운데 자리를 잡았고, 팔짱을 끼었다. 나머지 두 상대와 악수를 할 수 있도록 하기 위해서다. 세 사람은 모두 스틸 및 동영상 카메라맨들을 위해 미소를 지으면서 자신의 감정을 숨겼다.

트루먼은 데이비스 전 대사와 함께 차를 타고 숙소로 돌아왔다. 회담은 잘 진행되지 않았다. 스탈린은 전후 유럽의 진로를 어떻게 잡을 것인지에 대해 어떠한 타협에도 동의하려 하지 않았다.

그러나 그것은 트루먼의 마음속에 있는 여러 가지 일들 가운데 하나에 불과했다. 그는 압박을 받았고 기진맥진했다. 그리고 이제 그는 포츠담에서 진전이 없는 데 대해 의회가 어떻게 반응할지를 걱정했다. 그는 자신이 처음으로 국제 무대에서 펼친 외교에 대해 하원과 상원이 지지를 하지 않는다면 대통령 자리에서 물러나는 것을 고려하고 있다고 데이비스에게 말했다.

단지 회담 때문일까? 아니면 태평양에서의 전쟁을 어떻게 끝낼지에 관해 내린 결정을 둘러싼 혼란 때문일까? 조심스럽게 밝은 분위기를 조성하기 위해 데이비스는 대통령에게, 그는 "심사숙고할 필요가 있다"[7]라고 말했다.

카운트다운: 12일

7월 25일, 미국 로스앨러모스

카운트다운

11일

7월 26일, 티니안섬

제임스 놀런James Nolan 대위와 로버트 퍼먼Robert Furman 소령은 미국 해군의 인디애나폴리스호에 녹아든 적이 없었다. 그들은 샌프란시스코에서부터 무려 열흘 동안 1만 5천 킬로미터를 주파하고 있었다. 일본의 잠수함이 우글거리는 바다를 항해하면서 그들은 의사와 기술자가 아닌 척했다. 그들은 교대로 내부 격벽에 용접해놓은 이상한 동이 모양의 통이 있는 한 객실을 드나들었다.

납을 입힌 용기 안에 무엇이 들었는지 아는 사람은 놀런과 퍼먼뿐이었다. 그들이 받은 명령은 간단했다. 24시간 둘 중 누구 하나는 이것을 지켜야 한다는 것. 그 안에는 3억 달러 상당의 무기급 우라늄-235가 들어 있었다. 전투 준비가 된 미국의 첫 번째 원자폭탄의 연료로 쓰이게 되는 것이었다.

승무원들은 이 알 수 없는 화물의 내용에 대해 자세히 알지 못했지만, 그것이 중요한 물건이라는 점은 분명했다. 그들은 엄격한 지시를 받고 있었다. 인디애나폴리스호가 침몰하기 시작하면, 심지어 살길을 찾기에 앞서 이 통을 뗏목에 실어 떠내려 보내야 했다. 절대 비밀을

미국 해군 함정 인디애나폴리스호의 1944년 모습

지키기 위해 이 오래된 순양함은 다른 어떤 배나 항공기로부터도 고립돼 홀로 여행했다.

순양함은 잠수함을 수색할 수 있도록 설계된 것이 아니었고(그것은 구축함의 몫이었다), 인디애나폴리스호는 수중 음파 탐지기를 탑재하지 않아 기습 공격에 더욱 취약했다.

놀런과 퍼먼은 보안 요원 같지 않았다. 놀런은 방사선과 및 산부인과 전문의였다. 그는 1942년에 입대해 맨해튼 사업에 투입됐다. 로스앨러모스에 영내 병원을 세웠고, 거기서 수십 명의 아기를 받아냈다. 오펜하이머의 딸도 있었다. 시간이 지나면서 그는 또 하나의 역할을 맡았다. 방사능이 인간의 건강에 미치는 영향을 측정하고 이해하는 것이었다.

프린스턴대학 졸업생인 퍼먼은 펜타곤에서 그로브스 장군과 가깝게 일한 기술자였다. 그로브스는 나중에 그를 맨해튼 사업의 해외 정보 책임자로 임명했다. 그는 나치가 원자폭탄을 만들기 위해 어느 정도까지 노력하고 있는지를 염탐하는 스파이 대장이었다. 그는 독일 과학자들을 납치하고 우라늄 광석 은닉처를 찾아내는 잔혹한 첩보 임무를 도왔다. 한번은 특공대를 이끌고 벨기에로 갔고, 거기서 그들은 독일 저격수들의 총탄이 날아드는 가운데 31톤의 우라늄을 확보했다. 어쨌든 퍼먼은 이 광석을 안전하게 항구까지 가지고 가서 미국으로 실어 보내는 데 성공했다.

이 기묘한 짝꿍은 7월 14일 로스앨러모스에서 만났고, 샌프란시스코까지 가는 동안 재앙에 가까운 여러 사건들을 겪었다. 앨버커키 부근에서 차를 달릴 때는 타이어 하나가 터져 차가 산길 끄트머리 쪽으로 기울어져 달리기도 했다. 그들은 트리니티 시험 성공 소식을 들은 뒤 폭탄을 만드는 이 물질을 가지고 인디애나폴리스호에 탔다. 그들은 육군 포병 장교로 가장해 여행했고, 위장을 유지하느라 애를 먹었다. 배의 승무원들은 금세 의혹을 품었다.

한 해군이 놀런에게 육군에서는 얼마만 한 크기의 포탄을 다루느냐고 물었는데, 그는 대답을 할 수 없었다. 그는 그저 손으로 시늉만 했다. 노먼은 뱃멀미를 했고, 이를 핑계로 항해 기간 대부분을 선실에서 지냈다.

한편 폭탄의 발화 장치를 실은 4.5미터짜리 상자는 갑판에 묶여 무장한 해병대원들의 보호를 받고 있었다. 이 화물에 대한 소문이 돌았다. 이것이 무슨 비밀스러운 무기일까? 놀런과 퍼먼은 누구에게도 얘기하지 않으려 했다. 함장인 찰스 맥베이Charles McVay가 아는 것도 사병들과 그리 다르지 않았다.

항해가 끝나고 인디애나폴리스호는 티니안섬에서 1킬로미터쯤 떨어진 곳에서 닻을 내리고 상자를 갑판에서 들어 올려 상륙정으로 옮겼다. 놀런과 퍼먼은 사다리를 타고 배에서 내려 기다리고 있던 작은 배로 옮겨 탔다. 작은 배가 해안에 닿자 일꾼들이 이미 특송품을 옮길 준비를 하고 기다리고 있었다. 우라늄과 점화 장치가 하역돼 트럭에 실리고 조립식 막사로 옮겨졌다. 거기서 폭탄에 집어넣게 된다.

우라늄의 2차분은 아직 도착하지 않았다. 더 큰 실린더로 발사돼 폭발을 불러일으키는 이른바 탄환이다. 그것은 캘리포니아주 해밀턴 공군 기지에서 B-29에 실려 티니안섬으로 날아왔다. 다른 B-29 두 대도 동시에 출발해 두 번째 폭탄에 들어갈 플루토늄을 수송했다.

비밀 임무에서 자신의 역할을 마친 유서 깊은 인디애나폴리스호는 필리핀으로 향했다. 그곳에는 일본 침공을 위해 전함들이 모여들고 있었다. 그러나 이 순양함은 그곳에 도착하지 못했다. 우라늄을 배달한 지 나흘 뒤 인디애나폴리스호는 일본 잠수함의 어뢰 공격을 받고 태평양 바닥으로 가라앉았다. 승선한 1200명 중 317명만이 살아남았다.

그러는 동안 트루먼과 다른 지도자들에게 충격적인 정치 뉴스가 전해졌다. 처칠이 총선거에서 패배한 것이다. 대영제국의 가장 암울한 시기를 이끈 사람이 더 이상 총리가 아니었다. 클레멘트 애틀리가 영국 정부를 대표하게 됐다. 스탈린은 회담을 며칠 미루었다.

이런 격변에도 불구하고 포츠담 선언은 발표됐다. 일본 지도자들에게 무조건 항복을 하지 않으면 "불가피하고 완전한 파괴"를 맞게 될 것이라고 경고했다.

일본인들에게 그것은 무력 시위로 들렸을 것이다. 그러나 트루먼에게는 자신의 위협을 무시무시한 현실로 바꾸어놓을 무기가 준비돼 있었다.

카운트다운

8일

7월 29일, 티니안섬

동트기 전 어둠에 싸인 노스필드 활주로 ㄲ트머리에서 제509부대의 조종사와 항공 기관사, 항법사, 폭격수 들은 정보 장교가 이날 임무를 상세하게 설명하는 것을 들으며 서 있었다. 일본 본토의 군사적 목표물. 정유 시설. 공장. 대공 포화는 아마도 "보통 이하"일 것이라고 장교는 말했다.

로버트 루이스는 지도를 펴고 그것을 밴커크 쪽으로 슬쩍 넘겨주었다. 그들의 목표는 고리야마郡山의 공업 단지였다. 밴커크는 오늘 임무에서 루이스의 고정 항법사를 밀어냈다. 그것은 노기가 약간 서린 티베츠의 조치일 것이라고 루이스는 생각했다.

루이스는 최근 출격에 초점을 맞추려 애썼지만 그의 생각은 언제나 곧 있을 비밀 작전 쪽으로 돌아갔다. 밴커크와 페어비가 틀림없이 비행기를 탈 것이다. 자신의 부하들이 아니라 말이다. 루이스는 그것이 못마땅했다.

많은 군 조종사들과 마찬가지로 루이스는 미신을 믿고 자기 영역을 주장했다. 기체 아래에 숫자 '82'가 찍힌 B-29는 자신의 비행기였다.

그는 엔진의 우르릉거리는 소리와 더 강력한 연료 분사 장치와 방석 깔린 좌석을 사랑했다. 그는 이 주문 제작된 초공중요새를 오마하의 공장에서 출고된 이래 조종해왔다. 그는 이를 웬도버로, 그리고 티니 안섬으로 몰고 왔다. 그 이후의 훈련과 폭격 임무에도 마찬가지였고, 거의 언제나 같은 사람들과 함께였다. '내가 이것을 길들였다. 티베츠 가 아니다.' 그의 승무원 일부도 그렇게 생각했다.

루이스는 거의 모든 사람과 좋은 관계를 유지했지만, 사병들과 있을 때 가장 편안함을 느꼈다. 그는 "그들과 어울리기 위해 비상한 노력"을 했다고 후미 총수 밥 카론은 회상했다. 때로 루이스는 부하들과 외출을 하게 되면 장교 옷을 벗어버리고 다른 승무원의 옷을 걸치기도 했다.

루이스는 티베츠의 오랜 승무원인 밴커크나 페어비와 깊은 인연을 맺은 적이 없었다. 밴커크는 비슷하게 인정했다. 루이스가 그들과 함께 나가면 그들은 그에게 "독한 술 두세 병"을 사주었다. "그를 보내버리기 위해서"[1]였다. 그들은 그가 너무 건방져서 좋은 지휘 결정을 내리지 못할 것이라고 생각했다.

밴커크는 루이스가 크리스마스 때 무단 이탈 비행으로 고향에 다녀왔을 때 티베츠가 그를 군사 재판에 넘겼어야 한다고 생각했다. 루이스는 "좋은 비행기 조종사"지만 비밀 작전을 위해 그들에게 필요한 것은 지휘관이라고 밴커크는 말했다.

밴커크는 루이스와 사이가 좋지는 않았지만, 항공기 승무원이라면 서로에 대해 어떻게 생각하건 간에 유연성을 지녀야 한다는 것을 알고 있었다. 루이스가 가장 좋아하는 82호기는 정비를 위해 공장에 들어가 있었다. 따라서 루이스와 밴커크는 찰스 스위니 대위의 비행기를 가지고 이 긴 하루의 임무 비행을 하게 됐다. '명인Great Artiste'이라는 별명으로 불린 비행기였다.

지시가 끝났다. 승무원들은 트럭을 타고 각자의 B-29로 갔다. 루이스의 비행기는 줄에서 네 번째, 제임스 홉킨스 소령이 조종하는 '미지의 화물Strange Cargo'이라는 이름의 비행기 바로 뒤에 있었다. 루이스는 조종석에 앉아 '미지의 화물'의 네 엔진이 시동을 걸어 돌아가는 것을 바라보았다. 비행기가 천천히 앞으로 나아갈 때 루이스는 금속 위에서 금속이 갈리는 날카로운 소리를 들었다. '미지의 화물' 아래쪽의 폭탄 투하실 문이 천천히 열렸다. 홉킨스는 비행기를 정지시켰고, 5톤의 폭탄이 활주로에 떨어졌다.

루이스는 숨이 턱 막혔다. 커다란 폭탄이 자신의 B-29 몇 미터 앞 포장도로에 떨어져 있었다. 저게 터지면 수백 미터 안에 있는 모든 것이 사라진다. 좋지 않군. 그는 생각했다.

루이스는 승무원들이 당황하는 것을 원치 않았다. 그는 조용하고 차분하게 앞에서 일어나고 있는 일을 이야기했다. 그는 홉킨스가 무선으로 관제실에 도움을 요청하는 소리를 들었다. 잠시 후 구난차와 구급차가 달려왔다.

소방관들이 어떤 폭발이라도 무력화할 수 있도록 만들어진 거품으로 폭탄을 뒤덮었다. 대원들이 비행기의 배 밑에 짐수레와 윈치크레인을 밀어 넣었다. 그들은 폭탄 둘레를 쇠사슬로 묶고 조금씩 조금씩 들어 올린 뒤 짐수레를 폭탄 밑으로 미끄러뜨렸다. 작은 견인차가 후진해 들어가서 자리를 잡고는 폭탄을 끌고 갔다.

카운트다운: 8일

7월 29일, 티니안섬

관제실에서 나오는 목소리가 무선으로 들렸다.

"상황 종료. 이제 모두 안심해도 됩니다."

그러나 루이스는 소리를 지르며 특유의 대응을 했다.

"종료는 무슨! 우린 비행 임무를 받았다고!"

몇 분 안에 루이스와 그의 부하들은 고리야마를 향해 출발했다. 임무는 늘 그렇듯이 힘이 들었다. 왕복 13시간. 손상을 입지 않았고 죽거나 다친 사람도 없었다. 비행기들이 돌아올 때 티베츠가 활주로에 나와 기다리고 있었고, 그는 루이스를 콕 찍어 환영했다.

티베츠는 방금 괌에서 돌아왔다. 그곳에서 그는 다른 간부들과 함께, 칼 스파츠 장군이 태평양의 미국 전략항공군 사령관에 취임한 것을 축하했다. 스파츠는 계속되고 있는 일본에 대한 폭격을 지휘하고, 더욱 중요하게는 원자폭탄 작전을 지휘하게 된다. 티베츠와 스파츠는 유럽 전투에서부터 서로 알고 지냈다. 당시 티베츠는 스파츠의 지휘 아래 주간 폭격 작전 비행을 했다. 고위 인사들을 전투 지역에 안전하게 태워 갈 사람이 필요해지자 티베츠를 처음으로 그 조종석에 앉힌 사람이 바로 스파츠였다.

티베츠는 아침에 비행장에서 일어난 소동에 대해 들었다. 그는 루이스가 그렇게 가까운 곳에 폭탄이 떨어져 있는 상황에서도 침착함을 유지했다며 기뻐했다. 루이스는 지체없이 말을 붙였다. 그는 자신과 자신의 부하들이 다가올 중요한 작전에 확실하게 포함될 수 있도록 티베츠를 설득해야 했다. 루이스는 이렇게 말했다.

"우리 대원들은 대령님 휘하에서 최고입니다."

티베츠는 그 말이 사실임을 알고 있다고 말했다. 그는 루이스 쪽을 향하고 그의 얼굴을 바라보았다. 그러고는 이렇게 말했다.

"자네는 그 작전에 갈 거야."[2]

티베츠가 역사적인 승무원 구성을 언급한 것은 그때가 처음이었다. 루이스는 얼굴이 벌겋게 달아올랐다. 그는 티베츠의 말이, 그 운명적인 B-29의 조종사가 바로 자신, 루이스일 것이라는 얘기라고 생각했다. 그는 황홀해졌다. 드디어 자신이 티베츠의 호감을 다시 얻었다고 생각했다. B-29 시험 비행 프로그램 시절처럼 말이다.

당시 그들은 서로 농을 하는 사이였다. 티베츠에 따르면 루이스는 "젊고 거친 미혼자"였으며, 어디든 새로운 곳에 가기만 하면 "부근에서 가장 환한 곳으로 가서 여자들을 찾기 시작"했다. 그때 티베츠는 장난스럽게 루이스를 "어린 황소"라고 불렀다. 루이스는 그게 무슨 뜻이냐고 물었다.

티베츠는 겨우내 외양간에 갇혀 있던 어린 황소와 늙은 황소 이야기를 해주었다. 봄이 되자 농부는 그들을 들에 풀어놓았다. 그 아래쪽저 끝에는 암소 떼도 풀어놓았다. 어린 황소는 늙은 황소를 돌아보며 말했다.

"가요! 저리로 달려가서 암소 하나와 어울립시다!"

그러나 현명한 늙은 황소는 이렇게 대답했다.

"애야, 진정 좀 하고 천천히 저리로 걸어가서 저들 모두와 어울리자꾸나."[3]

이 말에 루이스는 웃음을 터뜨렸다.

그때 이후로 루이스는 티베츠를 '늙은 황소'라고 불렀다. 적어도 그들이 티니안섬으로 오기 전까지는.

7월 29일, 티니안섬

그러나 그날 활주로에서 루이스는 잘못 생각했다. 그는 자신이 듣고 싶은 대로만 들었다. 티베츠는 루이스에게 그 비행기의 조종석을 맡길 생각이 없었다. 루이스는 물론 그 작전에 나가기는 한다. 그는 부조종사였다. 티베츠는 누가 조종석에 앉아야 하는지에 대해 추호도 의문을 품은 적이 없었다.

카운트다운
6일

7월 31일, 독일 포츠담

트루먼 대통령은 지금 25일째 워싱턴을 떠나 있었다. 이 시점에서 그가 원하는 것은 오직 하나였다. 포츠담을 떠나 집으로 돌아가는 것. 그는 어느 것이 더 나쁜지 확신할 수 없었다. 정서적 탈진과 정치적 좌절 가운데서.

그는 대서양 횡단 전화로 아내 베스에게 전화를 했다. 이번에도 이 대화는 "엄청난 고향에 대한 그리움"을 남겼다. 그는 미주리에 있는 어머니와 동생에게 편지를 썼다.

"여기서는 또 한 주일이 지나고, 저는 여전히 이 버림받은 나라에 있습니다."[1]

어느 날 저녁, 불만스러운 또 하루의 회의를 마치고 트루먼의 자동차 행렬은 궁전을 떠나려 하고 있었다. 그때 대령 계급장을 단 육군 공보 장교 하나가 대통령의 차에 동승해도 되겠느냐고 물었다. 단둘이 뒷자리에 탄 뒤 대령이 말했다.

"저, 대통령께서는 이곳에서 혼자십니다. 뭔가 원하시는 게 있으면, 말이죠, 제가 주선해드릴 수 있습니다."

대통령은 말을 잘랐다.

"잠깐, 더 이상 얘기하지 말게. 나는 아내를 사랑하고, 아내는 내 연인일세. 나는 그런 거 원치 않네. 다시는 그런 말 하지 말게."

트루먼과 대령은 이후 '작은 백악관'으로 돌아가는 차 안에서 한마디도 더 나누지 않았다.

세계 문제에서 진전이 생겨도 그것이 그의 기분을 좋게 만들지는 못했다. 7월 26일, 중국이 마침내 동의 의사를 전달해오자 미국은 일본의 '무조건 항복'을 요구하는 포츠담 선언을 발표했다. 선언은 이렇게 말했다.

일본에게는 계속해서 아집이 센 군국주의적 조언자들에게 휘둘릴 것인지, 아니면 이성의 길을 따를 것인지 결정을 내려야 할 시간이 왔습니다. 그 군국주의자들의 우둔한 계산은 일본 제국을 절멸의 문턱까지 끌고 왔습니다.

전통적인 방식 외에 미국은 적에게 보다 직접적인 방식으로 메시지를 전달했다. 미군 전투기들은 일본 본토 전역에 60만 장의 전단을 투하했다.

그러나 미칠 노릇이었다. 일본의 관리들은 이틀 동안 반응을 보이지 않았다. 마침내 7월 28일, 스즈키 간타로鈴木貫太郎 총리가 자기네 정부는 이 선언이 "큰 의미를 지니는 것으로" 생각하지 않는다고 발표했다.

"우리는 이를 모쿠사쓰黙殺해야 합니다."

이는 "조용히 무시"한다는 의미였다. 원자폭탄의 존재를 몰랐던 일본은 그 분노를 피할 마지막 기회를 거부했다.

적은 계속 싸우겠다는 결의를 보여주었다. 일본은 곧 가미카제 자살 공격의 새로운 파도를 일으켰다. 비행기 하나가 미국 해군 함정 캘러헌호를 향해 돌진했고, 이 배는 이 전쟁에서 침몰한 미국의 마지막 구축함이 됐다. 타고 있던 47명이 목숨을 잃었다.

28일에는 또 다른 일이 있었다. 영국의 새 총리가 된 평범한 클레멘트 애틀리가 다시 독일에 도착했다. 해리 트루먼과 그 참모들은 영국인들이 처칠을 거부한 일에 충격을 받았다. 영국의 불독이었던 그는 히틀러에 대한 저항을 독려하고 결국 자기 나라를 승리로 이끌지 않았던가.

트루먼에게 처칠의 후계자는 인상적이지 않았다. 그는 딸 마거릿에게 이렇게 썼다.

애틀리 씨는 늙고 뚱뚱한 윈스턴만큼 날카롭지 못하고, 베빈Ernerst Bevin은 외무부 장관이 되기에는 너무 퉁퉁해 보인다. (…) 나는 늙은 처칠을 좋아했고, (…) 다른 두 사람은 늘 찌푸린 얼굴이다.

그러나 7월 31일, 포츠담 회담이 끝나갈 무렵 트루먼은 태평양에서 무슨 일이 일어날 것인지에 초점을 맞추었다. 그는 이날 아침에 워싱턴으로부터 또 하나의 극비 전문을 받았다. 오전 7시 48분이었다.

그로브스의 사업(S-1)의 시간표가 너무 빨리 진행돼 이제 대통령께서 발표하는 성명이 8월 1일 수요일 이전에 나올 필요가 있습니다.

이는 미국이 몇 주 동안 작업해왔던 언론 발표문이었다. 미국이 원자폭탄을 개발했음을 전 세계에 공식적으로 처음으로 알리는 것이었다. 그리고 이제 그것을 처음으로 전쟁 무기로 사용한다는 것을.

대통령은 들뜬 전문을 뒤집어놓고 연필을 움켜잡았다. 그는 일정을 변경해 이렇게 썼다.

제안을 승인함.

준비가 되면 발표하되 8월 2일 이전에는 하지 말 것.

HST.

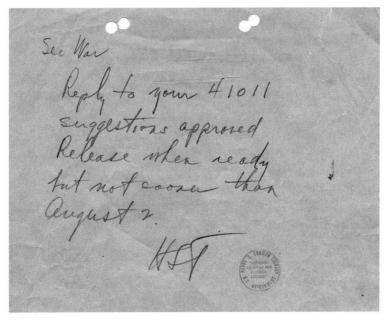

원자폭탄에 관한 성명을 승인하는 트루먼 대통령의 7월 31일 지시

그는 포츠담을 떠나고 스탈린과 헤어지고 나서 폭탄을 떨어뜨리기를 원했다.

트루먼은 집에 갈 준비가 됐다. 그는 사랑하는 베스에게 영국을 거쳐 돌아갈 계획이라고 썼다.

나는 당신과 백악관을 보고, 적어도 남들이 보지 않는 가운데 잠자러 갈 수 있는 곳에 있다면 정말로 기쁘겠소. 우리 애기(딸 마거릿)에게 뽀뽀해주시오. 너무너무 사랑하오. 해리.

그러고는 이런 추신을 붙였다.

나는 플리머스에 가면 라이미 킹Limy King과 점심을 해야 하오.

카운트다운

5일

8월 1일, 티니안섬

티베츠는 일찍 식사를 마친 뒤 자기 사무실로 돌아가 뒤로 문을 닫은 뒤 자리에 앉았다. 이 장치 또는 '꼬마'(또는 뭐라고 부르건)는 모두 조립이 완료됐다. 두 개의 작은 우라늄 탄환만 제외하고는. 그것은 이 섬의 군수품 창고에 보관돼 있다. 이 탄환은 폭탄이 비행기에 실리기 직전에 폭탄 안에 집어넣게 된다.

정확한 공격 일자는 아직 정해지지 않았다. 그저 8월 3일 이후 어느 날이었다. 그러나 다음 단계로 나아갈 시점이었다. 티베츠는 종이를 끄집어내고 펜을 뽑아 문서 초안을 작성하기 시작했다. 몇 주 동안 그의 머릿속을 맴돌던 내용이었다. 역사상 최초의 원자폭탄 공격에 대한 극비 명령이었다.

그는 전투기 조종사와 정예 비행대 지휘관으로서의 경험을 활용했다. 그는 자신의 부하들이 무엇을 할 수 있는지 알았다. 그들을 거세게 몰아붙였고, 그것이 그들 능력의 최대치를 끌어냈다. 아직 많은 불확실성이 있지만(특히 폭탄이 전투 상황에서 제대로 터질지 어떨지), 그는 자신의 부하들이 임무를 완벽하게 수행할 것임을 확신했다.

이 임무에는 B-29 일곱 대가 필요했다. 상부에서는 목표물의 순번을 매겼다. 히로시마, 고쿠라, 니가타 순이었다. 티베츠는 공격 비행기를 타고 눈으로 보며 폭탄을 투하하게 된다. 맑은 날씨가 결정적인 요소였다. 군 기상 전문가들의 장거리 주술에 의존하기보다는 B-29 석 대가 미리 날아가 목표물 1·2·3 상공의 상황을 보고하게 된다. 히로시마의 날씨가 좋지 않으면 침로를 변경해 고쿠라나 니가타로 향하게 된다.

다섯 번째 B-29는 예비로 이오섬에 대기한다. 공격 비행기에 기계적인 문제가 생기면 이오섬에 착륙하고 폭탄을 새로운 비행기에 옮겨 싣는다. 그런 뒤에 티베츠는 임무를 계속한다.

두 대의 B-29가 추가로 티베츠와 함께 목표 도시로 간다. 보호하기 위해 가는 것이 아니라 관찰하기 위해 가는 것이다. 하나는 폭발의 강도를 측정하기 위해 과학 기기를 챙겨 가고, 다른 하나는 이 사건에 대한 이미지 기록을 만들기 위해 사진 장비를 가지고 간다. 이 두 비행기는 폭탄이 투하되기 전에 퇴각해 티베츠가 폭격 운항을 마무리할 수 있도록 한다.

이에 따라 마지막에는 티베츠의 비행기가 홀로 히로시마 상공을 비행한다. 일본의 허를 찌르는 시도다. 이는 위험할 테지만, 티베츠는 일본이 지금 비행기와 조종사 모두 숫자가 제한돼 있음을 알고 있었다.

작성을 마치자 티베츠는 보고서를 접어 봉투에 넣었다. 그는 이를 특송편으로 괌에 있는 상급 사령부에 보냈다.

그런 뒤에 대령은 또 다른 중요한 문제로 관심을 돌렸다. 자신과 함께 날아갈 비행기들을 고르는 것이었다. 그것은 오래 걸리지 않았다.

카운트다운: 5일

8월 1일, 티니안섬

스트레이트플러시Straight Flush, 자빗Jabbitt III, 풀하우스Full House라는 이름을 가진 B-29 석 대가 날씨를 알아보는 비행기로 지정됐다. 빅스팅크Big Stink는 이오섬에 대기할 예비 비행기였다. 명인은 과학 기기를 나르고, 필요악Necessary Evil은 카메라를 실을 비행기다. 각 비행기에는 모두 훌륭한 승무원들이 있었다. 티베츠는 이제 이름이 붙지 않은 82호에 자신과 함께 탑승할 사람들을 선택해야 했다.

이것 역시 오래 걸리지 않았다. 이미 생각해둔 사람들이 있었다. 대부분은 고정 멤버였다. 웬도버 시절의 거의 시작부터 함께 비행했던 사람들이었다. 밴커크와 페어비는 당연했다. 이들은 공군에서 최고의 항법사와 폭격수였다. 적의 레이더를 탐지하고 대항 조치를 취하는 데 전문가인 제이컵 비저는 마침내 전투 임무에 나가게 됐다.

'디크'라 불린 윌리엄 파슨스 대령 역시 마찬가지였다. 그는 해군 무기 전문가이자 군수 장교였다. 일리노이주 에번스턴 토박이인 그는 프로젝트가 시작된 이래 로스앨러모스에서 일했다. 그의 조수인 네바다주 카슨시티 출신의 모리스 젭슨Morris Jeppson 소위 역시 비행기를 타게 됐다. 파슨스와 마찬가지로 그는 무기 전문가였다.

뉴욕 브루클린 출신의 후미 총수 밥 카론 병장은 티베츠가 가장 좋아하는 사람 가운데 하나였다. B-29 시험 비행 프로그램 때부터 알고 지냈다. 카론은 비행기를 타면서 언제나 행운의 브루클린 다저스(LA 다저스가 연고지를 옮기기 전의 이름—옮긴이) 야구 모자를 썼다. 그는 히로시마 상공에서 그들의 유일한 방어선이 될 것이다.

티베츠는 열두 명의 승무원 가운데 나머지도 선발했다. 압박감 속에서도 일을 해낼 수 있는 사람들이었다. 일부는 조용했다. 일부는 외

향적이었다. 그러나 그들에게는 공통점이 하나 있었다. 그들은 모두 자신감이 있었다.

항공 기관사로는 미시간주 랜싱 출신의 포커 고수 와이엇 듀전버리Wyatt Duzenbury 병장을 선택했다. B-29 엔진에 대해 모르는 게 없는 듯해 승무원들은 그것을 '듀즈Duze 엔진'이라 불렀다. 디트로이트 출신의 로버트 슈머드Robert Shumard는 항공 기관사보로 정했다. 키가 193센티미터로, 승무원 중에서 가장 키가 컸다. 그의 단짝이며 로스앤젤레스 출신으로 '주니어'라 불린 리처드 넬슨Richard Nelson 이등병은 무선 통신사, 텍사스주 타일러 출신의 조지프 스티보릭Joseph Stiborik 병장은 레이더 기사로 적기 감시를 돕게 된다. 승무원들의 출신지는 동·서해안과 중서부, 남부 등 미국 각지가 망라됐다.

티베츠는 휘하 장교들에게 전갈을 보내 이 계획에 대해 개별적으로 이야기하자고 청했다. 오랫동안 취사 담당 장교로 있던 찰스 페리Charles Perry가 맨 먼저 왔다. 티베츠는 그에게 "8월 3일부터 계속해서 파인애플 튀김을 준비할 수 있게 보급을 잘하도록"[1] 하는 것을 잊지 말라고 말했다. 티베츠는 파인애플 튀김을 좋아해서 임무 비행에 나서기 전에 꼭 먹곤 했다. 이는 그 나름의 행운을 비는 의식이었고, 그는 이 임무에 마가 끼는 것을 원치 않았다.

찰스 스위니 대위가 들어오자 티베츠는 '명인'이 하늘의 암실이 될 것이라고 그에게 말했다. 마찬가지로 클로드 이덜리Claude Eatherly 대위는 '스트레이트플러시'가 하늘의 과학 실험실이 될 것임을 알게 됐다. 티베츠는 이덜리를 좋아했다. 그는 훌륭한 조종사였지만, 조금 예측하기가 어려웠다. 도쿄 부근으로 출격했을 때 이덜리에게 배당된 목표물이 구름 때문에 잘 보이지 않았다. 그는 그냥 돌아가는 대신에 히로히토 천황의 궁궐에 폭탄을 떨어뜨리기로 결심했다. 날씨가 좋지 않았고 아무도 히로히토의 궁궐이 어디 있는지 몰랐기 때문에 폭탄은 표적을 벗어나고 말았다.

그것이 제대로 됐더라면 이 폭격은 전략적 재앙이 되었을 것이다. 히로히토는 군부 지도자들에 비해 보다 온건하다고 생각됐기 때문이다. 그는 일본인들에게 숭배 대상이었고, 만약 그가 살해당했다면 그들은 절대 항복하지 않을 것이다. 원자폭탄이 터지더라도 말이다. 티베츠는 이 돌출 행동에 대해 듣고는 이덜리를 엄청나게 몰아세웠다. 티베츠가 했던 것 가운데 가장 심한 "성인용 불벼락" 가운데 하나였을 것이다.

그날 저녁쯤에는 모든 사람이 자신의 임무를 알게 됐다. 티베츠는 루이스를 자신의 부조종사로 선택했다. 사이가 껄끄럽기는 했지만 말이다. 그는 루이스가 "능숙하고 믿을 만하다"[2]고 생각했다. 그러나 다른 사람들과 달리 루이스에게는 당장 말하지 않았다. 티베츠는 자신의 결정이 "자명"한 것이라고 생각했고, 루이스를 불러 이야기할 필요성을 느끼지 않았다.

그러나 루이스는 제멋에 사는 사람이었다. 그리고 자신이 첫 번째가 아니라 두 번째 자리에 앉는다는 것을 알게 되었을 때 받은 상처는 평생 그에게서 떠날 수가 없었다.

카운트다운

4일

8월 2일, 독일 포츠담

해리 트루먼은 아침에 일어나면서 안도감을 느꼈다. 이제 집에 갈 시간이었다. 그는 자신이 "그 끔찍한 도시"라 불렀던 베를린과 그 주변에 17일 동안 머물렀다. 포츠담 회담은 전날 밤 마무리됐지만 커다란 실망만 남긴 채였다.

스탈린은 거의 모든 문제에서 트루먼과 처칠(나중에는 애틀리)을 벽처럼 막아섰다. 그는 붉은군대가 동유럽 전역과 독일을 휩쓰는 과정에서 얻은 모든 것을 고수하려 했다. 그가 그들 나라에 세운 권위주의 정부들은 그대로 유지될 수밖에 없었다. 그리고 독일은 분할된 채로 남는다. 수도 베를린이 소련 영역의 깊숙한 곳에 있게 되는 것이다.

몇 년 뒤 트루먼 대통령은 자신이 포츠담에서 "순진한 이상주의자"였다고 말했다. 스탈린은 "비양심적인 소련의 독재자"라고 불렀다. 그러고는 이런 뒷말을 붙였다.

"그리고 나는 그 작은 개새끼를 좋아했소."[1]

트루먼의 참모총장 레이히 제독은 새로운 세력 균형을 날카롭게 평가했다.

소련은 이 시기에 유럽에서 의문의 여지가 없는 만능의 영향력으로 떠올랐다. (…) 하나의 유효 인자는 대영제국의 세력 약화였다. (…) 소련과 미국이 세계의 두 주요 강국으로 남게 되는 것은 불가피한 일이었다.

레이히는 이렇게 결론지었다.

포츠담은 두 거대 이념의 투쟁에 대한 세계의 날카로운 주목을 이끌어냈다. 하나는 앵글로색슨의 민주주의적 정부 원리이고, 또 하나는 스탈린주의 소련의 공격적이고 팽창주의적인 경찰국가 전략이다. 그것은 '냉전'의 시작이었다.

하지만 이 모든 것에도 불구하고 트루먼은 포츠담에서 자신이 가장 원하던 것을 얻었다. 회담이 시작도 되기 전에 말이다. 8월에 일본과의 전쟁에 참여하겠다는 스탈린의 약속이었다. 이 하나의 약속에 트루먼이 만족했다는 사실은 그가 원자폭탄이 제대로 터질 것인지에 대해 여전히 의심을 품고 있었음을 보여준다. 그리고 터지더라도 일본을 항복하도록 압박할 수 있을지에 대해서 말이다. 스탈린의 약속은 트루먼에게 태평양에서의 전쟁을 위한 효과적인 예비 방안을 제공해주었다.

8월 2일 아침 7시 15분, 대통령의 자동차 행렬은 바벨스베르크의 '작은 백악관'을 출발했다. 8시 5분에 대통령의 비행기 '신우神牛, Sacred Cow'가 이륙해 영국 플리머스로 향했다. 집으로 돌아가는 데 들떠 트루먼은 공항에서의 의례를 모두 없애라고 요구했다. 그리고 배를 타고 영국으로 건너가지 않고 비행기를 타고 감으로써 그는 미국으로 돌아가는 여정을 이틀 줄이게 됐다.

그는 미국으로 돌아가기 위해 미국 해군 군함 오거스타호를 타기 전에 '라이미 킹'과 점심을 했다.

"우리나라에 오신 걸 환영합니다."

조지 6세(현 여왕 엘리자베스 2세의 아버지다 —옮긴이)는 트루먼이 대영제국 해군 순양 전함 리나운호에 오르자 이렇게 인사했다. 대통령은 수천 명의 영국과 미국 병사들이 차렷 자세로 도열한 가운데 극진한 군대 의식 영접을 받았다.

트루먼이 처음 들른 곳은 왕의 접견실이었다. 조지는 포츠담 회담의 자세한 내용과 "우리의 무시무시한 새 무기"인 원자폭탄의 상태에 대해 모든 것을 알고 싶어 했다.

왕은 자신의 무기를 과시했다. 어느 시점에 엘리자베스 1세 여왕이 프랜시스 드레이크에게 하사한 칼을 트루먼에게 보여주었다. 트루먼은 이렇게 썼다.

"그것은 강력한 무기였다. 그러나 왕은 그것이 적절한 균형을 이루지 못했다고 말했다."

대통령은 그들이 먹은 점심 메뉴를 적어놓았다.

"수프, 생선, 양갈비, 완두콩, 초콜릿을 뿌린 아이스크림."

두 지도자는 "거의 모든 것에 대해 이야기를 나누었지만, 별다른 내용은 없었다." 그러나 그보다 더 중요한 것이 있었다. 트루먼은 왕이 놀랄 만큼 아는 게 많다는 사실을 발견했다.

조지는 원자폭탄 이야기를 꺼냈고, 그것에 대해 상세하게 이야기

카운트다운: 4일

8월 2일, 독일 포츠담

했다. 그는 특히 장기적인 관점에서 원자력을 비군사적으로 이용하는 데 흥미를 보였다. 레이히 제독도 함께 식사를 했는데, 그는 다시 한 번 폭탄이 터질 것인지에 대한 의구심을 피력했다. 그는 이렇게 말했다.

"나는 그것이 기대했던 만큼 효과적일 것이라고 생각하지 않습니다. 내게는 대학 교수의 꿈인 것처럼 들립니다."

왕이 반박했다. "제독, 거기에 걸 자신 있소?"²

점심을 마친 후 조지는 대통령을 오거스타호까지 배웅했다. 트루먼은 왕이 호위병을 사열하고, 해군 병사들을 살펴보았으며, "술을 한 잔했고, 배의 방명록에 서명했으며, 딸들과 왕비에게 주겠다며 서명을 여러 장 받았고, 몇 가지 의례적인 일을 더 한 후에 자신의 배로 돌아갔다"라고 썼다.

오거스타호가 출발하자 대통령의 생각은 폭탄으로 돌아갔다. 귀국 도중 어느 시점에, 그가 대서양 한가운데 있을 때 미국 육군 항공대가 새로운 초강력 무기를 투하할 것이다. 오거스타호가 해상에 있고 배에 탄 소수의 기자들이 뉴스를 전할 모든 수단이 끊겨 있는 상황에서 대통령은 그들을 선실로 불러들였다. 그는 기자들에게 맨해튼 사업의 과정과 그 무기 사용이 임박했다는 사실을 알렸다. 유명한 기자인 UP통신의 메리먼 스미스Merriman Smith는 그의 이야기를 듣고 이런 인상을 받았다.

그는 우리가 전쟁을 빨리 끝낼 수 있는 무기를 가지고 있다는 사실에 즐거워하고 감사해했다. 그러나 그는 그런 괴물 같은 파괴적인 무기의 개발에 대해 우려하고 있었다.

스미스는 흥분과 좌절을 같은 정도로 느꼈다.

그것은 화약의 발명 이후 가장 큰 기삿감이었다. 우리가 그것에 관해 무슨 일을 할 수 있었을까? 아무것도 없었다. 그저 앉아서 기다릴 뿐이었다.[3]

괌

티베츠와 페어비는 지도 탁자를 덮은 커다란 히로시마 항공 정찰 사진 위로 몸을 구부렸다. 그들은 세세한 것을 모두 볼 수 있었다. 거리, 강, 지형지물. 전에 이미 시내 지도를 연구했지만, 이번에는 좀 더 세밀하게 살폈다. 그들은 폭탄을 떨어뜨릴 완벽한 지점을 찾고 있었다.

티베츠가 자신이 만든 전투 계획을 르메이에게 보낸 직후, 그와 페어비는 괌에 있는 장군의 사령부로 소환됐다. 르메이는 목표물의 세부 사항에 대해 논의할 부분이 너무 많다고 말했다. 그는 히로시마가 올바른 선택이라는 데 동의했다. 그곳에는 일본군 수천 명이 있고, 그곳 공장들에서는 아직도 무기를 쏟아내고 있다. 르메이는 사진에서 드러난 주목할 만한 세부 사항들을 논의하다가 윌리엄 블랑셔드 대령을 그 자리에 불러 함께 논의하자고 했다.

티베츠와 페어비는 블랑셔드를 좋아하지 않았다. 그들은 그가 제509부대를 음해하고 원자폭탄 임무를 자기 부대가 맡으려 했음을 알고 있었다. 그러나 지금은 티격태격할 때가 아니었다.

르메이는 흥미로운 기술적 문제를 제기했다. 이 계획은 폭탄을 도시의 1킬로미터 상공에서 투하하는 것으로 돼 있다. 그렇게 높은 곳이라면 측풍側風이 문제가 되지 않을까? 바람이 세면 폭탄은 조준한 곳에서 벗어날 수 있다.

블랑셔드는 분명하게 동의하면서 바람이 부는 방향으로 비행하는 것이 낫겠다고 제안했다. 바람이 뒤에서 미는 형세가 되면 목표물에서 빗나갈 위험을 줄일 수 있다.

티베츠는 다르게 생각했다. 자신의 경험에 따르면 바람이 부는 쪽으로 향할 경우 측풍의 영향을 줄일 수 있어 폭격수가 표적을 정확하게 때릴 가능성이 가장 높아진다고 그는 말했다.

페어비가 말을 보탰다.

"우리의 주요 목적은 목표물을 타격하는 것입니다. 폭탄을 떨어뜨리기 위해 그 위에 올라가는 것이지 안전을 강구하려는 것이 아닙니다."[4]

그들은 다시 지도를 들여다보았고, 침묵이 방 안에 깔렸다. 오타강太田川이 구불구불 도시를 관통해 흐르고, 집과 공장들이 강변에 줄지어 있었다. 다리들이 수로를 건너며 히로시마를 몇 개의 구역으로 나누어놓았다.

르메이가 페어비에게 물었다.

"자네가 생각하는 조준점이 어디인가?"

페어비는 망설임 없이 손가락으로 지도 한가운데에 있는 아이오이교相生橋를 짚었다. 그곳은 아래의 검은 바다와 함께 T자 모양을 형성하는 중심축으로 눈에 확 들어왔다. 르메이와 티베츠는 고개를 끄덕여 동의를 표했다.

폭격수가 말했다.

"이곳은 이 염병할 전쟁을 통틀어 내가 본 것 가운데 가장 완벽한 조준점입니다."[5]

회의는 끝났고, 티베츠와 페어비는 티니안섬으로 돌아가며 언제쯤 확실한 공격 날짜를 알 수 있을지 궁금해했다. 그들은 그날 안으로 답을 얻게 된다.

히로시마 조준점

카운트다운

3일

8월 3일, 미국 워싱턴

드레이퍼 카우프만은 펜타곤 복도에 앉아 자기 이름이 불리기를 기다리며 옷 소매의 단추를 만지작거리고 있었다. 단추는 새로 꿰맸기 때문에 헐렁거리지 않았다. 그는 지난 몇 달 동안 몸무게가 20킬로그램이나 빠졌고, 아내는 헐렁해진 제복 상·하의를 한두 사이즈 줄여야 했다.

카우프만은 해군 인사국장 랜들 제이컵스Randall Jacobs 제독에게 밀봉한 봉투를 전하기 위해 이곳에 왔다. 카우프만의 상사인 리치먼드 터너 제독은 마닐라에서 기획 회의를 하면서 카우프만에게 중요한 편지라고 말했지만 그 이상의 언급은 없었다. 카우프만은 거기에 무엇이 들어 있으며 왜 자신이 선택돼 그것을 전하게 됐는지 알지 못했다. 그러나 어쨌든 그는 일주일 동안의 회의 때문에 워싱턴에 와 있었고, 그러니 알 게 뭐람. 그러나 조금 이상하기는 했다. 그 전갈이 그렇게 중요한 것이라면 터너가 제이컵스에게 전화를 할 수도 있고, 아니면 전문을 보낼 수도 있었다.

이 시점에서 그것은 중요하지 않았다. 카우프만은 여기 와 있었다.

그는 봉투를 제이컵스에게 전하고, 제독과 약간의 대화를 나눈 다음, 다른 회의 장소로 향할 것이다. 펜타곤에서는 일사천리였다. 군대는 미국 역사상 최대의 군사작전을 준비하고 있었다. '올림픽' 작전. 일본 침공 첫 단계의 암호명이었다. 카우프만은 6월 필리핀에서 상세한 이야기를 들었다. 그때 이후 카우프만은 이 침공에서 자신이 맡은 역할을 알게 됐다.

이 대규모 공격은 11월 1일 일본 본토의 남쪽 끝에 있는 규슈에서 시작된다. 그곳은 이 섬나라에서 상륙작전을 지원할 수 있는 몇 안 되는 곳 가운데 하나였다. 규슈 침공은 세 개의 해안 상륙으로 시작된다. 카우프만은 그 가운데 하나를 이끌게 된다. 해안 교두보가 확보되면 미군 병사들은 내륙으로 이동하고 공군 기지 건설을 시작한다. 그러고는 더 많은 병력을 보내 두 번째이자 더 큰 규모의 침공을 벌인다. '화관花冠, Coronet' 작전이다. 이 작전에서는 일본 최대의 섬이자 수도 도쿄가 있는 혼슈에 상륙한다. 화관 작전은 1946년 3월 1일로 예정돼 있다. 이 전투는 오래 걸릴 듯했다.

맥아더 장군은 일본 침공이 역사상 가장 많은 인명 손실을 초래할 것이라고 예측했다. 그는 첫 단계인 규슈 교두보를 확보하는 데 미군 5만 명의 희생이 필요할 것이라고 판단했다. 예측은 편차가 컸지만, 군사 기획자들은 올림픽 작전에서만 최대 45만 명의 미국 육·해군 병사가 사망할 것이라고 보았다. 최근의 전투를 보면 일본에 더 가까이 갈수록 적은 더 완강해지고 더 광적으로 변한다는 사실을 알 수 있다. 민간인들은 시골로 옮겨가 전쟁이 끝난 뒤에도 몇 년간 게릴라처럼 싸울 것이다. 일본에서 얼마나 많은 미국인이 죽을 것인가? 카우프만

카운트다운: 3일

8월 3일, 미국 워싱턴

은 알 수 없었다.

카우프만은 워싱턴으로 돌아오는 여정에서도 잠깐잠깐 짬을 내어 즐거움을 찾았다. 집에 가서 아내 페기와 함께 있을 수 있어 좋았고, 친구들도 만났다. 그는 새로이 감사하는 마음을 가지고 그들을 바라보았고, 이전보다 그들을 좀 더 가깝게 여겼다. 카우프만은 처음으로 자신과 부하들에 대해 비판적인 생각에 빠졌다. 어쩌면 이번이 마지막 방문일 것이다. 그는 그런 생각을 떨쳐버리려 애썼지만, 떨칠 수가 없었다.

카우프만은 자기 이름이 불리자 서둘러 제이컵스 제독의 사무실로 들어가 거수경례를 하고 봉투를 전했다. 제이컵스는 터너의 편지를 읽고 난 뒤 카우프만을 힐끗 쳐다보았다. 그가 말했다.

"자네는 2주간 휴가일세. 가게. 이건 명령이야."[1]

카우프만은 어리둥절했다. 그는 이미 일주일 동안 워싱턴에 있었다. 왜 휴가를 더 주는 거지?

그는 곧 깨달았다. 터너였다. 카우프만은 그동안 엄청나게 바빴다. 시간을 쪼개 오션사이드와 필리핀을 뛰어다녔다. 오션사이드에서는 이 임무를 위해 부하들을 훈련시켰고, 필리핀에서는 대규모 침공 계획을 마무리하는 상관들을 도왔다. 카우프만은 긴 시간 일했고, 식사를 거르기도 했으며, 날짜 가는 것도 잊어버렸다. 그는 불편함을 느끼지 않았지만 몸무게는 57킬로그램으로 쑥 빠졌다.

태평양 상륙군 사령관 터너는 이를 알아차렸다. 몇 주 전 꼬챙이처럼 마른 카우프만이 기획 회의에 왔을 때 터너는 그의 수척한 모습을 보고 깜짝 놀랐다. 카우프만은 그의 휘하에서 가장 혁신적인 지휘관

가운데 한 사람이었다. 터너에게는 앞으로 몇 달 동안 그가 필요했고, 그래서 뭔가를 해야 했다.

터너는 강인했다. 그는 절대로 부드러움이나 감정을 보이지 않았다. 그러나 카우프만은 이 '속임수'가 동정심을 보여주는 터너의 방식임을 알았다. 그는 제독의 살뜰한 보살핌에 감사할 수 있는 2주의 휴가를 얻었다.

고마운 마음이 밀려들었다. 이제 그는 조금 돌아다니며 미진했던 부분을 정리하고 모든 사람에게 작별 인사를 할 수 있게 됐다.

그는 이를 최대한 활용해야 한다고 생각했다. 그의 시간이 다가오고 있었다. 이제 침공을 위해 주어진 자리로 가게 되면 그는 살아서 돌아오지 못할 것이다.

카운트다운: 3일

8월 3일, 미국 워싱턴

카운트다운

2일

8월 4일, 일본 히로시마

다무라 히데코는 똑똑한 여자아이였다. 그리고 용감했다. 고집도 상당히 셌다. 그는 자신이 원하는 것을 얻을 줄 알았다. 히데코와 친구 미요시는 긴 계단 꼭대기에서 기다리며 거리를 훑어보았다. 자신들을 구하러 오는 사람이 있는지를 살피는 것이다.

"해가 지고 있어."

미요시가 말하자 히데코가 대꾸했다.

"올 거야. 나는 알아. 나는 느낄 수 있어."

미요시가 불평했다.

"벌써 왔어야 하는 거 아냐?"[1]

히데코와 친구는 몇 달째 외진 곳에 있는 이 작은 절 겸 학교에서 지내고 있었다. 히로시마로 돌아가는 것은 물론 위험했다. 미군 비행기들이 다른 일본 도시들을 폭격했고, 그 공격으로 수십만 명의 평범한 사람들이 죽거나 다쳤다. 히데코는 도쿄가 불타는 신문 사진을 보고 어머니가 울음을 터뜨리는 것을 보았다. 모든 사람들은 자기네 도시 역시 공격당하는 게 시간문제라는 것을 알고 있었다.

이제 열 살인 히데코는 위험성을 충분히 알지는 못했다. 히데코는 공습 대비 훈련에 참가했다. 사이렌이 울리면 지시받은 대로 가장 가까운 방공호로 달려갔다. 그러나 비행기가 나타난 적은 없었다.

히데코는 지구 반대편의 배 위에 있던 미국 대통령과 똑같은 바람을 가지고 있었다. 집에 가고 싶었다.

히데코는 마침내 자신이 아프고 배고프다는 말을 부모에게 전할 수 있었다. 학교 선생들은 아이들이 집에 보내는 편지를 검열했다. 그들은 음식과 먹을 물이 모자라며 오랜 시간 강제노동을 한다는 이야기

세이비학원 1학년이던 1940년 4월의 히데코. 당시 다섯 살이었다.

를 쓸 수 없었다. 그러나 어느 날 히데코가 계획을 짜냈다. 미요시와 함께 "검열받지 않은 진짜 편지"를 쓴 뒤 몰래 나가서 멀리 마을에 있는 우체국에서 부친다는 계획이었다.

얼마 지나지 않아 두 아이는 어머니들이 데리러 온다는 말을 들었다. 전쟁 중이지만 그들은 집으로 가게 됐다! 저녁 식사 시간이 거의 다 됐지만 두 아이는 배고프지 않았다. 안 돼. 그들은 계속 지켜보고 있었다. 엄마를 볼 수 있기를 바라면서.

갑자기, 그들이 나타났다. 두 여자가 마침내 모퉁이를 돌자 딸들이 달려 내려왔다. 꺄악 소리를 지르며 계단을 내려와 그들의 품에 안겼다. 히데코와 미요시는 그들을 꼭 끌어안고 기쁨의 눈물을 흘렸다.

기쁨을 조금 추스르고 나서 어머니들은 소지품을 챙긴 뒤 이 작고 평화로운 마을에 방을 얻어 잠시 머무르겠다고 말했다. 기미코는 이렇게 말했다.

"시내에서는 매일 밤 공습이 있어. 여기서는 편히 잘 수 있어."

히데코와 미요시는 그 생각이 마음에 들지 않았다. 당장 떠나고 싶은 간절함에 떼를 쓰고 사정했다. 히데코는 이렇게 말했다.

"우리는 여기서 견딜 수 없어요. 빨리 집에 가고 싶어요."[2]

결국 그들은 이튿날 아침 긴 여행을 떠나 히로시마로 돌아가기로 했다. 8월 5일 일요일이었다. 몇 달 만에 처음으로 히데코와 미요시는 즐거웠다. 그들은 가족과 친구들이 보고 싶어 미칠 지경이었다. 위험은 안중에도 없었다. 그들은 오직 자기 방에서 자고, 자기 집 마당에서 놀고, 자기네가 떠나온 곳으로 돌아가는 것만 생각했다. 그들은 동이 틀 때까지 기다리기만 하면 됐다.

티니안섬

그들은 막 짧은 시험 비행을 마치고 착륙했다. 밥 카론의 비행복은 땀에 젖어 있었다. 해는 높이 솟아 있었고, 습도는 100퍼센트에 가까웠다. 카론은 몸에서 시큼한 땀 냄새가 난다는 것을 알았지만, 그것은 누구나 마찬가지였다. 비행기 후미의 총좌에서 혼자 일하는 것이 언제나 나쁜 것만은 아니었다. 카론은 다저스 야구 모자를 벗고 소매로 이마를 훔쳤다.

"오후 3시에 회의야."

누군가가 그에게 말했다.

"신분증 가지고 와."

뭔가 중요한 일이겠군. 오늘은 아마 '그거'일 거야.

소문으로는 승무원 일곱 명만이 이 회의에 소집됐다. 카론은 우쭐해졌고, 희망에 넘쳤다. 아마도 그는 오늘 그 비밀 대작전에 관한 이야기를 듣게 될 것이다. 그들 모두가 열 달 전 웬도버에 도착한 이후 그것을 위해 훈련해왔다.

카론은 포장된 길을 빠르게 걸어가며 제509부대의 회의 막사가 봉쇄돼 있는 것을 보았다. M1 개런드 소총을 든 해병들이 막사를 빙 둘러싸고 출입을 막고 있었다. 헌병들이 일일이 신분증을 검사한 뒤 안으로 들여보냈다.

막사는 길고 좁았으며, 천장은 낮았다. 머리 위의 등은 흐릿했고, 긴 의자들이 있었다. 단 위에 크고 흰 영사막이 걸려 있고, 그 앞에는 강대講臺가 있었다. 카론은 공기 중에서 불꽃이 이는 것을 느낄 수 있

카운트다운: 2일

8월 4일, 일본 히로시마

었다. 그곳에는 사람들이 꽉 차 있었고 조용한 대화로 웅성거리는 소리가 들렸다.

정보 장교들이 두 개의 칠판에 확대한 도시 정찰 사진들을 핀으로 꽂고 있었다. 벽은 "부주의한 대화는 생명을 앗아간다" 같은 경고문들로 뒤덮여 있었다.

카론은 마지막 줄 끝에 앉았다. 아무도 이쪽에 오지 않기를 바라면서. 그는 야구 모자를 이마에서 조금 밀어 올렸다가 고위 장교가 나타나자 벗어버렸다. 그는 사복 차림이었고, 이는 처벌 대상이었다.

그는 숨을 깊이 들이쉬고 행운을 가져다주는 자신의 모자 챙을 비벼댔다. 그는 어딜 가나 이 모자를 썼다. 심지어 승무원은 비행모를 써야 하는 작전에 나갈 때도 마찬가지였다. 야구 모자는 4월에 브루클린 다저스 본사에서 직접 우편으로 보내왔다. 그 전에 카론은 이 팀의 사장 겸 단장인 브랜치 리키Branch Rickey에게 편지를 썼다.

"내가 듣기에 메이저리그 팀들이 전투원들에게 모자를 보내줄 것이라고 하던데, 우리 승무원들이 리그 최고의 팀인 다저스에서 모자를 몇 개 받을 수 있을지요?"[3]

리키 대신 그 아랫사람 밥 핀치Bob Finch가 답장을 했다. 여분이 없어서 보내줄 수 없다는 내용이었다. 하지만 카론은 핀치에게 감사장을 보냈다.

나는 모자를 얻을 수 없어서 실망했지만, 당신이 틀림없이 받았을 비슷한 요청들에 일일이 응할 수 없음을 충분히 이해합니다. 한 친구가 다른 팀에 비슷한 요청을 보내보라고 했지만, 그렇게 한다면 나는 천벌을 받을 것입니다. 나는 3년 동안 집을 떠나 있어 다저스의 게임을 보지 못하지만, 내 누이가 내 자리를 지키며 나를 응원하고 있습니다.[4]

핀치는 이 편지에 너무 감동해 카론에게 모자와 편지를 보냈다.

첫 번째 편지에 대해 합당한 답장을 얻지 못하고 실망한 가운데서도 이런 편지를 쓸 수 있는 사람이라면 누구든지 세상의 모든 것을 받을 자격이 있습니다. 당신이 다음 날 이 모자를 쓰고 도쿄 시내를 활보할 수 있기를 바랍니다.[5]

카론은 이 마지막 구절에 미소를 지었다. 그는 도쿄에는 관심이 없었다. 대신 이것을 집에서 쓸 것이다. 아내 케이와 어린 딸과 함께 플랫부시로를 걸을 것이다. 그는 뉴욕이 그리웠다. 아마도 이번 회의는 집으로 가는 긴 여정의 한 단계일 것이다. 그는 반드시 그렇게 되기를 희망했다.

루이스는 오후 3시 직전에 도착했다. 그의 얼굴은 상기돼 있었다. 그는 밴커크, 페어비와 함께 힘든 훈련 비행을 하고 왔다. 자신과 늘 함께했던 항법사 및 폭격수에게 그들이 이 비밀 작전에 가지 않을 것이라고 말한 직후였다. 그것은 고통스러웠다. 그들 때문에 목과 가슴이 아직도 아팠다. 그는 "계급에 밀렸다"고 그들에게 말했다. 밴커크와 페어비는 '티베츠의 아이들'이었다. 루이스는 자기 부하들이 얼마나 언짢을지 알고 있었다. 루이스는 방금 자신이 결국 공격 비행기를 조종하지 않는다는 것을 알았다. 그는 부조종사일 뿐이었다.

연단 위에는 파슨스 대령과 그의 조수 젭슨 소위, 그리고 몇 명의 과학자들이 있었다. 파슨스는 서류 가방에서 필름을 꺼내 기사에게 건넸고, 기사는 그것을 커다란 흰 영사막 앞에 있는 영사기에 걸었다.

파슨스는 이 회의를 꼼꼼하게 준비했다. 그는 폭탄에 관해 약간 공개할 것이지만, 모든 것을 자세히 밝히지는 않을 것이다. 중요한 것은 나중에 알게 될 것이다. 그는 그들에게 위험을 경고하기에 충분할 만큼만 말할 것이다.

오후 3시, 티베츠가 앞으로 나갔다. 대령의 카키색 군복은 말끔하게 다림질돼 있었다. 흐트러진 데가 전혀 없었다. 수군거리던 소리가 그쳤다.

그가 말했다.

"그 순간이 왔습니다. 아주 최근에, 우리가 투하하기로 돼 있는 무기가 합중국에서 성공적으로 시험을 마쳤습니다. 우리는 그것을 적에게 떨어뜨리라는 명령을 받았습니다."[6]

티베츠는 작전 명령을 살피고 마음속에 있는 목표물을 열거했다. 82호, 즉 티베츠의 B-29가 이 비밀 무기를 투하할 것임을 알고 놀란 사람은 아무도 없었다.

티베츠는 회의 진행을 파슨스에게 넘겼다. 이 무기 전문가는 곧바로 본론으로 들어갔다.

"여러분이 떨어뜨리게 될 폭탄은 전쟁의 역사에서 처음 선을 보이는 것입니다. 그것은 여태까지 만들어진 것 가운데 가장 파괴력이 큰 무기입니다. 우리는 그것이 5킬로미터 안에 있는 거의 모든 것을 파괴할 것으로 생각합니다."

히로시마 작전을 앞두고 열린 회의에서 파슨스 해군 대령(왼쪽)과 티베츠 대령

승무원들은 깜짝 놀랐다. 카론은 자신이 제대로 들은 것인지 헷갈렸다. 파슨스는 '원자폭탄'이라는 말을 결코 쓰지 않았지만, 맨해튼 사업을 압축해 설명했다. 그것은 때로 공상과학 소설 같은 구석도 있고 만화책 같은 구석도 있었다.

파슨스는 기사에게 영화를 틀라는 신호를 보냈다. 필름이 말리기 시작하고, 그런 뒤에 털털거리고, 돌아가고, 그러다 멈춰 섰다. 기사가 영사기를 만지작거렸지만 필름이 톱니바퀴에 엉켰고 기계가 필름을 씹기 시작했다. 방 안은 웃음바다가 됐다. 세계에서 가장 정밀한 무기를 만드는 사람들이 간단한 필름 영사기 때문에 망가져버렸다.

파슨스는 결코 당황하지 않았다. 그는 기사에게 영사기를 중단하라고 말하고는 영화 속에 있는 내용을 모두 설명했다. 이 새 무기를 가지고 수행한 단 한 번의 시험을 이야기했다. 파슨스는 이렇게 말했다.

"폭발의 섬광은 15킬로미터 밖에서도 볼 수 있었습니다. 3킬로미터 밖에 있던 한 병사는 발이 잘렸습니다. 8킬로미터 밖에 있던 한 병사는 일시적으로 시력을 잃었습니다. 수 킬로미터 떨어진 마을의 한 소녀는 나면서부터 맹인이었는데, 그 빛이 번쩍이는 것을 보았습니다. 그 폭발 소리는 80킬로미터 밖에서도 들렸습니다."[7]

이제 모든 사람이 그에게로 집중하고 있었다.

"이 폭탄이 하늘에서 떨어지면 어떤 일이 벌어질지 아무도 모릅니다. 여태껏 이런 일은 없었습니다."

그는 이렇게 말하고 칠판 쪽으로 돌아섰다. 그는 버섯구름을 그리고 나서 다시 돌아섰다. 그는 버섯 모양의 구름이 적어도 9킬로미터 높이까지 치솟을 것으로 예상한다고 말했다.

"그전에 태양보다 훨씬 밝은 섬광이 있을 것입니다."[8]

승무원들은 엉덩이를 들썩였다. 그들 모두가 넉넉히 폭발의 영향이 미치는 범위 안에, 그리고 버섯구름 안에 있게 될 것임은 쉽게 알 수 있었다.

정보 장교 가운데 한 사람이 색깔 있는 물안경을 꺼냈다. 용접공이 쓰는 것과 비슷했다. 파슨스는 목표물 부근의 비행기에 타는 모든 승무원은 폭발 때 이것을 착용해야 한다고 설명했다. 폭발과 충격파와 복사輻射의 영향력은 아직 알려져 있지 않다고 그는 말했다. 위험을 줄이기 위해 티베츠의 비행기는 홀로 목표물 상공을 비행해야 한다.

그 충격파는 비행기에 손상을 가하거나 심지어 파괴할 수도 있다. 아무도 확실하게 말할 수 없었다.

승무원들에게는 무슨 일이 일어날까? 밴커크는 혼란에 빠졌다. 이건 자살 작전 아닌가? 그는 펜실베이니아 시골에서 자신이 돌아오기를 기다리고 있는 아내와 아들을 생각했다. 그는 너무 오래 집을 떠나와 있었다. 밴커크는 방 안에 있는 모든 사람이 살고 싶어 한다는 것을 알았다. 그들은 목표가 있었다. 가족과 일과 미래가 있었다. 그러나 그들에게는 의무도 있다고 그는 스스로에게 말했다. 그는 부정적인 생각을 머릿속에서 몰아냈다. 임무를 위해 맑은 정신을 가져야 했다.

파슨스는 몇 가지 세부적인 문제를 더 살폈고, 정보 장교들이 마무리를 했다. 티베츠가 회의를 끝내기 위해 일어섰다.

방 안은 조용했고, 모든 눈이 그를 주시하고 있었다.

티베츠는 미지의 임무를 위해 그렇게 오랫동안 그렇게 열심히 노력해온 그들이 자랑스럽다고 말했다. 이제 일이 계획대로 된다면 그들의 노력은 전쟁을 일찍 끝내고 수많은 생명을 구할 것이다. 그는 이렇게 말했다.

"지금까지 우리가 해왔던 모든 일들은 우리가 이제부터 하려는 일에 비하면 하찮은 것입니다."⁹

사람들은 아무 말 없이 찬란한 오후 속으로 들어갔다. 혼란스러워하고, 걱정하고, 놀라워하면서.

카운트다운: 2일

8월 4일, 일본 히로시마

카운트다운

1일

8월 5일, 티니안섬

티니안섬에서 비행기 사고와 다수의 사상자가 발생해서 골머리를 썩였던 끔찍한 토요일이 지나고 패럴 장군은 새 출발을 할 준비가 돼 있었다. 그는 일요일 아침 해가 뜨자마자 일어나 빳빳한 군복을 입고 좋은 날씨를 고대했다. 패럴은 원칙에 충실한 지휘관이었고, 그로브스 장군에 의해 맨해튼 사업의 부책임자로 발탁됐다. 쉰세 살인 패럴은 1차 세계대전 때 서부전선에서 싸웠고, 육군사관학교에서 토목공학을 가르쳤으며, 로스앨러모스에서 폭탄의 물리학을 배웠고, 트리니티 시험을 목격했다. 투하 작전이 굴러가기 위한 모든 준비가 돼 있었다. 날씨를 제외한 모든 준비가.

일본 주변의 태풍이 공격을 지연시키면서 그들은 며칠 동안 날씨 지도와 사진들을 들여다보았다. 아마도 오늘이 그날일 거야. 패럴은 사령부로 성큼성큼 걸어 들어갔다. 그는 할 일이 많았다. 그러나 날씨 보고를 받기 전까지 실제로 진척될 수 있는 것은 없었다.

오전 9시 직전, 부관 하나가 그것을 건네주었다. 노병은 그것을 훑어보고 미소를 지었다. 일본 상공의 구름이 24시간 이내에 걷힌다.

그가 기다리던 소식이었다. '꼬마'를 투하하기에 완벽한 조건이었다.

패럴은 재빨리 이 보고서를 그로브스에게 전달했다. 그로브스는 이를 다시 조지 마셜에게 전했다. 명령 계통을 타고 금세 다시 지시가 내려왔다. 폭탄은 내일, 8월 6일 투하한다. 비행기는 오전 2시 45분 출발한다. 히로시마까지 2500킬로미터. 여섯 시간 걸린다.

정오에 이 임무에 관여하고 있는 군 고위 장교들 및 과학자들의 회의가 열렸다. 그들은 투하 작전의 세부 사항들을 꼼꼼히 검토했다. 그때 무기 전문가 파슨스가 자신의 폭탄을 떨어뜨렸다.

'디크' 파슨스보다 우라늄 폭탄에 대해 더 잘 아는 사람은 별로 없었다. 해군사관학교 졸업생인 그는 1943년 이래 맨해튼 사업의 일을 하고 있었다. 체계적이고 타고난 지도자였으며, 폭발물 전문가였고, 오펜하이머의 친구이자 로스앨러모스 이웃이었다. 파슨스의 아내 마사는 자주 오펜하이머의 아이들을 봐주었다. 그는 자신의 고장 수리 기술을 기폭 장치 문제에 적용해 '꼬마'를 폭파시키는 총기형 장치를 만들어냈다.

파슨스는 완전체의 원자폭탄을 싣고 이륙하는 문제가 우려스럽다고 다른 사람들에게 말했다. 그는 티니안섬에 도착한 뒤 며칠 동안 과적過積 상태의 B-29가 활주로에서 제때 이륙하지 못할 경우에 무슨 일이 일어나는지를 목격했다. B-29 몇 대가 사고를 일으켜 엄청난 폭발이 하늘을 밝힌 뒤 밤잠을 이루지 못한 것은 패럴 장군뿐만이 아니었다.

파슨스는 다른 장교들에게 이렇게 말했다.

"비행기가 추락해 불이 붙으면 이 섬의 절반을 날려버릴 수 있는 핵 폭발이 일어날 위험이 있습니다."[1]

패럴은 움찔 놀랐다. 그러고는 이렇게 투덜거렸다.

"그런 일이 일어나지 않도록 기도하겠네."[2]

파슨스는 기도보다는 좀 나은 방법을 제시했다. 그는 이륙 이후에 이 무기의 폭파 장치를 달겠다고 자청했다. 비행기가 히로시마로 가는 도중에 우라늄 탄환과 장약 가운데 하나를 끼워 넣는다는 것이다. 비행기가 이륙 과정에서 사고가 나더라도 승무원과 비행기만 잃는 것이고, 폭탄이나 섬은 무사할 것이다.

"할 수 있겠나?"[3]

패럴이 묻자 파슨스가 인정했다.

"아뇨. 하지만 배울 시간이 만 하루 있습니다."[4]

티베츠가 말했다.

"폭탄 투하실이 너무 작아."

파슨스가 말했다.

"내가 할 거요. 다른 누구도 못해."

파슨스가 할 수 있다고 말했다면 지휘관들은 그를 의심하지 못했다. 그들은 그로브스에게는 변동 사항에 대해 아무 말도 하지 않기로 했다. 장군이 명령을 철회하고 일이 더 연기될 수 있기 때문이다.

티베츠는 한낮에 노스필드에 있었다. 트레일러가 '꼬마'를 조립장에서 탑재장으로 끌고 가는 것을 보았다. 그때 커다란 은색 비행기가 폭탄 위로 예인돼 자리를 잡았다.

그는 폭탄을 응시하며 그 파괴력을 곰곰이 생각했다. 3미터 남짓의

추한 물건이 TNT 2만 톤의 폭발력을 가졌다는 것은 믿기 어려웠다. 1942년 그가 유럽과 북아프리카에서 떨어뜨린 폭탄은 이 물건에 비하면 폭죽 수준이었다. 이것은 그 폭탄의 20만 개에 해당한다.

그는 오펜하이머와 로스앨러모스에 있는 다른 마법사들에 대해 생각했다. 그는 그들을 매우 존경하게 됐다. 그들의 모든 노고의 결실이 이곳 그의 앞에 있었다. 비행기의 배 안으로 들어 올려지기를 기다리고 있었다. 이제 곧 그것은 티베츠의 책임이 된다.

'꼬마.' 그는 낄낄 웃었다. 그 사람들, 왜 이름을 그렇게 붙였지? 저건 어떤 기준으로도 작지 않다고 그는 생각했다. 4톤이면 자신이 여태껏 투하했던 어떤 폭탄과 비교해도 괴물이었다. 밋밋한 회색의 칠과 지느러미는 어뢰 같은 모습이었다. 그러나 그것은 폭이 너무 넓어 우아하다는 말을 붙이기는 어려웠다. 카론은 이것을 "지느러미가 달린 길쭉한 쓰레기통"이라고 불렀다.

승무원 몇 명이 멈춰 서더니 폭탄에 낙서를 했다. 그 가운데 하나는 일본의 최고 지도자에게 보내는 것이었다.

안녕, 천황!
인디애나폴리스호의 남자들이.

티베츠는 그들이 작업하는 모습을 바라보았다. 한 가지 생각이 꿈틀거리기 시작했다.

원자폭탄 '꼬마'

에놀라게이에 실리고 있는 '꼬마'

기지의 제509부대 쪽에서는 일이 바빠지고 있었다. 모든 지원 부서들이 부산하게 움직였다. 기술, 통신, 레이더, 대응 조치, 장비, 사진, 심지어 식당까지. 비행기 일곱 대에 연료를 넣고 윤활유를 쳐야 했다. 총도 시험 발사를 하고 재장전했다. 무선과 레이더 장치는 조정하고 점검했다. 폭격 조준기, 자동 조종 장치, 나침반도 눈금을 조정했다.

비저의 인생에서 가장 바쁜 날이었다. 노닥거릴 시간이 없었다. 그는 티베츠의 비행기와 두 대의 관찰 비행기, 그리고 공격 계획의 예비로서 이오섬에 보내는 비행기에 적절한 레이더 방해 안테나를 달았다.

문제가 딱 하나 있었다. 각 안테나 열列의 설치에 필요한 장비는 세트마다 독특했다. 그들이 이오섬에 내려 비행기를 바꿔야 한다면 그는 새 비행기에 이 장비를 적절하게 재설치하기 위한 도구가 필요했다. 그는 이오섬 비행기의 항공 기관사에게 안테나 버킷 캡을 제거하고 압력 개스킷을 대체하기 위한 적절한 도구들을 갖추도록 신신당부했다. 그는 또한 제대로 된 개스킷이 필요했다. 이 모든 것은 즉시 해야 했다. 할 일 목록은 갈수록 더 늘어났다.

바깥의 비행 대기선에서 티베츠는 자신의 비행기에 한 가지가 빠졌다는 것을 깨달았다. 이름이었다. 작전에 나가는 다른 B-29는 모두 그럴듯한 이름을 갖고 있었다. 스트레이트플러시, 조종사 프레더릭 복이 말장난으로 붙인 '복스카Bock's Car' 같은 이름들이다. 티베츠가 유럽에서 탔던 B-17의 이름은 '붉은 그렘린'이었다.

티베츠는 이 작전의 중요성을 잘 알고 있었다. 이 폭탄이 떠벌린 대로 터져준다면 자신의 비행기는 역사에 기록된다. 그는 이름에 대해 진지하게 생각해봐야 했다. 세계 최초의 원자폭탄이 '82호 비행기'에서 투하될 수는 없는 노릇 아닌가.

좀 품위 있고 시적이면서도 너무 무겁지 않은 이름이 필요했다. 그는 생각했다.

"어머니라면 어떤 이름을 추천하실까?"

그의 생각은 곧 어머니에게로 향했다. 용감한 빨강 머리. 어머니의 조용한 믿음은 어릴 때부터 그의 힘의 원천이었다. 그가 의학 공부를 때려치웠을 때 아버지는 그가 정신이 나갔다고 생각했지만 어머니 에놀라 게이 티베츠는 아들 편을 들었다. 어머니는 이렇게 말해주었다.

"아들아, 너는 잘될 거야. 내가 알아."[5]

에놀라 게이Enola Gay. 멋지게 들렸다. 티베츠는 다른 누군가가 에놀라라는 이름을 가졌다는 말을 들은 적이 없었다.

그는 책상에서 벌떡 일어났다. 옆방에서는 밴커크와 페어비가 카드놀이를 하고 있었다. 그들은 몇 달 전 대령의 어머니를 만난 적이 있었다. 어머니가 웬도버로 찾아왔었다. 비행기에 엄마의 이름을? 좋죠! 그들은 그렇게 말했다. 행운을 가져다줄 것이다. 티베츠는 미소를 짓고 엄마의 이름을 종이에 썼다. 그러고는 비행장으로 나가 정비공을 찾았다.

"이걸 공습 나갈 비행기에 써주게. 멋지고 크게."

티베츠는 그에게 말했다. 그리고 그는 그 말대로 했다.

파슨스는 덥고 땀이 났다. 손은 더러웠다. 그러나 거의 끝나가고 있었다. '꼬마'가 비행기로 끌어올려진 직후 파슨스는 폭탄 투하실로 올라갔다. 그는 그곳에 두 시간 동안 머물렀다. 사람이 들어갈 공간이 아닌 곳에 밀고 들어가 연장과 폭약 자루를 끌어들였다. 그는 수도 없이 훈련을 했다. 후미 플러그를 제거하고 네 개의 폭약 자루와 우라늄 '탄환'을 집어넣는 것. 그의 몸은 폭탄에 짓눌리고 손은 그 동작들을 근육에 아로새기면서 흑연 윤활유로 시커메졌다. 강철 비행기 안의 온도는 섭씨 38도에 육박했다. 땀으로 눈이 따끔거렸다. 그러나 파슨스는 자신이 그 일을 할 수 있다는 확신이 들기까지 멈추지 않았다.

그는 더러운 모습으로 나왔다. 그러나 B-29의 비행 중에 그것을 해낼 수 있다는 자신감을 얻은 채였다. 그것은 위험한 일일 것이다. 그는 계획을 수행하기 위해 조수 젭슨이 필요했다. 그들은 그 무기가 있는 곳으로 가기 위해 우선 좁은 통로를 헤쳐 나가야 했다. 그런 다음 파슨스는 제 위치로 쑤시고 들어가 도화선을 끊고 후미 플러그를 제거해 폭약 자루를 집어넣고 후미 플러그를 대체한 뒤 모든 전선을 다시 연결한다.

비행기가 히로시마에 접근하면 무기 담당자가 폭파 장치의 스위치를 켠다. 젭슨은 내부 배터리에 있는 세 개의 녹색 안전 플러그를 붉은 활성 플러그로 대체할 것이다. 그렇게 해야만 비로소 이 핵무기는 발사 준비가 되는 것이다.

시간이 지나면서 자잘한 일이 없는 승무원들은 혼란스러운 가운데서도 긴장을 풀려 애썼다. 어떤 사람들은 교회의 일요 예배에 갔고, 어떤 사람들은 낮잠을 잤다. 또 어떤 사람들은 공을 가지고 하는 운동을 하거나 카드놀이를 했다.

카운트다운: 1일

8월 5일, 티니안섬

늦은 오후에 장교들이 제509부대 사령부 밖에 모여들기 시작했다. 티베츠, 루이스, 밴커크, 페어비가 다른 사람들을 기다렸다. 4시 15분, 카론, 스티보릭, 슈머드, 넬슨, 듀전버리가 마침내 모습을 보였다. 일부는 웃옷을 입지 않고 있었다. 다른 승무원들과 즉석 소프트볼 게임을 마치고 바로 왔기 때문이다. 단체 사진을 찍는 시간이었다.

사진사는 렌즈를 조정하고 사병들을 서 있는 장교들 앞에 쪼그리고 앉게 했다. 이것은 작전에 나가는 사람들을 찍은 여러 사진 가운데 첫 번째였다. 이때 막사 앞에서 사람들은 미소를 띠었다. 그들은 카론이 브루클린 다저스 모자를 벗지 않겠다고 하자 야유를 퍼부었다.

티니안섬의 제509부대 사령부 앞에서 찍은 승무원 단체 사진. 1945년 8월 5일 오후에 찍었다. 뒤에 서 있는 사람은(왼쪽부터) 페어비 소령, 밴커크 대위, 티베츠 대령, 루이스 대위다. 앞줄의 쪼그린 사람은 카론 병장, 스티보릭 병장, 듀전버리 병장, 넬슨 이등병, 슈머드 병장이다.

물론 그들은 앞에 무슨 일이 기다리고 있는지 알고 있었다. 그러나 잠시 동안 그들은 위험에 대한 생각을 떨쳐버렸다.

사진사가 자신이 필요로 하는 사진을 다 찍고 나서도 저녁 식사까지는 아직 시간이 남아 있었다. 루이스와 몇몇 승무원들은 지프에 뛰어올라 비행장으로 가서 비행기를 점검하려 했다. 헌병 하나가 차를 세워 그들이 너무 가까이 가지 못하도록 했다. 루이스가 지프에서 뛰어내려 비행기 앞쪽으로 가서 눈부신 태양 아래 있는 은색 폭격기를 보려 했다.

다른 쪽에 있던 사람들에게 루이스의 비명이 들렸다.

"도대체 '내' 비행기에 무슨 짓을 한 거야?"

그는 새로 페인트로 쓴 '에놀라게이'라는 글자를 발견했다. 동체의 조종사 창 바로 밑에 검고 굵게 쓴 글자들이었다.

루이스는 노발대발했다. 그는 정비를 맡고 있는 장교를 불렀다.

"누가 여기에 이 이름을 쓴 거야?"

그가 대답하기를 거부하자 루이스는 더욱 화가 났다. 그는 장교의 부하들에게 이름을 지우라고 요구했지만, 그는 그럴 수 없다고 말했다.

"도대체 무슨 개소릴 하는 거야? 누가 당신한테 저런 걸 쓰라고 허락했어?"[6]

그는 결국 포기하고 말을 해주었다.

결국 이거였군. 이런 치욕은 없다. 루이스는 분노했다. 앞서 티베츠가 루이스의 고정 승무원들을 작전에서 빼버렸다. 그러더니 티베츠는 자신이 작전을 지휘하기로 결정했다. 이제 이렇게까지? 그는 사령부로 달려가 티베츠의 사무실로 쳐들어갔다.

카운트다운: 1일

8월 5일, 티니안섬

그는 침착한 목소리를 내려 노력했다. 그가 물었다.

"대령님이 '내' 비행기에 이름을 쓰도록 정비사들에게 허락하셨습니까?"

티베츠는 이런 헛소리에 대꾸하느라 낭비할 시간이 없었다.

오마하 공장에 가서 막 생산 라인에서 나온 그 B-29를 선택한 것은 티베츠였다. 물론 루이스는 그 비행기를 여러 번 조종했다. 그러나 그것은 오로지 티베츠가 언제나 기획 회의 때문에 워싱턴과 로스앨러모스, 그리고 태평양의 섬들로 돌아다닌 때문이었다. 루이스는 그 비행기를 빌렸을 뿐이었다. 아이들이 부모의 차를 빌리듯이. 그것은 티베츠의 비행기였다. 그가 자기 어머니의 이름을 거기에 붙이고 싶으면 붙이는 것이고, 그는 그렇게 했다. 루이스의 허락을 받을 필요가 없었다.

"그 비행기에 내 어머니 이름을 붙였다고 자네가 뭐라고 할 줄은 몰랐네."

티베츠가 말했다.

어머니라. 거기에 반대하는 것은 무례한 일임을 루이스도 알았다. 그는 아직 화가 나 있었지만, 무슨 일을 할 수 있지? 티베츠는 그의 상관이었다. 그는 심호흡을 하고, 뒤로 돌아서 티베츠의 사무실을 나왔다.

몇 년 뒤 티베츠는 그 충돌을 무시했다. 그는 이렇게 말했다.

"나는 그가 어떻게 생각하든 상관하지 않았습니다."[7]

티베츠는 루이스에게 자신이 왜 그 이름을 선택했는지, 조종사가 되겠다는 자신의 결정을 어머니가 어떻게 지지했는지 말하지 않았다.

또한 티베츠가 북아프리카와 유럽에서 출격 비행을 하는 등 어려운 상황에 놓일 때마다 어머니의 포근한 말을 떠올렸다는 이야기도 하지 않았다. 티베츠는 이 극비 임무를 준비하면서도 일이 잘못되면 무슨 일이 일어날지에 대해 거의 생각하지 않았다. 그러나 그런 걱정을 하게 되면 언제나 어머니의 목소리가 "걱정을 사라지게" 했다.

오후 8시가 되자 공군 기지 전체가 부산스러워졌다. 수십 명의 지상 장교들에게 어떤 일을 언제 해야 하는지에 대한 지시가 내려졌다. 과학자들은 노스필드에서 멀찍이 떨어진 대피소로 안내됐다. "예정 외의" 핵 폭발이 일어나는 경우 대체할 수 없는 핵 전문가의 생명을 가지고 모험을 할 순 없었다.

이륙 장소로 선택된 노스필드의 A 활주로 측면을 따라 15미터 간격으로 소방차가 배치돼 있었다. 사고가 일어날 경우 특수 부대가 이 지역의 방사능 오염을 체크하도록 돼 있었다.

티베츠는 작전에 참여하는 일곱 명의 승무원을 조립식 막사로 소집해 짧은 비행 전 지시를 내렸다. 그는 그들이 따라가야 할 경로와 각 비행기의 고도, 그리고 그들이 사용할 무선 주파수 등에 대해 설명했다.

본래의 계획에서 두 가지 변경 사항이 있었다. 티베츠는 그들의 무선 호출 신호를 '빅터Victor'에서 '딤플스Dimples'로 바꾸었다. 적이 그들의 호출을 감시하는 방법을 찾아냈을 경우를 대비한 것이었다. 다른 하나는 임무의 첫 구간 동안에는 고도 1500미터 이하로 비행한다는 것이었다. 파슨스가 가압되지 않은 폭탄 투하실에서 무기를 조립할 시간을 주기 위해서였다.

그들이 다시 모일 때까지 몇 시간이 비어 있었다.

사령부 식당에서는 취사 장교 찰스 페리의 요리사들이 출격 승무원들이 자정 직후 먹을 음식을 준비하고 있었다. 물론 티베츠의 파인애플 튀김도 있었다.

그러나 대부분의 사람들에게 음식 생각은 그리 솔깃하지 않았다. 일부는 조용히 침상에 누워 사랑하는 사람들을 생각하거나 편지를 썼다. 일부는 진정을 하기 위해 술을 몇 잔 마셨다. 한 사람은 고백 성사를 위해 성당에 갔다.

비저는 좀 자고 싶었다. 그러나 티베츠가 끼어들었다. 비행 전 지시 직전에 대령은 비저를 자신의 사무실로 불러 《뉴욕 타임스》 기자 윌리엄 로런스를 소개했다.

"이 사람은 우리 프로젝트에 관한 모든 보도를 위해 군사부에 임시 고용돼 있네."

티베츠는 비저에게 이렇게 말한 뒤 로런스를 향했다.

"당신들 두 사람은 공통점이 많아. 비저 중위가 앞으로 몇 시간 동안 좋은 동무가 돼줄 거요."

비저는 그것이 티베츠의 암호 명령이라는 것을 알았다. '제발 이 친구 좀 붙잡아놓아 우리를 귀찮게 하지 않도록 하게.'[8]

비저는 잠을 자지 않았다. 두 사람은 몇 시간 동안 이야기했고, 비저는 사실상 교육을 받았다.

비저는 로런스가 "복잡한 과학 이론을 소박한 보통 사람의 언어로 설명할 수 있는 지적 능력을 소유"하고 있음을 재빨리 알아차렸다.

그들 두 사람은 티니안섬에 있는 사람들 가운데, 로스앨러모스에 있었고 거기서 어떤 일이 진행됐는지 아는 소수의 사람들에 속했다. 아무도 비저에게 '원자폭탄'이라는 말을 해준 적은 없지만 그는 그들이 만들고 있던 치명적인 폭탄에 대해 모두 알고 있었다.

로런스는 이 열의에 찬 젊은 군인에게 트리니티 시험 이야기를 해주고, 그들의 무기와 관련된 기술의 평화적 이용 가능성에 대해서도 설명했다. "그들에게 그것을 활용할 지혜가 있고 그것을 인류의 이익을 위해 전용"한다는 전제에서다. 그는 곧 일어날 사건이 "새로운 시대의 여명"이라고 말했다. 그러나 그는 이렇게 경고했다.

"우리는 지금 우리를 지복천년至福千年으로 이끌 수도 있고 문명 파괴로도 이끌 수 있는 우주의 근본적인 힘에 대한 통제권을 손안에 쥐고 있습니다."

이는 젊은 중위에게는 벅찬 주제였다. 제509부대에서 최종 지시가 있다는 연락이 오자 비저는 작전에 나가기 전에 이야기를 더 나누고 싶다고 로런스에게 말했다.

비저가 건물로 들어가려는데 과학자 에드 돌Ed Doll이 그를 멈춰 세웠다. 그들은 잠시 이야기를 나누었고, 돌이 비저에게 얇은 종이 쪽지를 접어 건넸다. 거기에는 숫자가 한 줄 적혀 있었다. 비저는 그것을 알아보았다. 그것은 폭탄이 떨어질 때 그 레이더가 지면까지의 거리를 측정하기 위해 사용하는 무선 주파수였다.

"왜 이런 종이죠?"

비저가 묻자 돌이 말했다.

"만약 무슨 일이 일어나면, 생포될 것 같다는 생각이 들면 이걸 뭉

쳐서 삼키세요."[9]

아까는 로런스가 종말론적 비전을 이야기하더니, 이제는 얇은 종이에 쓴 암호라.

비저는 자신이 살아 돌아올 수 있을지 의문스러웠다.

카운트다운

9시간 15분

8월 6일, 티니안섬

올 것이 왔다. 더 이상의 훈련도 없고, 더 이상의 연습 비행도 없다. 이것이 진짜배기다. 한밤중에 티베츠는 작전과 관련된 승무원들을 소집했다. 이제 그들에게 말해도 되는 만큼의 진실을 알릴 때였다.

"우리가 오랫동안 훈련해온 것이 검증대에 오를 시간이 됐다. 우리는 우리가 성공했는지 실패했는지를 곧 알게 된다. 오늘 밤 우리의 노력에 따라 역사가 만들어질 수 있다."

티베츠가 말했다.

"우리는 곧 이전에 보거나 듣지 못했던 폭탄을 투하하는 작전에 나설 것이다. 이 폭탄은 2만 톤의 다이너마이트에 해당하는 파괴력을 지니고 있다."

티베츠는 잠시 멈추고 질문을 기다렸지만, 승무원들은 아무 말이 없었다.

대령은 계획을 재확인했다. B-29 한 대를 예비로 이오섬에 보내고, 목표물 후보지 상공의 실시간 날씨 정보를 얻기 위해 일본에 석 대의 비행기를 보내며, 이어 석 대의 비행기를 목표물로 보낸다. 공습 비행기 한 대와 관찰 비행기 두 대다.

최종 지시는 이 마지막 석 대의 승무원들만을 위한 것이었다. '에놀라게이'와 '명인'과 '필요악'이다.

그는 같은 절차와 세목을 하나씩 하나씩 되풀이했다. 사람들은 이미 트리니티 시험 사진을 보았고, 폭탄의 파괴력에 대해 들었다. 그러나 여전히 폭탄 하나가 그렇게 치명적이라는 것이 당혹스러웠고 실감이 나지 않았다. 티베츠가 모든 사람에게 조절 가능한 호형弧形 용접공 렌즈를 하나씩 나누어주고 맨눈으로 섬광을 바라보지 말라고 경고할 때까지는. 티베츠는 이 부대를 1년 가까이 지휘하고 있었지만 한 번도 '원자'나 '핵'이라는 말을 사용한 적이 없었다.

그는 성공적인 작전의 원칙을 몇 개의 분명한 문장으로 설명했다. 맡은 일을 하라. 명령에 복종하라. 절차를 무시하거나 모험을 하지 마라.

다들 이 임무가 엄청나게 위험하다는 것을 알고 있었다. 티베츠는 누구보다도 잘 알고 있었다. 그의 주머니에는 열두 개의 청산가리 캡슐이 든 종이 약갑이 들어 있었다. 공군 군의관 돈 영Don Young은 이날 일찍 이것을 대령의 책상 너머로 건네주었다. 그는 이렇게 말했다.

"이걸 사용하지 않게 되시기를 바랍니다."

며칠 전 영과 승무원들은 그들이 폭탄을 투하하기 전 또는 후에 비상 탈출을 해야 하는 경우 어떻게 할 것인지를 의논했다. 그들이 생포되면 일본인들은 그들을 고문할 것이다.

파슨스가 말했다.

"그들에게 생포되느니 지옥에 가겠소."[1]

승무원들은 작전에 나갈 때 언제나 권총을 찬다. 물론 그들은 자살을 하기 위해 그 무기를 사용할 수도 있다. 그러나 영은 그들에게 이렇게 말했다.

"권총을 쏴서 자기 머리통을 날려버리는 것보다는 알약이나 캡슐 하나를 삼키는 것이 쉽겠죠."[2]

티베츠는 다른 위험성도 있다는 것을 알고 있었다. 그의 B-29는 (그리고 아마 다른 비행기들도) 원자폭탄이 폭발한 뒤 그 충격파로 심각하게 손상되거나 파괴될 수 있었다. 이 무기가 일찍 폭발할 수도 있다. 그들이 살아서 돌아올 수 없는 이유는 수도 없이 많았다. 티베츠는 장도에 오르는 부하들을 위해 군 목사를 찾았다.

카운트다운
9시간

대령은 부하들을 윌리엄 다우니William Downey 대위에게 소개했다. 스물다섯 살의 루터교 목사였다. 다우니는 종이 쪽지를 꺼내 자신이 쓴 말들을 바라보았다. 그는 이 임무가 아주 특별한 것이고, 그것이 어쨌든 전쟁을 빨리 끝내는 데 도움이 될 수 있음을 알고 있었다. 다우니는 방 안에 있는 모든 사람에게 고개를 숙이라고 말했다. 그는 봉투 뒷면에 쓰인 공식 기도문을 읽었다.

전능하신 아버지, 당신을 사랑하는 사람들의 기도를 들어주시는 분이시여.
당신께서 당신의 하늘 높이만큼이나 용감하고 우리의 적들과 싸움을 하고 있는 사람들과 함께해주시기를 기도하옵니다. 그들이 지명된 회차의 비행을 할 때 그들을 지키고 보호해주시기를 기도하옵니다. 그들과 우리가 당신의 힘과 능력을 알고 당신의 힘으로 무장해 이 전쟁을 빨리 끝낼 수 있도록 해주소서. 우리가 당신께 기도하오니, 전쟁의 끝이 빨리 오고 우리가 다시 한 번 지상의 평화를 알게 하소서. 오늘 밤 비행에 나서는 이 사람들이 안전하게 우리에게로 돌아오도록 해주소서. 우리는 당신을 믿고 앞으로 나아가며, 지금부터 영원토록 당신의 보살핌 속에 있을 것을 압니다.

예수 그리스도의 이름으로, 아멘.[3]

비저는 공손하게 서서, 자기네의 예배가 "미리 특별한 은혜를 청하기보다는" 사후에 감사를 드리는 데 더 적합하다는 생각을 했다. 하지만 기도가 나쁠 건 없다는 사실을 알고 있었다.

'아멘' 소리와 함께 승무원들은 식당으로 향했다. 취사반장 엘리엇 이스털리Elliot Easterly는 방의 분위기를 좀 띄우려고 벽에 종이 호박 장식을 붙여놓았다. 제509부대의 호박 폭탄에 경의를 표한다는 의미였다. 또 각 메뉴마다 재미있는 말을 붙여놓았다. 으깬 귀리에는 '왜?', 소시지에는 '이건 돼지고기라고 생각해', 사과잼에는 '차축 기름 같아'라는 말을 붙였다.

음식은 서른 가지가 넘었다. 베이컨, 달걀, 스테이크, 그리고 파인애플 튀김. 사람들은 대부분 신경이 곤두서 있어 먹지 못했다. 깨작깨작 먹는 사람도 있었다. 티베츠는 블랙커피를 몇 잔 마셨다. 사람들과 한담을 나누며 완전히 차분한 척했다.

그러나 그렇지 않았다. 그는 긴장하고 있었고, 두려워하는 데 가까웠다. 그는 감정과 싸워 이겨야 했다.

　비저는 공격적인 접근을 했다. 그는 식판에 오트밀과 달걀, 양갈비를 수북이 담았다. 우유 한 병과 군대 빵 몇 조각, 그리고 버터로 후식을 채웠다. 만약 죽더라도 적어도 배는 채운 채 가게 된다.

카운트다운
8시간

이른 아침을 먹은 후 티베츠와 승무원들은 비행 장비와 히로시마까지 날아가는 여섯 시간 동안에 필요한 개인 소지품들을 가지러 막사로 돌아갔다. 티베츠는 흡연 도구들을 주워 담았다. 궐련과 여송연, 파이프 담배와 파이프. 티베츠, 밴커크, 페어비는 지프를 몰고 비행 대기선으로 갔다.

　그곳에서 비행기 타기를 기다리는 동안 밴커크는 지난 며칠 동안 기내에서 했던 모든 작업들을 곰곰이 생각했다. 그는 완벽주의자였다. 모든 것은 준비가 돼 있어야 했다. 특히 이번 비행에 관해서는. 그와 페어비는 조종석과 비행기의 작업 공간을 대청소했다. 구석구석을 뒤져 구겨진 사탕 봉지와 껌, 오마하 시절까지 거슬러 올라가는 여자 팬티 같은 것을 끄집어냈다.

　밴커크는 이미 마음속으로 자기네 여행의 계획을 세워놓고 있었고, 밤하늘의 별을 이용해 대부분의 비행기 길을 찾을 생각이었다. 그는 천문 항법celestial navigation(태양, 달, 별 등 천체의 고도와 방위를 관측해 자신의 위치를 파악하며 항해하는 방법—옮긴이)이 A 지점에서 B 지점으로 가는 가장 정확하고 자연스러운 방법이라고 생각했다. 그들의 이번 임무에는 완벽한 정확성이 필요했다. 유럽과 북아프리카에서 그는 땅을 볼 수 있었다. 이곳 광대한 태평양 상공에서는 이야기가 달라진다. 밴커크의 작업 구역은 깔끔하게 정리돼 있었다. 지도, 도표, 연필, 종이, 편류계偏流計, 그리고 보이는 물체들 사이의 각거리를 재는 구닥다리 육분의.

페어비는 자신의 노든 폭격 조준기에 사소한 결함도 없도록 확인했다. 폭격수는 작전 중 대부분의 시간을 처박혀 보내다가 모든 일이 잘되어 그 순간이 오면 물건 배달에 나선다. 폭탄 투하실이 열리면 육안으로 목표물을 확인하고 나서 잠시 동안 비행기 운항을 넘겨받는다. 시력의 추적 속도를 비행기의 지상 속도와 맞추면서 그것을 일정하게 유지한다. 목표물에 근접하면 정확한 순간에 폭탄을 투하하고 뒤로 물러나며 조종사가 다시 통제권을 행사한다.

지금 두 친구는 더운 밤에 포장도로에서 뿜어져 나오는 8월의 열기를 느끼며 말없이 서 있었다. 그들은 작전을 나갈 때 더 기분이 좋았다.

군용 트럭이 마침내 멈춰 서고, 그들은 담록색 전투복 차림으로 차에 올랐다. 그들이 몸에 지닌 유일한 신분 표지는 인식표였다. 그들은 비행기까지 잠깐 차를 타고 가는 동안 거의 말을 하지 않았다. 말을 할 필요가 없었다.

카운트다운

7시간 38분

날씨 관측 비행기 석 대가 이륙했고, 이어 빅스팅크가 이오섬으로 향했다. 공습 비행기에 문제가 있을 경우를 대비하기 위해서다.

카운트다운

7시간 10분

에놀라게이의 승무원들은 도착해 비행기에 오를 준비를 했다. 그들이 탈 B-29는 투광 조명등의 세례를 받고 있었고, 활주로에는 100여 명의 사진 기자와 영화 제작자, 그리고 성원하는 사람들이 나와 혼잡을 이루고 있었다. 마치 할리우드 영화 개봉 같았다. 그것은 그로브스 장군의 아이디어였다. 그는 에놀라게이의 출발을 기록으로 남기고 싶었다.

티베츠는 깜짝 놀랐다. 그는 사진을 몇 장 찍으리라는 것은 알고 있었다. 그러나 이렇게 많이? 고작 비행기 한 대에? 그는 이런 관심 집중에는 대비하지 못했다. 그는 자기네 승무원들의 차림이 너무 정신없다는 것을 깨달았다. 티베츠는 복장 문제는 중시하지 않았다. 부하들이 자기네 일을 하고 또한 그것을 잘하는 한 말이다. 그는 늘 그랬듯 정장을 요구하지 않았다. 그들의 민간 용품 가운데 일부는 행운의 부적이었다. 카론은 다저스 모자를 썼고, 스티보릭은 편물 스키 모자를 썼다. 주머니에는 묵주와 호신부가 잔뜩 들어 있었다.

사람들은 승무원들에게 사진을 찍기 위해 포즈를 취하고 카메라를 보며 말도 몇 마디 하도록 부탁했다. 비저는 사람들 틈에서 로런스를 발견하고는 그에게 다가가 악수를 했다. 로런스 기자는 무척 부러워했다. 그는 당초 폭격 비행기에 탑승할 예정이었으나 사정상 들어가지 못했다. 그는 두 번째 원자폭탄 투하가 있을 경우 거기에 동승한다. 그는 젊은 친구에게 세상의 모든 행운이 함께하기를 빌었다.

팡파르가 울리는 가운데 루이스는 승무원들을 불러 모았다. 그는 흥분을 가라앉히고 티베츠가 조종사라는 사실을 마지못해 인정했다. 그나마 작전에 나가게 돼서 기뻤다. 그는 사람들과 무슨 말을 하고 싶

히로시마를 향해 이륙하기 직전에 에놀라게이 승무원 대부분이 모였다. 뒤에 서 있는 사람은 (왼쪽부터) 지상 정비 요원 존 포터 중령(그는 비행기에 타지 않았다), 항법사 밴커크 대위, 폭격수 페어비 소령, 조종사 티베츠 대령, 부조종사 루이스 대위, 레이더 대응 조치 장교 비저 중위다. 앞줄의 쪼그린 사람은 레이더 기사 스티보릭 병장, 후미 총수 카론 병장, 무선 통신사 넬슨 이등병, 항공 기관사보 슈머드 병장, 항공 기관사 듀전버리 병장이다. 파슨스 해군 대령과 육군 항공대 젭슨 소위는 사진에서 빠져 있다.

었다. 로런스가 방해를 했다. 그는 루이스에게 공책과 펜을 건네고는 《뉴욕 타임스》에 나중에 신도록 에놀라게이 비행 일지를 적어달라고 부탁했다. 루이스는 동의했다. 그러고 나서 루이스는 사병들을 향해 돌아서서 이렇게 말했다.

"여러분, 이 폭탄은 항공모함만큼 비쌉니다. 우리는 이것을 만들었고, 전쟁에서 이길 겁니다. 그저 망치지만 맙시다. 정말 제대로 해냅시다."[4]

시간이 다가오고 있었다. 그러나 제509부대 사진사는 승무원 공식 사진을 찍어야 했다. 늘 그렇듯이 장교들이 쪼그린 사병들 뒤에 섰다. 카론은 쪼그리고 앉을 때(사진사가 그들에게 좀 더 다가앉으라고 주문했다) 누군가의 구두가 엉덩이에 닿는 것을 느꼈다. 그가 쳐다보니 밴커크가 씩 웃고 있었다. 두 사람은 크게 웃었다.

마지막 사진을 찍고 난 뒤 티베츠가 승무원들을 향해 말했다.

"자, 일하러 가세."

카운트다운
7시간 5분

에놀라게이는 이륙 위치로 예인됐다. 티베츠는 비행 전 점검표를 살핀 뒤 듀전버리에게 엔진을 시험 가동하라는 신호를 보냈다. 모든 것이 순조롭게 시작됐다. 유압과 연료 압력, 게이지. 모든 것이 '최대 효율'을 가리켰다. 그것이 끝나자 티베츠는 조종석 창에서 군중에게 손을 흔들었고(사진 기자가 그 장면을 찍었다), 활주로 서남쪽 끝까지 2킬로미터 가까이 천천히 이동했다.

패럴 장군은 로런스 기자 및 다우니 군목과 함께 이륙을 지켜보기 위해 통제탑으로 들어갔다.

티베츠는 3킬로미터에 이르는 활주로를 똑바로 바라보았다. 한쪽에 전날 밤 추락해 불에 탄 넉 대의 B-29의 시커메진 잔해가 서 있었다.

82호 항공기 시절의 그의 비행기는 최대 60톤을 수송했다. 오늘 에놀라게이의 무게는 70톤에 이른다. 모두가 폭탄은 아니었다. 뒤에 여분의 연료가 있었다. 앞부분에 있는 '꼬마'의 무게를 상쇄하기 위한

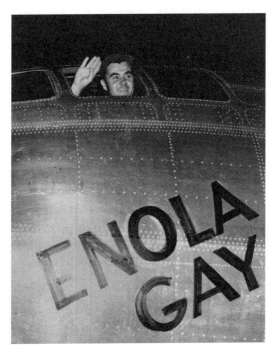

티베츠 대령이 1945년 8월 6일 B-29를 타고 히로시마로 떠나기 전에 손을 흔들어 인사하고 있다.

것이었다. 비행기에서 균형은 매우 중요했다. 특히 이륙 시에는 말이다. B-29가 활주로 끝에 이르도록 충분한 속도에 오르지 못하면 지상에서 이륙하지 못한다. 그리고 티니안섬에서는 활주로가 끝나는 부분에서 바다가 시작된다.

티베츠는 과열된 상황에서도 냉정을 유지하기로 유명했다. 그러나 이번에는 1942년 첫 전투 출격 이래 느껴보지 못했던 긴장을 통제하느라 애쓰고 있었다. 이것은 그저 또 하나의 이륙일 뿐이다. 이전에 여러 번 해왔던 일이다. 별거 아냐. 그러나 그의 손바닥은 축축해져 있었다. 첫 번째 전투 임무에서 그의 B-17은 모두 1톤의 폭탄을 실었다. 지금 그의 비행기는 배에 4톤의 폭탄을 담고 있었다. 그는 긴장감과 싸워 이겨야 했다. 너무 많은 사람들이 자신에게 기대고 있었다.

티베츠는 관심을 승무원들에게로 돌렸다. 모두가 정위치에 있었다. 그는 관제소에 연락했다.

"딤플스 82에서 북티니안 관제소에. 활주로에서 이륙 준비 완료."

관제소에서 이륙을 승인했다.

티베츠가 루이스를 돌아보았다.

"가세."

티베츠는 모든 조절판을 앞으로 밀었고, 비행기는 전속력으로 앞으로 굴러갔다. 그는 정말 최후의 순간까지 기다려 속도를 최대로 끌어올린 뒤 비행기 앞머리를 공기 중으로 들어 올렸다. 에놀라게이가 활주로에서 으르렁거릴 때 일부 승무원들은 최악의 상황에 대비했다. 루이스는 자신이 비행기를 조종하는 것처럼 조종 장치를 꽉 움켜쥐었다.

카운트다운: 9시간 15분

8월 6일, 티니안섬

에놀라게이가 날아오를 수 있을지 의문을 품은 사람은 그뿐만이 아니었다. 관제소에서는 다우니가 B-29가 활주로를 굴러가는 것을 보면서 혼잣말을 했다. 그는 그들이 해낼 수 있을지 확신하지 못했다.

비행기는 포장도로 끝에 가까워졌지만 회전수 계기는 아직 2550 RPM 이하였다. 티베츠는 비행이 가능하려면 이 수치가 돼야 한다고 계산했었다. 루이스는 신경질적으로 계기반을 바라보며 말했다.

"너무 무거워. 너무 느려."

티베츠는 그를 무시했다. 중단하지 않을 것이다. 가능한 마지막 순간에 그는 바퀴를 뒤로 풀었고, 에놀라게이는 공중으로 뛰어들었다. 밴커크는 숨을 내쉬고 항법 일지에 글자를 휘갈겼다.

"바깥을 내다보니 바다가 보였다. 그러니 우리는 지상을 벗어난 것이다."

통제탑에서 굉음이 솟아올랐다. 승무원들이 안도의 한숨을 내쉬었다.

카운트다운
6시간 30분

엔진은 한결같은 노래를 불러댔다. 계기는 조화로웠다. 카론은 비행기 후미에서 50구경 기관총을 몇 차례 발사했다. 작동이 되는지 확인하기 위해서였다. 잘 작동됐다.

파슨스는 티베츠의 어깨를 치며 아래쪽을 가리켰다. '꼬마'를 조립할 시간이었다.

티베츠는 비행기 고도를 1700미터로 꾸준히 유지했다. 구름 바로 위였다. 파슨스와 젭슨은 폭탄 투하실 문을 열고 좁은 통로로 내려갔다. 그들은 아래쪽 닫힌 문 위의 폭탄을 올려놓고 있는 받침대를 따라 기어갔다.

그곳은 시끄럽고 바람이 심하고 어두웠다. 젭슨은 손전등과 공구 상자를 들고 있었다. 파슨스는 몸을 비좁은 공간에 밀어 넣고 작업을 시작했다. 그들은 점검표대로 움직였다. 젭슨이 파슨스에게 필요한 순간에 필요한 도구를 건네주었다. 간호사와 의사 같았다. 파슨스는 훈련을 했고, 그의 손은 능숙하게 움직였다. 그러나 그것은 신경이 곤두서는 일이었다. 폭탄이 폭발할 위험성만이 아니었다. 둘 중 하나가 미끄러져 떨어지면 그들과 너른 하늘 및 바다 사이에 있는 것이라고는 얇은 알루미늄 문밖에 없었다. 한 사람의 몸무게도 지탱할 수 없도록 만들어진 것이었다.

파슨스는 조심스레 선과 약실의 후미 판을 제거하고 우라늄과 네 개의 화약 자루를 집어넣은 뒤 선을 다시 연결하고 판을 다시 설치했다. 파슨스는 그들이 폭탄 투하실까지 연장해놓은 내부 통신 장치를 통해 각 단계마다 계속 티베츠에게 보고했다. 20분이 지나자 그는 까다로운 일을 마쳤다.

"폭탄이 조립됐습니다."[5]

파슨스가 티베츠에게 말했다. 대령은 이 말을 무선으로 상부에 보고한 뒤 순항 고도로 올라갔다.

카운트다운: 9시간 15분

8월 6일, 티니안섬

카운트다운
3시간 30분

'명인'과 '필요악'은 이오섬 상공에서 에놀라게이와 만났다. 세 비행기는 일본을 향해 방향을 잡았다. 폭탄이 장착됐으므로 승무원들은 긴 비행에 들어갔다. 사람들은 대부분 근 24시간 동안 잠을 자지 못했다. 일부는 토막잠을 잤다. 티베츠는 비행기를 돌며 승무원들을 살피기로 했다. 뒤쪽에 있는 후미 총수 카론부터 시작했다.

총도 제대로 시험했고 여러 시간 어둠 속을 지나야 했기 때문에 카론은 칸막이 벽에 용접해놓은 접의자에 쑤셔박혀 럭키스트라이크 담배를 피우면서 어머니가 주신 묵주를 만지작거리고 있었다. 그는 창문 유리 귀퉁이에 아내와 딸의 사진을 붙여놓고 있었다.

카론은 대령과 함께하는 것이 좋았다. 그들은 임무에 대해, 트리니티 시험의 버섯구름 사진에 대해, 그 모든 것의 뒤에 있는 알 수 없는 물리학에 대해 이야기했다. 티베츠가 떠나려고 일어서자 카론이 마지막 질문 하나를 던졌다.

"대령님, 우리가 원자를 분열시키는 겁니까?"[6]

티베츠가 말했다.

"그런 셈이네."[7]

티베츠는 아마도 부하들 중 일부는 그것을 이해했으리라는 것을 알고 있었다. 그러나 아무도 거기에 대해 이야기할 수 없었다.

티베츠는 조종석으로 돌아와 루이스에게 한동안 자동 조종 장치를 지켜보라고 말했다. 그는 쪽잠을 잘 참이었다. 음, 폭탄은 장착됐고,

모든 것은 잘 통제되고 있다. 루이스는 로런스에게 줄 일지에 자신이 본 것을 적고 있었다. 파슨스와 젭슨은 주문 설치한 계기반 주위를 맴돌고 있었다. 폭탄의 전기 회로망을 관찰하는 것이었다. 밴커크는 어깨 너머로 그것을 본 뒤 젭슨을 바라보았다.

"그 파란 불이 나가고 빨간 불이 들어오면 어떻게 되는 건가?"[8]

그가 묻자 젭슨이 고개를 흔들며 말했다.

"그때는 우리 모두 아수라장에 들어가는 겁니다."[9]

티베츠는 뒤쪽 의자로 몸을 기대고 눈을 감은 뒤 잠을 청했다. 루이스는 일지에 이렇게 적었다.

"'늙은 황소' 티베츠는 눈을 붙였고, 루이스는 '조지'라는 별명의 자동 조종 장치를 살폈다."

카운트다운
2시간 15분

젭슨은 다시 폭탄 투하실로 향했다. 이번에는 혼자였다. 그는 폭탄 옆으로 기어 내려가 세 개의 파란 안전 플러그를 제거하고 빨간 것으로 바꿔 넣었다. 폭탄의 내부 배터리를 작동시킨 것이다. 그가 내부 통신 장치에 대고 말했다.

"활성화됐습니다."

승무원들에게 비밀을 이야기해줄 시간이었다. 티베츠는 내부 통신 장치를 켰다. 그리고 이렇게 말했다.

"우리는 세계 최초의 원자폭탄을 싣고 가고 있다."

승무원 일부는 숨이 턱 막혔다. 루이스는 길고 낮게 휘파람을 한 번 분 뒤 생각했다. 이제 모든 게 말이 되는군.

그는 언짢아졌다. 그는 일지에 이렇게 썼다.

"폭탄은 이제 활성화됐다. 그것이 내 바로 뒤에 있음을 아는 것은 재미있는 느낌이다. 행운이 있기를."[10]

비저는 낡은 녹음기를 가지고 왔다. 티베츠는 그들에게 말했다.

"폭탄이 떨어지면 비저 중위는 우리가 본 것에 대한 반응을 녹음할 것이다. 이 녹음은 역사를 위해 하는 것이다. 말을 조심하고, 내부 통신 장치에 대고 떠들지 마라."

한편 비저는 무선 주파수를 꼼꼼하게 살폈다. 폭탄에는 신관이 세 개 있었다. 지상에서 핵무기를 터지게 하는 레이더 근접신관이 가장 우려스러운 것이었다. 비저는 누구에게도 겁을 줄 생각이 없었지만, 그는 신관이 매우 모호한 주파수에서 작동한다는 사실을 알고 있었다.

만약 일본이 그 주파수에 나타난다면 그들은 폭탄을 터뜨릴 수 있다.

카운트다운
51분

날씨 관측용 비행기들은 목표 도시들 상공으로 날아갔다. 스트레이트 플러시의 조종사는 이런 암호 메시지를 보내왔다.

구름은 모든 고도에서 10분의 3 이하를 덮고 있음.

조언: 제1목표물 폭격.

티베츠는 내부 통신 장치를 켰다. 그는 이렇게 말했다.

"히로시마다."

티베츠는 고개를 돌려 무선 통신사 리처드 넬슨에게, 이오섬에 있는 비행대 보안 책임자 윌리엄 우아나William Uanna에게 한 마디 메시지를 보내라고 말했다.

"제1목표물."

카운트다운
25분

9500미터 고도로 날아가는 에놀라게이는 히로시마 동쪽의 시코쿠를 지나갔다. 하늘은 맑았다. 폭격 조건은 양호했다. 승무원들은 지도와 정찰 사진으로 공부했던 아래의 도로와 강을 알아보았다.

카운트다운
10분

에놀라게이는 히로시마가 보이기 시작했을 때 고도 9470미터에서 시속 320킬로미터로 날고 있었다. 밴커크와 페어비는 T자 모양을 이루는 아이오이교를 발견했다. 밴커크가 말했다.

"조준점 10분 전."[11]

카운트다운

3분

폭격 비행이 시작됐다. 티베츠는 에놀라게이의 통제권을 페어비에게 넘겼다. 그가 말했다.

"이제 자네 마음대로야."

페어비는 왼쪽 눈을 폭격 조준기 뷰파인더에 대었다. 그가 말했다.

"목표물을 찾았다."

루이스는 일지에 이렇게 썼다.

"우리는 목표물에 폭탄을 투하하는 동안 잠깐 정지할 것이다."

카운트다운

1분

"안경을 껴라."

티베츠가 승무원들에게 말했다. 올 것이 왔다. 돌아보면 안 된다.

카운트다운

58초

T자 모양 속의 아이오이교가 확실히 범위 안에 들어왔다.

카운트다운

43초

폭탄 투하실 문이 열렸다. 페어비가 폭탄 투하 버튼을 눌렀다. '꼬마'는 그것을 붙잡고 있던 갈고리가 벗겨져 비행기에서 자유롭게 떨어졌다. 다리 상공 9470미터에서였다.

"폭탄 투하!"[12]

페어비가 소리쳤다.

에놀라게이의 앞머리는 갑자기 3미터 위로 솟구쳤다. 티베츠가 B-29를 오른쪽으로 155도 급회전시켰기 때문이다.

페어비는 폭탄이 흔들거리다가 속도를 내는 것을 보았다.

"좋습니다."[13]

그가 내부 통신 장치에 대고 말했다. 티베츠가 카론에게 물었다.

"뭐가 보이나?"

카론은 그의 총좌에서 사지를 벌리고 있었다. 관성력 때문에 머리의 피가 빠져나가는 듯했다.

"아무것도요."[14]

카론은 숨이 턱 막혔다.

비저 역시 회전력으로 인해 칸막이 벽에 처박혀 있었다. 잠시 동안 그는 팔을 들 수 없어 녹음기를 작동시키지 못했다. 폭탄은 계속해서 아이오이교를 향해 떨어지고 있었다. 아직, 아무 일도 없다. 안 터진 것일까?

티베츠가 다시 카론을 불렀다.

카운트다운: 9시간 15분

8월 6일, 티니안섬

"뭐가 보여?"

여전히 아무것도 없었다. 그러나 그때 한낮의 태양보다 밝은 섬광이 하얀빛으로 비행기를 비추었다.

그 순간, 모든 것이 바뀌었다.

카운트다운

불 폭풍

'꼬마'는 히로시마 상공 580미터에서 폭발했다. 아이오이교 상공에서 동남쪽으로 170미터 지점이다. 이때 에놀라게이는 10킬로미터 밖에서 엔진이 허용하는 최대 속도로 날아가고 있었다.

비행기는 아직 전혀 안전하지 않았다. 티베츠는 비행기가 충격파를 견뎌낼 수 있을지 의문스러워하며 충격파에 대비했다. 이것이 우리들에게 마지막 순간일까? 티베츠는 도시를 등지고 있어서 파괴의 모습을 볼 수 없었지만, 좋지 않을 수밖에 없음을 알고 있었다. 그는 냄새를 맡을 수 있었다. 이가 얼얼했고, 입은 납 냄새로 가득했다. 방사능의 맛이 이런 것이구나, 그는 생각했다.

카론은 비행기 후미에 있는 자신의 자리에서 충격파가 음속에 가깝게 다가오는 것을 볼 수 있었다. 그것은 더운 여름날 아스팔트에서 아지랑이처럼 피어오르는 열기 같아 보였다. 이야, 오는구나, 그는 생각했다. 그는 마이크를 켜고 이렇게 말했다.

"대령님, 우리에게로 오고 있어요."[1]

충격파는 히로시마 동쪽 15킬로미터 지점에서 비행기를 덮쳤다.

B-29는 몸서리치며 신음했다. 승무원들은 소리를 질렀고, 에놀라게이가 공중에서 분해되는 것이 아닌가 생각했다. 티베츠는 비행기가 내는 소음을 듣고 유럽과 북아프리카의 전투 임무 동안에 자기 비행기 근처에서 폭발한 대공포 포탄을 떠올렸다. 파슨스도 같은 생각을 했다.

"고사포다!"

그는 이렇게 외친 뒤 그것이 충격파임을 깨달았다. 루이스는 거인이 전봇대로 비행기를 후려치고 있는 것처럼 느꼈다.

그러고 나서 시작 때와 마찬가지로 빠르게 그 격렬한 흔들림은 멈췄다.

카론은 B-29에서 유일하게 파괴의 모습을 보았다. 충격파가 지나간 지금 그는 다른 승무원들에게 그 장면을 설명하려 애썼다. 그러나 말로는 설명할 수 없었다. 티베츠는 모든 사람이 볼 수 있도록 비행기를 돌렸다. 히로시마가 눈에 들어왔다. 놀라움과 슬픔의 감정이 사람들을 압도했다.

자줏빛의 버섯구름이 14킬로미터 높이까지 솟아올라 산산이 부서진 풍광을 압도하고 있었다. 항공 기관사보 로버트 슈머드는 그 구름 속에 죽음 이외에는 아무것도 없음을 알고 있었다. 모든 희생자의 영혼이 하늘로 올라갔을 것이다. 아래쪽에서 도시는 검은 연기에 뒤덮여 있었다.

밴커크는 그것이 "검은 기름을 태우는 가마솥"을 닮았다고 말했다. 티베츠에게 이 연기는 단테의 '지옥'에 나오는 모습이었다. "엄청나게 활발한 어떤 것처럼 위로 끓어오르고" 있었다. 불은 소용돌이치는 연기 아래 모든 곳에서 일어나 "뜨거운 타르처럼 끓어올랐다."[2]

카론은 구름에 초점을 맞추었다. 한가운데가 뻘건 그것은 "온 도시를 뒤덮은 용암 또는 당밀糖蜜처럼 보였다"[3]고 그는 회상했다.

폭격수 페어비는 "구름 속에서 건물 잔해와 쓰레기와 끓어오르는 흙 등 물건 부스러기들이 실제로 올라오는"[4] 것을 볼 수 있었다.

리처드 넬슨이 보기에 이 구름은 "너무 크고 너무 높이"[5] 올라와 비행기를 삼킬 듯했다.

비저는 녹음기를 꺼냈다. 모든 사람이 녹음기에 대고 이야기를 했지만, 심오한 이야기를 하는 사람은 없었다. 그들은 얼어붙어 있었다. 비저는 녹음기를 치워버렸다.

루이스는 경악했다. 조금 전 그는 활기찬 도시를 보았다. 작은 수로에 배가 있었고, 전차가 있었고, 학교와 집과 공장과 가게가 있었다. 이제 그 모든 것이 지워져버렸다. 그것이 그의 눈앞에서 사라졌다. 그것은 "구름과 쓰레기와 연기와 불이 온통 한데 뒤섞인 거대한 덩어리"일 뿐이었다. 그래서 그는 《뉴욕 타임스》 기자를 위해 기록하고 있던 일지를 꺼내 이렇게 썼다.

"맙소사, 우리가 무슨 짓을 한 거지?"[6]

그들은 충분히 보았다. 티베츠는 비행기를 돌려 티니안섬으로 향했다. 세상은 결코 예전 같지 않을 것이다. 그는 그렇게 생각했다. 그는 나중에 이렇게 썼다.

"시간이 시작된 이래 인류의 재앙이었던 전쟁은 이제 믿을 수 없을 정도의 공포의 대상이 됐다."

동시에 그들은 안도감을 느꼈다. 그들은 임무를 수행했다. 티베츠

히로시마에 원자폭탄이 투하된 뒤 버섯구름이 피어오르고 있다.

는 루이스에게 이렇게 말했다.

"이로써 이제 전쟁은 끝난 것 같아."[7]

그는 담배통에 담배를 쟁여 넣은 뒤 불을 붙이고 한 모금 빨았다. 그는 몇 자 끼적거린 뒤 넬슨에게 이를 기지로 전송하도록 했다. 제1목표물은 겉으로 보기에 좋은 결과가 나오도록 폭격이 됐으며, 적의 전투기나 대공 사격은 없었다.

이와 동시에 파슨스는 기지로 별도의 메시지를 보냈다.

"시각 효과는 뉴멕시코 시험보다 더 대단했음."

일본 히로시마

어린 다무라 히데코는 무너진 자기 침실 천장 밑에 깔려 울부짖었다. 할아버지의 소유지에 있는 집으로 돌아온 것이 바로 전날이었다. 그러나 자신의 방, 책들, 부모님의 포옹, 찬란한 아침, 이제 다시는 무서운 아동 수용소로 돌아가지 않아도 된다는 생각, 이 모든 것이 한순간에 날아갔다. 자신을 둘러싸고 있던 집이 날아갔듯이.

히데코는 어머니를 생각했다. 버려진 집들을 철거하는 "의무적 자원봉사"에 나가 부근 어딘가에 있을 것이다. 어머니 기미코는 그날 아침 억지로 일에 나갔다. 먼 곳에서 딸 히데코를 데려오느라 아직 피곤했고 딸과 시간을 보내고 싶었지만 결국 가기로 결정했다.

어머니가 나간 직후 히데코는 공습 사이렌을 들었고, 라디오를 켰다. 적기 석 대가 히로시마 쪽으로 오고 있었다. 몇 분 뒤 아나운서는 비행기들이 돌아갔다고 말했다. 경보는 취소됐다.

히데코는 전날 밤 사촌이 준 책을 꺼내 곧 이야기 속에 빠져들었다.

갑자기 눈부신 섬광이 책장을 비추었다. 창을 바라보았다. "커다란 흰빛의 띠가 나무를 지나 내리꽂히는" 것을 보았고, 커다란 폭포 같은 우르릉거리는 소리를 들었다. 그런 뒤에 정신을 잃었다.

히데코가 깨어나자 엄청난 폭발이 일어났다. 바람이 일고 땅이 흔들렸으며 똑바로 서 있던 집안의 모든 것이 무너졌다. 그때 마음속에서 어머니의 목소리가 들렸다. 폭발이 일어났을 때 목숨을 구하려면 어떻게 해야 하는지에 대한 지침이었다.

"붙잡고 있을 강한 것을 찾아라."

히데코는 튼튼한 기둥 두 개와 찬장 사이로 웅크리고 들어갔다. 등하나가 바닥에 내동댕이쳐졌고, 아버지의 안경과 겨울옷 바구니도 마찬가지였다. 찬장이 바닥에 쓰러져 안에 있던 것들을 쏟아낸 뒤 그 선반들이 더미 위로 내던져졌다. 방 안은 갑자기 어두워졌다. 해가 사라진 듯했다. 히데코는 무언가의 밑에 갇혀 있었다. 더 이상 아무것도 보이지 않았다. 공포심에 압도당했다. 이제 죽는 것이었고, 히데코는 몸부림치지 않고 되어가는 대로 맡겨버렸다.

갑자기 아우성과 흔들림이 멈췄다. 먼지가 짙게 끼었던 하늘이 개기 시작했다. 히데코는 살아 있음을 실감했다. 붙잡고 있던 기둥들 덕분에 산 것이지만, 파편 무더기 밑에 갇혀 있었다. 히데코는 소리쳤다.

"살려주세요! 누구 없어요? 제발 살려주세요!"

후미코 숙모가 그 소리를 듣고 덮여 있던 것들을 들어냈다. 꺼내고 보니 히데코는 타박상과 오른쪽 발꿈치에 깊은 상처가 하나 있을 뿐이었다. 후미코 역시 다쳤지만, 젖먹이 딸아이는 무사했다. 둘은 집안의 잔해를 뒤지며 다른 가족들을 끄집어냈다. 모두가 어떤 식이든 부상을 당했고, 멍해 있거나 울부짖었다. 히데코는 이제 스스로 알아서 해야 한다는 것을 깨달았다.

히데코는 여행 가방에서 바지 하나와 운동화를 꺼냈다. 종이 몇 장으로 상처를 싸매고 신발 안에도 넣었다. 폭탄이 터졌을 경우에 대한 어머니의 주의 사항을 실천하려는 것이었다. 이제 다음 단계는 집을 벗어나는 것이다. 그러지 않으면 불길에 휩싸이게 된다. 이 요령은 도쿄와 다른 대도시들에 대한 대규모 폭격에서 여러 차례 드러난 것이었다. 사람들은 집 안에 갇혀 있다가 잿더미로 변했다.

히데코는 가족들에게 말했다.

"여기 있으면 안 돼요. 이제 불이 날 거예요. 자, 가요. 강으로 가요!"[8]

그러나 그들은 듣는 둥 마는 둥 했다.

바로 그때 공포가 현실이 됐다. 거리 건너편의 공장 쪽에서 커다란 불덩어리가 폭발해 주변을 집어삼키는 주황색 물결로 커졌다. 히데코는 공포에 질려 외쳤다.

"불이야! 불이야!"

친척들은 넋이 나간 채 앉아 있었다. 히데코는 기미코의 말이 생각났다. '밖으로 나가. 강으로 가.' 히데코는 집을 나왔다. 물로 향했다. 1.5킬로미터 떨어진 오타강이었다. 물이 보호해줄 것이다. 강에 가면 도와줄 사람들이 있을 것이다.

히데코는 심호흡을 하고 혼자 길을 나섰다. 길에는 세상의 종말이 온 듯한 풍경이 펼쳐져 있었다. 죽은 사람들과 틀림없이 곧 죽을 사람들. 그 사람들을 보았다. 아직 목숨이 붙어 있었다. 피부가 몸에서 떨어져 나간 채였다. 다른 거리에서는 눈이 보이지 않게 된 희생자들이 울부짖고 있었다. 그들의 눈은 온도풍溫度風(대기의 온도차 때문에 생기는,

고도가 서로 다른 두 점 사이의 바람의 속도벡터 차이를 말하며, 실제로 바람이 불고 있는 것은 아니다—옮긴이)으로 인해 눈구멍에서 빠져나왔다. 또 다른 사람들은 늙은이든 젊은이든 땅을 기며 도와달라고 호소하고 있었다. 히데코는 어머니를 생각했다. 혹시 이 기괴한 모습들 가운데 어머니가 있는 것은 아닐까?

"엄마, 어디 있어요?"

히데코는 큰 소리로 불렀다.

"도와드릴게요. 어디 계신지 못 찾겠어요!"

히데코는 공포와 싸우며 울지 않으려 애썼다. 신에게 기도했다. 어머니를 찾아 위로할 수 있도록 도와달라고 빌었다. 겁에 질린 열 살 소녀는 불과 돌무더기와 시체 사이를 걸어가며 노래를 흥얼거리기 시작했다. 어머니가 늘 들려주던 봄의 노래였다. 히데코는 생각했다. 하느님, 제가 할 수 있는 일은 아무것도 없어요. 하지만 이 노래를 바람에 실어 어머니에게 보내주시면 좋겠어요. 엄마를 위로해주세요. 엄마가 어디 있는지 아시잖아요?

히데코는 어렸을 때 많이 울지 않았다. 그러나 그날은 노래를 흥얼거리며 동시에 울었다. 살아 있는 사람들과 죽은 사람들 사이를 지나 강으로 걸어가면서 울었다.

아이는 알 수 없었지만, 도시와 주변의 시골은 혼란의 도가니였다. 히로시마 교외에 있던 군 기지는 갑자기 시내와 무선 및 전화 연결이 끊어졌다. 마침내 구조대원들이 도착했지만, 그들은 엄청난 파괴에 충격을 받았다. 일본 라디오 방송에서는 이렇게 말했다.

"사람이든 동물이든 사실상 살아 있는 모든 것은 말 그대로 분명하게 죽음을 맞았습니다."

히데코는 강에 다다를 즈음에 그것을 알았다. 이제 살아날 방법을 찾아야 했다.

대서양

지구 반대편에서 미국 해군 오거스타호는 나흘째 항해를 계속하고 있었다. 이제 뉴펀들랜드 남쪽, 하루만 더 가면 고국이었다. 갑판사관방에 마련된 임시 지도실은 워싱턴 해군부로부터 극비 전문을 받았다. 승선 참모는 그 경보를 해독하기 위해 특수한 암호 해독 장비를 사용했다.

트루먼은 사병 여섯 명과 함께 선미 식당에서 점심을 먹고 있었다. 오전 11시 45분, 해군 대령 프랭크 그레이엄Frank Graham이 방으로 달려 들어왔다. 그는 대통령에게 메모와 일본 지도를 건넸다. 그레이엄은 지도 위 히로시마 부근에 붉은색 동그라미를 쳐놓았다.

메시지는 이러했다.

맨해튼에 관한 후속 정보 수신함. 결과는 모든 측면에서 분명하고 성공적임. 시각 효과는 어느 시험에서보다 더 훌륭함.

트루먼 대통령은 대령과 악수했다. 그는 이렇게 말했다.

"이것은 역사상 가장 큰 일이야."

10분 뒤 그레이엄은 두 번째 메시지를 가지고 돌아왔다. 이번에는 스팀슨 장관이 보낸 것이었다. 그는 대통령보다 먼저 워싱턴으로 돌아가 있었다.

히로시마에 큰 폭탄이 떨어졌습니다. (…) 첫 보고는 완전한 성공임을 시사합니다. 그것은 이전의 시험보다 더욱 뚜렷합니다.

트루먼은 벌떡 일어서더니 식탁 건너의 번스 국무부 장관을 불렀다. "이제 집에 갈 시간이오."

대통령은 나이프로 유리컵을 두드리기 시작했다. 식당은 침묵에 빠졌다. 트루먼은 자신이 방금 "엄청나게 강력한 신무기로 처음 일본을 공격"했다는 메시지 두 개를 받았다고 밝혔다. 그것은 TNT 1톤보다 1만 5천 배 강력한 폭발물을 사용한 것이었다. 방 안에서는 환호가 터져 나왔다.[9]

대통령은 번스를 대동하고 사관실로 달려갔다. 배의 장교들에게 이 소식을 전하기 위해서였다. 그는 단언했다.

"우리가 모험을 성공시켰습니다."

이 말이 오거스타호에 퍼져 나가면서 선원들은 똑같은 생각을 했다. 전쟁이 곧 끝날 것이다. 이제 집으로 돌아가게 될 것이다.

미국 워싱턴

워싱턴에서는 백악관 공보 부비서 에벤 아이어스Eben Ayers가 '중요한' 발표가 있다며 기자들을 소집했다. 백악관 취재는 대통령이 자리를 비웠을 때는 거의 유명무실했기 때문에 일부 신문사에서는 신참 기자들을 보내기도 했다.

아이어스는 대통령 발표문 사본을 들고 방 앞에 서 있었다.

"엄청나게 좋은 기삿거리인 것 같아요. 대통령 발표문입니다. 이렇게 시작되죠."

그러고 나서 아이어스는 기자들에게 첫 단락을 읽어주었다.

열여섯 시간 전 미국 비행기가 히로시마에 폭탄 하나를 떨어뜨려 적이 이 도시를 이용할 수 없도록 만들었습니다. 그 폭탄은 TNT 2만 톤 이상의 위력을 지녔습니다. 그것은 전쟁의 역사에서 여태까지 사용된 가장 큰 폭탄인 영국의 '그랜드슬램'의 폭발력의 2천 배 이상에 해당합니다.

아이어스는 자신의 말로 이렇게 이어갔다.

"자, 이 발표문에 모든 것이 설명돼 있습니다. 이것은 원자폭탄이고, 원자 에너지를 방출합니다. 역사상 처음으로 이루어진 일입니다."

그러나 기자들은 이미 방 앞으로 달려가 발표문을 집어 들고 자기네 편집 데스크에 전화를 했다. 그 가운데 한 사람은 이렇게 외쳤다.

"엄청난 기사입니다!"[10]

미국 로스앨러모스

오펜하이머는 전화가 울리기를 기다리고 있었다. 그는 물리학자 존 맨리John Manley를 워싱턴에 보냈다. 그는 폭격에 대해 무슨 소식이라도 들리면 곧바로 오펜하이머에게 전화하도록 돼 있었다. 그러나 아직 아무 연락도 없었다. 오펜하이머는 라디오를 켰다. 그리고 놀랍게도 트루먼의 목소리가 흘러나왔다.

대통령은 원자폭탄이 투하됐다고 국민들에게 발표하고 있었다. 잠시 후 마침내 오펜하이머의 전화가 울렸다. 맨리였다. 그는 에놀라게이에 있는 무기 전문가 파슨스 대령이 모든 것이 계획대로 됐다는 통신문을 보내왔다고 말했다. 그러나 맨리는 그로브스가 트루먼의 라디오 연설 전까지 전화를 하지 못하게 했다고 말했다.

오펜하이머는 짜증이 났다. 그는 이렇게 딱딱거렸다.

"도대체 당신은 애당초 내가 왜 당신을 워싱턴에 보냈다고 생각하는 거야?"[11]

오펜하이머가 전화를 끊자 전화가 다시 울렸다. 이번에는 그로브스였다.

"나는 당신과 모든 과학자들이 매우 자랑스럽소."

오펜하이머가 물었다.

"잘됐습니까?"

"분명히 엄청난 폭발이 있었소."

"다들 상당히 좋아하고 있습니다. 정말 축하드립니다. 긴 여정이었습니다."

오펜하이머의 말에 그로브스가 대답했다.

"그렇소. 긴 여정이었고, 내가 여태까지 내렸던 가장 현명한 결정 가운데 하나는 당신을 로스앨러모스의 책임자로 선택한 것이었다고 생각하오."

"네, 저로서는 좀 미심쩍기도 했습니다, 장군."

"아, 나는 그런 의문에 한시도 동의해본 적이 없소."[12]

바로 그때 확성기 안내 방송이 로스앨러모스 시설 전역에 한 가지 소식을 전했다.

"주목해주십시오. 주목해주십시오. 우리가 만든 장치 하나가 일본에 성공적으로 투하됐습니다."[13]

그곳은 환호의 도가니였다. 전문가 구역의 많은 과학자들은 축제 분위기에 빠져들었다. 물리학자 오토 프리시Otto Frisch는 사람들이 복도를 내달리며 외치는 소리를 들었다.

"히로시마가 박살났다!"[14]

샌타페이의 단골집들은 노동자들이 좌석을 예약하느라 전화통에 불이 났다. 프리시는 그렇게 많은 사람이 죽은 것을 축하한다는 게 '엽기적'이라고 생각했다. 물론 그들이 미국의 적이기는 하지만 말이다. 다른 사람들도 그렇게 느꼈다. 그들은 여전히 자기네가 그렇게 많은 사람들을 죽일 수 있는 무기를 만드는 데 일조했다는 사실을 받아들일 수 없었다. 얼마나 많은 사람이 죽었는지, 그리고 일본의 그 불운한 도시에 무엇이 남았는지 아는 사람은 아직 아무도 없었다.

그들은 그날 밤, 몇 달 전 오펜하이머가 루스벨트 대통령을 칭송했던 로스앨러모스 강당에서 축하 행사를 열었다. 그곳에는 사람들이 가득 들어찼다. 그리고 오펜하이머는 언제나처럼 거창한 입장을 했다. 뒤에서부터 중앙 통로를 걸어 무대에 도달했다.

사람들이 환호하고 박수갈채를 보내자 그는 두 팔을 머리 위로 들고 매디슨 스퀘어가든의 승리한 권투 선수처럼 주먹을 불끈 쥐었다. 사람들이 조용해지자 그는 이런 일을 가능하게 한 것은 그들의 근면한 노력이었다고 말했다. 폭격의 결과를 판단하기에는 너무 이르지만, 일본은 분명히 "좋아하지 않을" 것이라고 그는 확신했다. 단 하나 아쉬운 것은 폭탄을 나치를 상대로 쓸 수 있도록 빨리 완성하지 못한 것이었다.

도널드와 릴리 호니그 부부는 로스앨러모스의 축하 행사에 참석하지 못했다. 그들은 가족을 만나러 밀워키에 가 있었다. 도널드의 동생은 해군에 있었는데, 태평양으로 가라는 명령을 받고 잠시 휴가를 나와 있었다. 사람들은 모두 그가 일본 침공에 참여할 것이라고 생각했다.

호니그 부부는 시내에서 신문 호외를 보았다. 머리기사 제목은 "원자폭탄 투하"였다.

도널드 호니그는 동생이 안전해졌다는 것을 바로 알아차렸다. 그는 기쁨과 안도감을 느꼈다. 그러나 그와 릴리는 같은 마음이었다. 그들의 행복감은 어둠이 서린 것이었다. 파괴에 관한 보도는 "도무지 믿을 수 없는" 것이었다. 그들은 이후의 세월 동안 어렴풋한 죄책감에 시달리게 돼 있었다.

미국 오크리지

루스 시슨은 깨어 있으려고 애썼다. 일은 지루했으며, 방은 너무 덥고 조금 지저분해져 있었다. 루스는 자신이 앉은 민걸상이 바른 자세로 집중하도록 설계된 것임을 알고 있었다. 조금 심하게 졸면 바로 바닥으로 떨어질 수밖에 없었다. 마침내 근무 시간이 끝났다. 복도 쪽에서 휘파람과 외침, 사람들이 "함성을 지르는" 소리가 들렸다.

감독자 가운데 한 사람이 방에 들어와 여자들에게 알려주었다. 미국이 일본에 원자폭탄을 떨어뜨렸다고 그는 말했다. 수만 명을 죽일 수 있는 강력한 폭탄이었다. 그는 자세한 것은 밝힐 수 없지만 이제 전쟁의 끝이 멀지 않았다고 말했다.

"여러분 모두가 폭탄을 만드는 데 일조했습니다."

그는 사람들에게 자랑스럽게 말했다. 노동자들은 환호했다.

루스 역시 좋기는 했지만 축하하고 싶지는 않았다. 아직은 아니었다. 전쟁은 아직 끝나지 않고 있었다. 일본이 항복하고 로런스가 돌아오기 전까지는 축하하지 않을 것이다.

집으로 가는 도중 버스에 탄 사람들마다 전쟁이 곧 끝날 것이라고 말했다. 운전 기사는 13제곱킬로미터의 히로시마가 시커멓게 탔고, 생존자는 없다고 말했다.

루스가 집에 도착하자 어머니가 부엌에서 맞았다.

"뉴스 들었니?"

루스가 고개를 끄덕였다.

"로런스는 아마 곧 올 거야."

어머니는 열심히 떠들었다.

루스는 희망을 느꼈다. 그러나 우선은 그저 피곤할 뿐이었다. 어머니는 달걀을 한 접시 부쳐주었다. 루스는 깨작거리기만 하다가 일어나 침실로 갔다. 침대에 누워 눈을 감았다. 로런스를 생각했다. 루스는 그가 어디 있는지 알지 못했다. 그를 생각하는 것이 피곤했다.

신경 쓰이는 다른 일이 있었다. 크게 이야기할 수 없는 것이었다.

루스는 이 모든 사람들을 죽이는 데 참여한 것이었다. 분노와 배신감이 느껴졌다. 저들은 자신에게 알리지도 않은 채 그렇게 무서운 무기를 만드는 일을 하게 했다. 이제 자신의 손에는 피가 묻어 있다. 잠을 자려 했지만 잠이 오지 않았다.

눈을 감으면 시커멓게 탄 도시가 눈에 보였다.

미국 워싱턴

드레이퍼 카우프만은 집에 있을 때 히로시마에 관한 소식을 라디오에서 들었다. 처음에는 믿을 수 없었다. 그는 아내 페기에게 말했고, 그들은 기도를 드리러 워싱턴 성공회 대성당으로 갔다. 그들은 전쟁이 끝나기를 빌었고, 어느 쪽이든 더 이상의 생명이 희생되지 않기를 기도했다.

티니안섬

티니안섬이 시야에 들어오자 티베츠와 승무원들은 축하의 의미로 포옹을 했다. 그들은 임무를 완수해 즐거웠지만, 에놀라게이의 분위기는 변해 있었다. 흥분과 두려움으로 진이 빠진 느낌이었다. 버섯구름을 600여 킬로미터 밖에서도 볼 수 있었다.

승무원들은 자기네가 본 것을 설명할 말을 찾아보았다. 그들은 풋내기가 아니었다. 여러 차례 폭탄을 투하했고, 아래 목표물에서 폭발이 일어나고 연기가 솟아오르는 것을 보았다. 그런데 이건? 이번 것은 이해할 수가 없었다.

승무원들은 티니안으로 돌아가는 긴 여정 동안에 많은 질문을 쏟아냈고, 마침내 티베츠는 그 대부분에 대답할 수 있었다. 그는 맨해튼 사업에 대해 이야기했다. 과학자들이 몇 년 동안 노력해 모호한 이론을 대량 살상 무기로 바꿔놓은 일에 대해.

페어비는 걱정이 됐다. 그는 큰 섬광이 비치기 전에 안경을 쓰지 못했고, 그래서 시력이 온전한지에 대해 확신하지 못했다. 그는 버섯구름과 폭탄 안의 방사능을 걱정했다. 그것 때문에 그들 모두 아이를 가질 수 없는 것이 아닐까? 그들은 거기에 너무 가까이 있었다. 파슨스는 괜찮다고 페어비를 안심시켰다. 그것이 위험하다고 생각했다면 폭탄 투하실에서 자신이 절대로 '꼬마'를 끌어안고 있지 않았을 것이라고 그는 말했다.

모두 안도의 웃음을 터뜨렸다. 여행의 나머지는 '밤샘 파티' 같은 것이었다. 흥분이 잦아들면서 많은 승무원들은 졸음에 빠졌다. 그들이 돌아가면 야단법석이 일어날 것이다. 그들이 잠이 들었다 해서 누가 뭐라고 하겠는가?

그들은 오후 2시 58분에 착륙했다. 활주로에는 스파츠 장군과 패럴 장군 등 200명의 군 지도자들이 기다리고 있었다. 그것은 일종의 의식이었기 때문에 티베츠가 맨 먼저 비행기에서 내렸다. 그는 스파츠에게 거수경례를 했다. 그러나 악수를 하기 위해 스파츠에게 손을 내밀려고 하자 장군이 제지했다. 그는 대신에 티베츠의 구겨진 비행복에 수훈십자훈장을 달아주었다. 그의 승무원들과 임무에 참여한 그 부하들에게는 나중에 은성훈장이 수여됐다.

그들은 지프를 타고 반원형 막사로 향했다. 그곳에서 방사선과 전문의인 제임스 놀런이 그들 모두를 검사해 방사능 피해를 조사했다. 로스앨러모스에서 출산을 도왔고 해군 함정 인디애나폴리스호로 우라늄을 수송했던 그 사람이다. 그는 페어비의 눈을 검사했고, 그들 모두에게 건강 증명서를 발급했다.

그들이 결과 보고에서 버섯구름과 불과 연기와 죽음에 대해 이야기하는 것을 듣고 지휘관들은 믿을 수 없었다. 그러나 모두가 곧 알게 되는 것처럼 사태는 그들이 생각했던 것보다 훨씬 처참했다.

미국 워싱턴

8월 7일 밤 11시 직후, 트루먼 대통령은 백악관으로 돌아왔다. 그는 독일 여행에 수행하지 않았던 몇몇 장관들과 직원들을 2층 서재로 불렀다. 그런 다음 그는 피아노를 쳤고, 베스에게 전화를 걸어 자신이 무사히 돌아왔다고 알렸다. 베스는 다음 날 인디펜던스를 떠나 백악관으로 돌아가겠다고 말했다.

소집된 이들은 술을 마시면서 트루먼의 포츠담 이야기를 들었다. 외교와 개인의 성격, 잡다한 이야기까지. 그러나 한 가지만은 전혀 언급되지 않았다. 히로시마에 대한 폭탄 투하. 그 사건은 너무도 충격적이었고 대학살은 너무도 엄청났다. 술을 마시면서 이야기하기에는 말이다.

공식 발표문에서 대통령은 히로시마 폭격 이후 일본 관리들이 직면한 냉혹한 선택지를 제시했다.

그들이 지금 우리의 조건을 받아들이지 않는다면, 그들은 공중에서 파멸의 비가 쏟아지는 것을 각오해야 할 것입니다. 그런 것은 이 지구상에서 한 번도 본 적이 없었습니다.

이튿날인 8월 8일, 소련이 일본에 전쟁을 선포했다. 소련의 보병전차와 비행기들이 만주를 침공했다. 회의론자들은 이 타이밍이 '편의주의적'이며 소련은 일본을 물리치는 것보다는 자기네 제국을 동아시아로 확장하는 데 더 관심이 있다고 의심했다.

한편 미국 비행기들은 두 번째 핵 공격을 경고하는 전단을 일본의 여러 도시 상공에서 뿌렸다.

우리는 인간이 여태껏 만들어낸 것 가운데 가장 파괴력이 강한 폭탄을 가지고 있다. (…) 우리는 방금 이 무기를 당신네 나라 본토를 상대로 사용하기 시작했다. 조금이라도 의심이 든다면 히로시마에서 무슨 일이 일어났는지 조사해보라.

일본의 지도자들은 여전히 침묵을 지키고 있었다.

티니안섬

하루 뒤인 8월 9일, 제509부대는 플루토늄 코어의 핵무기인 '뚱보'를 나가사키에 투하했다. 이 작전은 진행 상황이 엉망이어서 시작 전에 거의 실패 직전의 상황을 맞았다.

르메이 장군은 티베츠가 두 번째 임무 역시 맡아줄 것으로 생각했지만 그는 거부했다. 자신은 다만 그것이 가능하다는 것을 입증하기 위해 히로시마 비행을 맡았다고 말했다. 그는 자기 팀의 다른 사람들에게 역사의 일부가 될 기회를 주고 싶어 했다. 그러나 그는 여전히 계획을 책임지고 있었다.

티베츠는 당초 폭격 비행기로 '명인'을 선택하고 찰스 스위니 대위가 이를 조종하도록 배정했다. 스위니는 8월 11일 일본 군수품 제조의 중심지인 고쿠라를 폭격할 예정이었다. 그러나 티베츠는 기상 보고를 검토한 뒤 계획을 변경했다. 며칠 동안 날씨가 좋지 않을 것으로 예측됐기 때문에 티베츠는 공격을 8월 11일에서 8월 9일로 변경했다. 그러나 그러기에는 '명인'이 준비할 시간이 충분치 않았다. 거기에는 아직 히로시마 작전 때 사용했던 과학 장비가 실려 있었다. 이에 따라 스위니는 '복스카'를 폭격 비행기로 조종하도록 배정됐다. 조종사 프레더릭 복은 감시 및 측정 장비가 실린 '명인'을 조종하게 됐다.

그리고 이번에는 《뉴욕 타임스》 기자 윌리엄 로런스가 폭격 비행기에 함께 타고 기사를 써서 전 세계에 전할 예정이었다.

로런스는 이렇게 썼다.

나는 지난 이틀 동안 이 인공 운석隕石의 조립을 지켜보았다. 그리고 지난 밤에 간간이 엄청난 섬광에 의해 갈라지는 위협적인 검은 하늘을 배경으로 그것을 '초공중요새'에 탑재하는 의식에 참여하는 특전을 얻은 소수의 과학자들과 육군 및 해군 대표들 틈에 끼여 있었다. 이 '장치'를 보는 것은 멋진 일이었다. 틀림없이 인류 역사상 가장 집중적인 지적 노력이 투입된 이 장치의 설계에는 수많은 인력과 시간이 투입됐다. 한 가지 문제에 그렇게

'뚱보'

많은 지적 능력이 집중된 적은 여태껏 없었다.[15]

사고는 활주로에서 시작됐다. 이륙 직전에 스위니의 승무원들이
비행기 예비 탱크의 연료 펌프가 고장 난 것을 발견했다. 그들은 비행
기 후미의 연료 640갤런을 사용할 수 없게 됐다. 펌프를 대체할 시간
이 없었다. 스위니는 규정이 요구하는 바에 따라 즉시 엔진을 멈추었
고, 모두 비행기에서 내리라고 명령했다.

티베츠와 토머스 패럴 장군, 그리고 군 지도자들은 활주로로 나가
그들과 만나 열띤 토론을 벌였다. 스위니는 그들이 예비 연료를 빼낼
수 없고 그것이 문제를 일으킬 수 있다고 말했다. 그러나 티베츠는 그
말을 들으려 하지 않았다.

티베츠는 딱 잘라 말했다.

"그 빌어먹을 연료는 필요 없어. 그건 앞에 있는 폭탄의 무게 일부
를 상쇄하기 위해 거기에 있는 것뿐이야."

그들은 히로시마 작전에서 예비 연료를 전혀 쓰지 않았다. 갈 것인
가, 말 것인가. 그의 결정에 달려 있었다. 그가 말했다.

"가게."

스위니는 망설이다가 마침내 결심했다.

"됐어요. 내가 하겠어요. 갈 겁니다."[16]

활주로에 있던 그의 부하들은 서로를 바라보더니 다시 비행기로
들어갔다.

스위니는 예정보다 한 시간 이상 늦게 티니안섬을 출발했다.

일본까지 날아가는 긴 시간 동안 로런스는 아래 지상에 있는 사람

들에 대해 곰곰이 생각했다. 그는 이렇게 썼다.

이제 죽게 된 불쌍한 악마들에 대해 어떤 동정심도 느끼지 않는 것일까?
진주만 공격이나 바타안의 죽음의 행진(태평양 전쟁 초기인 1942년 4월 일
본군이 7만 명 안팎의 미군과 필리핀군 전쟁 포로를 필리핀 바타안반도에서부터
100킬로미터를 강제적으로 행진하게 한 학대 행위―옮긴이)을 생각하면서도
말이다.[17]

해군 지휘관 프레더릭 애시워스Frederick Ashworth는 무기 전문가였다.
'뚱보'는 플루토늄 폭탄이었기 때문에 이륙 후 조립할 필요가 없었다.
그러나 마찬가지로 폭탄 투하실로 기어 들어가 파란 안전 플러그를
제거하고 빨간 활성 플러그로 바꿔놔야 했다.

그는 그 작업을 마치고 쪽잠을 자기 위해 자리를 잡았다. 그는 겁
먹은 승무원 때문에 깜짝 놀라 잠을 깼다. 계기반 화면에 붉은빛이 깜
박거리고 있었다. 폭탄이 활성화돼 있었다. 그리고 초침이 돌아가고
있었다. 파슨스와 달리 애시워스는 폭탄의 내부 작동 원리에 익숙하지
않았다. 그는 서둘러 계획서를 찾았고, 비행기 안의 모든 사람들은 최
악의 상황에 대비했다. 애시워스와 그의 조수인 필립 반스Philip Barnes
중위는 폭탄 투하실로 기어 내려가 뚜껑을 열고 스위치를 살폈다. 활성
화 과정에서 두 개가 거꾸로 돼 있었다. 반스는 그것을 바른 위치로
돌려놓았다. 깜박거리던 붉은빛이 멈췄다.

문제는 거기서 끝나지 않았다. '복스카'는 두 대의 관찰 비행기와
만나기로 돼 있었다. 그러나 약속 장소에 가보니 한 대밖에 없었다.

스위니는 계속 선회하며 세 번째 비행기를 기다렸고, 그 과정에서 연료를 소모했다. 한편 애시워스는 불안해졌다. 그는 스위니에게 고쿠라로 날아가자고 재촉했다.

그러나 그 목표물 상공에는 구름이 끼어 있었고, 지상의 일본 포병들이 대공포를 발사하고 있었다. '복스카'는 스스로를 방어할 총이 전혀 없었다. 스위니는 이 도시를 다시 한 번 선회하면서 폭격수 커밋 비한Kermit Beahan이 구름 사이의 틈을 발견할 수 있는지 보자고 했다. 대공포와 연료 부족 때문에 작전은 취소돼야 했지만, 스위니는 되돌리기에는 너무 멀리 왔다고 생각했다. 그는 또 다른 목표물로 날아가기로 결정했다. 나가사키였다.

로런스는 이렇게 적었다.

"운명은 최종 목표물로 나가사키를 선택했다."[18]

해변의 도시 나가사키에는 25만 3천 명이 살고 있었다. '복스카'가 이 도시의 조준점 상공에 도착했을 때 비한은 육안으로 폭탄 투하를 하기에 충분할 만큼 구름 사이로 볼 수 없었다. 그런데 갑자기 구름이 걷혔다. 그는 소리를 질렀다.

"틈을 찾았어요!"

오전 11시 20분, 승무원들은 용접공 렌즈를 착용한 뒤 '뚱보'를 투하했다.

그것은 도시 600미터 상공에서 폭발했다. 플루토늄 코어는 TNT 2만 1천 톤의 힘을 만들어냈다. '꼬마'의 1.5배에 해당한다. 이 무기는 조준점을 3킬로미터나 벗어났지만, 그 피해는 엄청났다. 4만 명 정도가 즉사했다. 또 다른 7만 명이 방사능 관련 부상과 질병으로 죽게 된다. 이 폭탄은 5킬로미터 범위의 지역을 파괴했고, 이 도시의 건물 5만 채 가운데 3분의 1 이상을 파괴했다. 인과응보식으로 말하자면 진주만 공격에 사용된 어뢰를 생산한 군수품 공장이 날아가버린 셈이다.

로런스는 이렇게 썼다.

우리 선실 안은 환하게 밝았음에도 불구하고 우리 모두는 용접공 렌즈의 어두운 장벽을 뚫고 들어와 선실 안을 강렬한 빛으로 가득 채운 거대한 섬광을 인식하게 됐다.

우리는 첫 번째 섬광이 지나간 뒤 안경을 벗었지만 빛은 여전히 남아 있었다. 온 하늘을 두루 비추는 청록색의 빛이었다. 엄청난 폭발이 우리 비행기를 덮쳤고, 비행기는 온통 흔들렸다. 그런 뒤에 네 차례의 폭발 바람이 빠르게 이어졌다. 각각은 우리 비행기를 모든 방향에서 때리는 대포 발사의 굉음처럼 울려 퍼졌다.

우리 비행기의 후미에 있던 관찰자들은 지구의 한복판에서 나오는 것처럼 보이는 거대한 불덩어리를 보았다. 거대한 흰 연기의 고리들을 토해내고 있었다. 그리고 그들은 3킬로미터 높이로 치솟은 자줏빛 불기둥을 보았다. 엄청난 속도로 하늘 쪽으로 치솟고 있었다.

우리 비행기가 다시 핵 폭발 쪽을 향해 돌아서자 자줏빛 불기둥은 우리와 같은 고도까지 올라와 있었다. 불과 45초가 지났다. 우리는 압도당한 채 그것이 외계가 아니라 땅에서 나오는 유성처럼 위로 치솟는 것을 바라보았다. 그것은 흰 구름을 뚫고 하늘로 치솟으며 더욱 거세어졌다. 그것은 더 이상 연기나 먼지나 심지어 불의 구름이 아니었다. 그것은 살아 있는 존재

1945년 8월 9일 원자폭탄이 투하된 뒤 나가사키 상공에 솟아오르는 버섯구름

였다. 바로 우리의 눈앞에서 믿을 수 없게도 태어난 새로운 종種의 생명체였다.[19]

'복스카'는 안전한 곳으로 향했다. 그들은 연료를 너무 많이 소모

했다. 비행기는 티니안섬으로 돌아갈 수 없었기 때문에 오키나와로 향했다. 티베츠가 나중에 말한 대로 스위니는 "순전한 운과 연료 냄새"[20]에 의지해 이 섬에 착륙하는 데 성공했다. 그것조차도 위험스러웠다. 비행기는 시속 230킬로미터의 속도로 착륙했다. 시속 50킬로미터나 빠른 것이었다. 그것은 공중으로 8미터를 튀어 올라 무장한 B-24 폭격기의 열을 지난 뒤 미끄러지다가 활주로 끝에서 멈춰 섰다.

비행기가 마침내 티니안섬으로 돌아왔을 때 팡파르는 없었다. 작전 결과 보고는 온갖 우여곡절이 논의되면서 군사 법정을 방불케 했다. 그것은 여러 가지 측면에서, 여러 차례 재앙이 될 뻔했다. 르메이 장군은 스위니의 눈을 똑바로 노려보면서 이렇게 말했다.

"자알 했구먼. 안 그래, 척Chuck?"[21]

르메이는 조사에 들어가지는 않을 것이라고 말했다. 아무런 도움도 되지 않기 때문이다. 어쨌든 그들은 안전하게 돌아왔다. 폭탄은 투하됐다. 목표물에서 멀리 벗어나기는 했지만. 그들 모두는 일본이 결국 정신을 차리고 항복해서 이 소름 끼치게 복잡한 또 한 번의 작전에 나서는 일이 없게 되기를 바랐다.

미국 워싱턴

나가사키가 불타는 동안 세계는 일본의 반응을 기다렸다.

8월 9일 밤, 트루먼은 미국인들에게 라디오 연설을 했다. 표면상으로는 포츠담 회담에 관한 이야기였다. 그러나 그는 히로시마와 나가사키 폭격으로 이야기를 돌려 일본인들에게 곧 잠재적인 목표물이 될 공업 도시들에서 떠나라고 촉구했다.

대통령은 이렇게 말했다.

"나는 원자폭탄의 비극적 의미를 깨달았습니다. 우리는 경고도 없이 진주만을 공격한 사람들에게 이를 사용했고, 미국인 전쟁 포로를 굶기고 때리고 처형한 사람들에게 사용했고, 전쟁에 관한 국제법을 준수한다는 가면을 모두 벗어던진 사람들에게 사용했습니다."

다시 한 번 선택은 일본에 달려 있다고 트루먼은 말했다.

"우리는 일본의 전쟁을 할 수 있는 힘을 완전히 파괴할 때까지 이를 계속 사용할 것입니다. 일본의 항복만이 이를 멈추게 할 수 있습니다."

트루먼은 맨해튼 사업을 진행하고 있는 사람들에게서 8일 안에 또 하나의 원자폭탄을 만들 수 있다는 보고를 받고 있었다.

히로히토는 자기네 나라가 항복하지 않을 경우 미국이 계속 원자폭탄을 떨어뜨릴 것임을 전혀 의심하지 않았다. 그의 군사 지도자들은 항복에 격렬히 반대했기 때문에 그는 독자적으로 항복 협상을 시작했다.

히로히토는 처음 하는 라디오 연설을 통해 국민들에게 이야기를 했다. 일본의 보통 시민들은 처음으로 그의 목소리를 들었다. 그는 자기 신민들에게 이렇게 말했다.

적은 이제 많은 무고한 생명을 해치고 헤아릴 수 없는 손실을 가할 힘을 가진 무시무시한 새 무기를 가지고 있다. 우리가 싸움을 계속한다면 일본 국가의 궁극적인 붕괴와 소멸을 초래할 뿐만 아니라 인류 문명의 완전한

절멸로도 이어질 수 있다.[22]

일본인들은 오랫동안 천황이 자기네 고국의 영적 구현체라고 생각해왔고, 무조건 항복은 그의 지배가 끝나고 그들의 문화적 정체성이 무너지는 것으로 보았다. 8월 10일, 일본은 천황을 의례적인 국가 수반의 자리에 남긴다는 조건으로 미국에 항복을 제안했다.

트루먼은 일기에 이렇게 썼다.

"우리의 조건은 '무조건'이다. 그들은 천황을 지키기를 원하고 있고, 우리는 그를 지킬 방법은 우리가 알려주겠다고 그들에게 말했다. 조건은 우리가 정한다."

연합국 열강은 일본의 제안을 받아들이고, 미국이 전쟁 종결 조건을 정한다는 것을 분명히 했다. 히로히토는 주일 미군 사령관 더글러스 맥아더의 말을 따라야 했다.

8월 14일 화요일 오후 4시 5분, 트루먼은 일본의 공식 항복을 받았다. 세 시간 뒤 트루먼은 자기 집무실로 기자들을 불렀다. 그는 책상 뒤에 섰고, 한쪽 옆에는 번스와 레이히, 다른 쪽 옆에는 루스벨트 시절 오랫동안 국무부 장관을 지낸 코델 헐Cordell Hull이 서 있었다.

미주리주 인디펜던스 출신인 《이그재미너Examiner》의 수 젠트리Sue Gentry 역시 거기에 있었다. 트루먼의 고향에서 온 이 기자는 조금 전에 퍼스트레이디와 차를 마셨는데, 트루먼은 "기삿거리가 있을지 모르니"[23] 좀 있어보라고 했다.

대통령은 두 줄 단추의 군청색 정장을 입었고, 푸른 셔츠에 은색과 푸른색 줄이 있는 타이와 손수건을 했다. 뉴스 영화 카메라의 밝은 빛이 쏟아지는 가운데 그는 발표문을 읽기 시작했다. 그는 이렇게 밝혔다.

"나는 오늘 오후 일본 정부로부터 메시지를 전달받았습니다. 나는 이 응답을, 일본의 무조건 항복을 적시한 포츠담 선언에 대한 완전한 수용으로 간주합니다."

맥아더 장군이 일본 주둔 연합군 최고사령관이 되고, 적의 공식 항복을 받게 된다.

이 뉴스는(그리고 그 환희는) 온 나라로 빠르게 퍼져 나갔다. 거의 4년 동안의 피비린내 나는 싸움 끝에 2차 세계대전은 마침내 끝이 났다. 미국의 희생은 상상을 초월할 지경이었다. 40만 5799명이 죽었고, 67만 864명이 다쳤다. 당시 미국 인구를 기준으로 보면 136명 가운데 한 명꼴로 죽거나 다친 셈이다.

전 세계로 시야를 넓히면 대가는 더욱 컸다. 7200만 명이 죽었고, 그 가운데 4700만 명이 민간인이었다.

이제 모든 것이 끝났다. 백악관 맞은편 라파예트 광장에 수천 명이 몰려들기 시작했다. 군중은 7만 5천 명으로 늘었다. 사람들은 자동차 꼭대기에 올라섰다. 경적이 울렸다. 사람들의 줄이 만들어졌다. 그리고 그들은 연호하기 시작했다.

"해리 만세! 해리 만세!"

마침내 오후 7시 무렵에 대통령과 퍼스트레이디가 백악관 북쪽 뜰로 나왔다. 그가 승리의 V 사인을 보내자 군중은 환성을 질러댔다. 그런 뒤에 트루먼은 "갑자기 저택 앞에 나타난 수만 명의 환호하는 미국인들을 지휘하는 오케스트라 지휘자처럼 팔을 휘젓기" 시작했다고 그 자리에 있던 한 사람은 말했다.

트루먼 부부는 안으로 들어갔고, 대통령은 미주리에 남아 있는 어머니에게 전화를 했다. 그의 어머니는 통화를 끝낸 뒤 손님들에게 이렇게 말했다.

"해리야. 그 아이는 뭔가 터진 일이 마무리되면 늘 나한테 전화하지."

트루먼은 엘리너 루스벨트에게도 전화를 했다. 그는 이렇게 말했다.

"이 승리의 순간에, 우리 국민에게 이 소식을 전하는 것이 제가 아니라 루스벨트 대통령 님이었어야 하는데 아쉽습니다."[24]

그리고 나서 그는 군중을 보러 다시 밖으로 나갔다. 이번에는 확성기를 들고서였다. 그는 이렇게 말했다.

"오늘은 대단한 날입니다. 우리가 기다려왔던 날입니다. 전 세계의 자유 정부들을 위한 날입니다. 파시즘과 경찰국가들이 지구상에서 사라진 날입니다."

그날 밤 50만 명의 인파가 워싱턴 거리를 가득 메웠다. 미국 전역의 큰 도시들과 작은 마을들에서는 즐거운 축제가 벌어졌다. 세계 전역에서도 마찬가지였다.

트루먼과 그의 나라에 이것은 지긋지긋한 전쟁의 끝이었다. 그러나 그것은 새로운 시대의 시작이었다. 그리고 완전히 바뀐 세계를 다루는 일이 시작된 것이었다.

에필로그

미국인 대부분이 태평양에서 전쟁이 끝난 것을(그리고 일본의 항복을 이끌어낸 새로운 초강력 무기의 탄생을) 축하하고 있을 때 즉각적인 경보를 울리는 사람들이 있었다.

《뉴욕 타임스》는 히로시마 공격 다음 날 의기양양한 여섯 꼭지의 1면 기사를 실었다. 그러나 사설에서는 아주 다른 분위기가 느껴졌다.

어제 인류가 인류를 파괴하기 위해 원자폭탄을 투하했고, 인간 역사의 새로운 시대가 열렸다. (…) 우리는 태평양에서 승리를 이뤄냈지만, 회오리바람의 소지를 만들었다.

오랫동안《뉴욕 타임스》의 군사 분야 편집자였던 핸슨 볼드윈Hanson Baldwin은 자신의 우려를 이렇게 표명했다.

미국인은 파괴와 동의어가 됐다. 그리고 이제 우리는 얼마나 큰 영향력을 가졌는지 알 수 없는 새로운 무기를 처음으로 도입했다. 그것은 우리에게 승리를 보다 빨리 가져다주겠지만, 그 어느 때보다도 더 광범위하게 증오의 씨앗을 뿌릴 것이다.[1]

경고는 나라 곳곳에서, 그리고 다양한 정치 영역으로부터 왔다. 보수적인 《시카고 트리뷴》은 이렇게 썼다.

전체 도시와 그 안에 사는 모든 사람들이 폭탄 한 개에 의해 몇 분의 1초 만에 사라지는 일이 불가능하지 않게 되었다.[2]

브루스 블라이븐Bruce Bliven은 자유주의적인 《뉴리퍼블릭》에 이렇게 썼다.

(원자폭탄이) 그 잠재력 측면에서 여러 세대에 걸친 인류 역사에서 가장 중요한 사건이라는 데는 의문의 여지가 없다. 적어도 전체 인류는 평화롭게 살거나 터무니없이 방대한 규모의 파괴에 직면하게 될 것임이 그야말로 분명한 듯하다.

그러나 처음 경고음을 울린 것은 과학자들이었다. 그들은 심지어 히로시마에 폭탄을 투하하기 전부터 그랬고, 폭탄을 투하한 뒤에도 여전히 싸움을 계속하고 있었다.

1945년 11월, 로스앨러모스, 오크리지, 핸퍼드, 시카고에서 근무하고 있던 천 명 가까운 사람들이 원자력과학자연맹FAS을 결성했다. "짧은 머리와 나비넥타이, 탭 칼라"[3]를 특징으로 하는 그들은 의회에 로비 활동을 펼쳐 핵 기술을 군이 통제하는 데 반대했다. 1946년 원자력위원회AEC가 만들어져 민간인이 책임을 맡았다.

같은 해, 히로시마 폭격 이전에 청원 운동을 이끌었던 실라르드 레오는 아인슈타인 등 여러 사람들과 함께 원자력과학자비상위원회 ECAS에 참여했다. 그들의 임무는 원자력의 평화적 이용을 장려하는 것이었다. 그러나 미국과 소련의 냉전이 확대되면서 이 단체는 곧 해체됐다.

실라르드는 1960년대에 다시 한 번 시도해 살기좋은세상협의회 CLW를 만들었다. 그는 군비 경쟁의 위험성을 경고했다. 그러나 동방과 서방의 핵무기 경쟁은 멈추지 않았다.

아인슈타인 역시 원자폭탄을 만드는 데서의 자신의 역할에 대해 유감스러워했다. 그는 S-1 사업에 참여하지 않았다. 평화주의 신념 때문에 1940년 보안 인가에서 탈락한 것이다. 그러나 그는 나중에 루스벨트가 이 문제에 관심을 갖게 한 데에 자신이 한 역할에 대해 이야기했다.

"독일이 원자폭탄 개발에 성공하지 못할 것을 알았다면 나는 손끝 하나 까딱하지 않았을 것입니다."

1954년, 아인슈타인은 죽음을 불과 다섯 달 남겨놓고 이렇게 말했다.

"나는 내 일생에서 커다란 잘못 하나를 저질렀습니다. 루스벨트 대통령에게 원자폭탄을 만들라고 권고하는 편지에 서명한 일입니다."[4]

그는 자신의 유일한 변명거리는 독일이 이를 독자적으로 개발하고 있다는 우려였다고 말했다.

그러나 이 모든 것(과학자들이 낸 모든 청원과 모든 경고성 사설들)은 중요하게 여겨지지 않았다. 전쟁은 끝났다. 4년 가까운 치열하고 피비린내 나는 싸움을 지속한 이후여서 미국인들은 고마워했다.

히로시마와 나가사키에 폭탄을 투하하고 불과 며칠 뒤에 실시된 갤럽 여론 조사에서는 미국인의 85퍼센트가 원자폭탄 투하 결정을 지지한 것으로 나타났다. 진주만 공격과 이후 몇 년에 걸쳐 일본군이 저지른 잔혹 행위들에 관한 보도들을 접한 뒤라서 적에 대한 연민은 별로 없었다.

조지 갤럽George Gallup 박사는 1945년 9월에 이렇게 썼다.

파괴력을 가진 그런 폭탄이 인류의 안전을 위협하는 요소가 되고 있지만, 대중의 마음속에서 원자폭탄은 전쟁의 종말을 앞당겼고 장래에 원자력의 유용한 개발의 길을 제시하기도 했다.

미국의 여론을 좌우하는 또 하나의 요소가 있었다. 정부는 능란한 홍보 활동을 벌였다. 그 가운데 일부는 그들이 공감하고 있는 것이었다. 보도 자료가 홍수를 이루었다.

대중은 트리니티 시험과 핵 처리, 생산 공장, 과학계, 중요한 인물들, 그리고 원자력의 활용 가능성 등에 관한 배경 정보를 선택적으로 받아들였다. 잘 조직된 일반 공개 프로그램은 핵 이야기의 드라마를 놀랍도록 상세한 에피소드로 보여주었다.[5]

미국인들은 핵 폭발이 히로시마와 나가사키 주민들에게 미친 엄청난 영향에 대해 최소한도로만 알았다. 이것은 우연이 아니었다. 일본 점령군 최고사령관 맥아더 장군은 폭격으로 인한 파괴에 관한 모든 정보를 엄격하게 통제하도록 강제했다.

　일본 영화 제작자 32명이 히로시마와 나가사키의 완전한 파괴에 관한 다큐멘터리 영화를 찍었지만, 미군 당국은 그것을 압수했다. 처음에 미국인들이 보았던 몇몇 모습들은 사진이 아니라 그림이었다. 일본인 부부인 마루키 이리丸木位里와 마루키 도시丸木俊는 폭탄이 투하되고 얼마 지나지 않았을 때 친척을 찾아 히로시마에 갔다. 그들은 자기네의 그림을 1950년 《피카돈ピカドン》('피카돈'은 '원자폭탄'을 가리키는 속어다—옮긴이)이라는 책으로 출판했다.[6]

　그러나 침묵의 덮개에는 틈새가 있게 마련이다. 히로시마를 찾은 첫 외국 언론인인 오스트레일리아 기자 윌프레드 버쳇Wilfred Burchett은 검열을 피하기 위해 모스부호로 런던에 기사를 보냈다. 《데일리 익스프레스》는 1945년 9월 5일에 그의 기사를 게재했고, 그것은 전 세계로 전해졌다.

　그는 이렇게 썼다.

히로시마는 폭탄을 맞은 도시 같지 않았다. 그곳은 거대한 증기 롤러가 지나가 짜부라뜨려 존재 자체를 소멸시킨 듯했다. 나는 이 사실을 최대한 냉정하게 쓰고 있다. 이곳이 세계에 대한 경고 역할을 해주었으면 하는 바람에서다. 이 원자폭탄의 첫 시험장에서 나는 4년간의 전쟁에서 가장 무시무시하고 소름 끼치는 폐허를 보았다. 이곳은 맹공을 당한 태평양의 섬을 에덴동산처럼 보이게 만든다. 그 피해는 사진이 보여줄 수 있는 것보다 훨씬 크다.

대부분의 미국인들은 폭탄이 투하되고 만 1년이 지나도록 자기네 정부가 한 일에 대해 제대로 알지 못했다. 《뉴요커》의 유명한 편집자 윌리엄 숀William Shawn은 아직 공개되지 않은 치명적인 이야기가 있다고 생각했다. 그는 종군기자 존 허시John Hersey를 중국을 통해 들여보내 히로시마에 한 달 머물면서 생존자들을 인터뷰한 뒤 미국에 돌아와 기사를 쓰도록 했다. 그렇게 해서 그는 맥아더의 검열을 피할 수 있었다.

허시가 한 작업의 충격은 엄청났다. 그는 생존자 여섯 명의 직접 증언과 폭발의 끔찍한 여파를 보도했다. 그는 미국인들에게 '히바쿠샤被爆者'라는 새로운 말을 알려주었다. '원자폭탄의 피해자'라는 말이다. 미국인들은 히로시마에서 실제로 무슨 일이 일어났는지 처음으로 알게 됐다.

숀은 이 기사의 중요성을 잘 알고 있었다. 그래서 발행인을 설득해 3만 1천 단어의 기사를 통째로 1946년 8월 31일자 한 호에 싣도록 했다. 《뉴요커》의 특징이랄 수 있는 만화까지 빼고서 말이다. 전체 기사는 라디오에서도 들을 수 있었다. 견본 원고는 온 나라의 신문들에 제공됐다. 많은 신문들은 대중에게 이 잡지 기사를 읽도록 권하는 사설을 실었다. 30만 부가 순식간에 매진됐다. 그해에 허시의 기사는 《1945 히로시마Hiroshima》라는 책으로 만들어져 300만 부가 팔렸다.

허시는 여섯 명의 피폭자 이야기를 했다. 여자 두 명과 의사 두 명, 그리고 감리교 목사 하나와 독일 예수회 사제 하나였다. 그것은 단테의 '지옥' 여행이었다. 끔찍한 즉사 이야기, 상상을 초월하는 고통, 방사능 중독. 허시는 스무 명의 남자가 "정확히 똑같은 악몽 같은 상태"

에 있다고 썼다.

"그들의 얼굴은 온통 불에 데었고, 눈구멍은 비었으며, 녹아버린 눈에서 흘러나온 것들이 뺨으로 흘러내렸다."

이를 읽는 사람은 누구라도 그 모습을 지워버리지 못할 것이며, 책임감을 느낄 수밖에 없을 것이다.

"그들은 원자력 사용에 관한 첫 번째 대규모 실험의 대상이었다."

허시가 인터뷰한 생존자 가운데 한 사람은 직접 이야기를 하기도 했다. 1950년대 초, 목사인 다니모토 기요시谷本淸는 미국을 방문해 256개 도시를 찾았다. 그는 히로시마에 평화 운동의 실험실이 될 세계평화센터를 만들기 위해 모금을 했다.

그러나 존 허시는 책의 개정판에서, 다니모토가 또 한 번의 미국 여행에서 했던 비현실적인 경험 이야기를 들려준다. 1955년 5월 11일, 다니모토는 한 텔레비전 방송국에 갔다. 반핵 운동을 위한 모금에 도움이 될 현지 인터뷰를 한다고 해서였다.

그런데 알고 봤더니 그것은 인기 있는 전국 생방송 프로그램 〈이것이 너의 인생This Is Your Life〉의 한 편이었다. 진행자인 랠프 에드워즈Ralph Edwards가 초대 손님의 과거 삶에서 중요한 역할을 했던 사람들을 데려와 그를 놀라게 하는 형식이다. 다니모토에게 예수에 대해 가르쳐주었던 선교사가 나왔다. 신학교 시절 친구도 나왔다. 그리고 마침내 충격을 준 사람.

다부진 남자가 걸어 들어왔다. 에드워즈는 로버트 루이스 대위라고 소개했다. 히로시마를 파괴한 에놀라게이 작전의 부조종사였다. 루이스는 그 끔찍했던 날에 대해 이야기했다. 허시는 이렇게 썼다.

"다니모토는 목석 같은 얼굴로 그곳에 앉아 있었다."

루이스는 에놀라게이 승무원들을 대표해 다니모토에게 수표 한 장을 전해주었다.

그러나 이 모든 것도 심란한 일이었지만, 더욱 심하게 걱정스러운 것은 대부분의 미국인이 여전히 폭탄 투하 결정을 지지하고 있다는 점이었다. 갤럽 여론 조사에서 이에 대한 대중의 지지는 53퍼센트 이하로 내려간 적이 없었다. 어쨌든 원자폭탄은 일본 침공이 할 수 있었던 것보다 1년 일찍 전쟁을 끝냈고 미국 병사 수십만 명의 생명을 구한 것이다.

수십 년이 지나면서 원자폭탄을 둘러싼 논쟁은 미국 정치의 변화하는 조류를 따라갔다. 1958년에 《내셔널 리뷰》의 한 기사는 폭탄의 진짜 목표는 일본이 아니었다고 말했다. 해리 엘머 반스Harry Elmer Barnes는 적이 이미 패퇴한 상태였다고 썼다.

히로시마와 나가사키에서 불에 탄 일본인 수만 명은 전쟁을 끝내거나 미국인 및 일본인들의 생명을 구하기 위해 희생된 것이 아니었다. 그들은 소련에 대한 미국의 외교력을 강화하기 위해 희생된 것이다.[7]

1960~1970년대에 가 알페로비츠Gar Alperovitz 같은 '신좌파' 역사가들이 비슷한 주장을 했다. 원자폭탄은 냉전이 시작되면서 소련을 향한 초기 경고였다는 것이다. 그리고 트루먼은 그 카드를 쓸 태세가 돼 있었다. 1948~1949년의 베를린 봉쇄 동안에 그는 에놀라게이 같은 B-29 폭격기들을 독일 수도에 대한 공격 유효 거리 내로 이동시켰다.

한국전쟁 때 트루먼은 B-29를 한반도에 배치했다.

논쟁은 수십 년 동안 반복됐고, 이와 함께 식은땀 나는 군비 경쟁도 펼쳐졌다. 1949년에 소련은 원자폭탄 실험을 했다. 새로운 국가 안보 원칙이 자리를 잡았다. 이른바 양패구상론兩敗俱傷論, MAD(핵무기를 보유한 두 나라가 선제공격으로 상대의 핵 능력을 완전히 무력화시킬 수 없는 경우 필연적으로 핵 보복을 당해 양쪽 모두 치명적인 타격을 입기 때문에 결과적으로 섣부른 선제공격을 할 수 없다는 이론—옮긴이)이다. 미국도 소련도 적을 쓸어버리기 위해 핵 공격을 감행하지 못한다. 자기네를 쓸어버리기 위한 보복 공격을 막을 도리가 없기 때문이다.

미국과 소련은 군비 통제 조약 협상을 벌였다. 1963년의 부분핵실험금지조약PTBT이 그 시작이었다. 그러나 그들이 한 것이라고는 미사일과 다핵탄두를 줄이는 것이었을 뿐, 그것을 완전히 제거하지는 못했다.

그리고 이제 원자력 기술을 이용할 수 있게 되자 그것은 지구상의 가장 위험한 몇몇 분쟁 지역으로 퍼져 나갔다. 인도와 파키스탄은 수십 년 동안 국경을 놓고 싸웠는데, 양국은 모두 핵무기를 갖추었다. 이스라엘은 서아시아에서 유일한 핵무기 보유국으로 생각되고 있다. 이란은 독자 개발 능력에 어느 때보다도 가까이 다가서 있다. 북한은 계속해서 핵 능력을 개발하고 있고, 미국을 타격하기 위한 장거리 탄도미사일도 함께 개발하고 있다.

한편 히로시마를 둘러싼 논쟁은 계속됐다. 1995년, 워싱턴에 있는 스미스소니언 박물관 계열의 국립항공우주박물관NASM은 히로시마 폭격 50주년을 맞아 전시를 기획했다. 이 전시의 취지는 방문객들이 당시 현장에서 어떤 일이 일어났는지와 계속되는 군비 경쟁에 대해 충분히 알고 난 뒤 폭탄 투하 결정에 대해 생각해보도록 자극하는 것이었다.

그러나 퇴역군인 단체와 정치인들은 전시가 일본에 너무 동정적이며 태평양에서 죽은 미국 군인들을 모욕하는 것이라고 항의했다. 에놀라게이 승무원 가운데 한 사람인 '더치' 밴커크는 전시 문구에 대해 불평했다.

"한 부분은 일본인들에게 폭격은 기본적으로 복수와 이른바 미국의 인종주의를 위한 활동이라는 식으로 말하고 있었습니다. 어떤 부분에서는 우리가 모두 미쳤다고 했습니다."

밴커크는 이렇게 지적했다.

"알다시피 우리는 미치지 않았습니다."

결국 이 기획은 대폭 축소됐고, 에놀라게이의 기체를 부각시켰다.

비행기 자체도 논란이 됐다. 여러 해 동안 이것은 워싱턴 교외 앤드루스 공군 기지에 보관돼 있었는데, 날개는 녹슬고 기념품 사냥꾼들에 의해 파손됐다. 2003년에 이 비행기는 날개를 포함해서 모든 것이 완전 복원됐고, 지금은 버지니아주 북부 덜레스 공항 부근의 NASM 산하 우드바르하지Udvar-Házy센터 소장품 가운데 하나가 됐다.

일부 역사가들은 미국이 원자폭탄을 떨어뜨리거나 일본 본토를 침공하지 않았더라도 일본이 1945년에 항복했을 것이라고 주장한다. 소련은 8월 8일 일본에 전쟁을 선포하고 일본이 점령한 만주에 100만 명의 소련 군대를 보냈다. 트루먼이 '무조건 항복'의 일부로서 천황의 역할을 받아들이겠다는 것을 일본 지도자들에게 보다 분명하게 전달

할 수 있었는지에 대해서도 의문이 남는다. 그러나 이 모든 것은 사후의 생각이라는 막대한 이점에 힘입은 것이다. 많은 경우 결정이 내려진 지 수십 년 뒤의 생각들이다.

트루먼의 참모총장 레이히 제독이 폭탄은 터지지 않을 것이라고 거듭 이야기했던 것을 상기해보자. 그는 전쟁이 끝난 뒤 회고록에서 이렇게 말했다.

일본은 이미 패배했고 항복할 태세가 돼 있었다. (…) 나 혼자 생각한 것은 그것을 사용하는 첫 주자가 되면 우리는 '암흑시대'의 야만인들이 공통적으로 가지고 있었던 윤리 규범을 택하게 된 셈이라는 것이었다.

레이히가 히로시마 폭격 전에 이러한 정서를 트루먼과 공유했다는 기록은 없다.

폭탄 투하 결정에 대한 대중의 지지는 공격 직후의 85퍼센트를 회복한 적은 없지만, 그래도 꾸준하고 견실한 상태를 유지했다. 히로시마 폭격 60주년이던 2005년에도 57퍼센트는 폭탄 사용을 지지했고 38퍼센트는 반대했다. 세대 간의 격차가 확연했다. 65세 이상 미국인 열에 일곱이 핵무기 사용이 정당하다고 말했다. 30세 이하에서는 동의하는 사람이 절반이 되지 않았다.

그러니 다시 그 결정을 내린 사람에게로 돌아가지 않을 수 없다. 해리 트루먼은 시간이 흐르고 정치적 논쟁이 변화를 겪었지만 결코 약해지지 않았다. 히로시마 폭탄 투하로부터 두 달 후인 1945년 10월 25일 대통령은 처음으로 오펜하이머를 만났다. 트루먼은 정부에 원자력 통제권을 주는 입법에 대한 지지를 요청했다. 그러나 폭탄 개발에 가장 큰 책임이 있는 오펜하이머는 이제 통렬한 반성을 하고 있었다.

그는 이렇게 말했다.

"대통령 님, 저는 손에 피를 묻힌 것 같습니다."

트루먼은 화가 났고, 자신의 반응을 나중에 이렇게 이야기했다.

"나는 그에게, 피는 내 손에 묻어 있다고 했소. 걱정은 내가 해야 한다고 말이오."

대통령은 나중에 자신의 마지막 국무부 장관인 딘 애치슨Dean Acheson 에게 이렇게 말했다.

"다시는 그 개새끼를 이 사무실에서 보고 싶지 않소."[8]

1948년, 트루먼은 마침내 티베츠를 만났다.

"어떻게 생각하오?"

대통령의 물음에 티베츠는 이렇게 대답했다.

"대통령 님, 저는 명령받은 일을 했습니다."

트루먼은 책상을 탁 쳤다.

"당신은 잘한 거요. 그리고 당신을 보낸 건 바로 나요."[9]

트루먼은 남은 생애 동안 계속 그의 결정에 대한 질문을 받았다. 그리고 그는 언제나 그 결정을 옹호했다. 그는 1948년 동생 메리에게 쓴 편지에서 이렇게 말했다.

그것은 끔찍한 결정이었어. 하지만 나는 미국의 젊은이 25만 명을 구하기 위해 그런 결정을 내렸고, 같은 상황이라면 똑같은 결정을 내릴 거야. 그것이 일본 애들과의 전쟁을 끝냈어.[10]

1960년대 초 한 텔레비전 프로듀서가 트루먼에게 히로시마로 가서 원자폭탄 생존자들을 찾아보는 게 어떠겠느냐는 제안을 했다. 그는 이렇게 말했다.

"당신이 원한다면 일본에 가지요. 하지만 그들에게 아첨을 하지는 않을 거요."

이 기획은 없던 일이 됐다.

전직 대통령 트루먼은 1965년의 한 강연에서 다시 한 번 미국인의 생명을 구한 이야기를 했다.

나는 역사가 내 개인의 도덕성에 대해 무어라고 할지 걱정할 겨를이 없었 습니다. 나는 늘 내가 알고 있던 바로 그 방식대로 결정을 내렸습니다. 나는 내가 옳다고 생각하는 일을 했습니다.[11]

트루먼은 《뉴욕 타임스》의 유명한 사망 기사 작가 올던 휘트먼Alden Whitman과의 1966년 인터뷰에서 마지막 말을 남겼다. 기사는 1972년 12월 그가 죽은 뒤에 발표됐다.

"나는 그 무기를 좋아하지 않았습니다. 그러나 거리낄 것도 없습니 다. 수백만 명의 생명을 구할 수 있었으니까요."

결국 원자폭탄을 투하하는 일의 도덕성에 관한 모든 의문에도 불구 하고, 해리 트루먼이 다른 선택을 할 수 있었다고 생각하는 것은 비현 실적이다. 그는 루스벨트가 3년 전에 승인한 사업에 관해 어떤 귀띔도 받지 못하고 대통령 자리에 올랐다. 10만 명 이상이 징집됐고, 20억 달 러 이상이 지출됐다. 그리고 불과 석 달 뒤에 원자폭탄 실험이 성공했다.

트루먼의 최고위 장성들은 일본과의 재래식 전쟁이 엄청난 희생을 초래할 것으로 예상했다. 최소 25만 명의 미군이 사망하고 50만 명이 부상할 것이라는 예측이었다. 전쟁은 적어도 1년 이상 더 지속될 것으로 보였다. 그리고 이제 트루먼은 그 생명들을 구하고 전쟁을 끝낼 방법을 가지게 된 것이다.

그의 결정에 여전히 의문을 표시한다면 트루먼이 광범위하게 자문했다는 사실을 상기할 필요가 있다. 폭탄 사용에 반대한 아이젠하워 같은 조언자들로부터도 의견을 들었다. 그는 이 결정을 놓고 번민했다. 밤에 잠을 못 이루고 독일 여름의 열기 속에서 극심한 두통에 시달리면서 말이다. 그리고 "유프라테스강 유역 시대에 예언된 불의 파괴"에 관한 그의 예언적인 글을 보면 무엇이 걸려 있었는지를 그가 충분히 알고 있었음이 분명하다.

불과 116일 만에, 검증받지 않은 새 지도자는 역사상 가장 중대한 축에 속하는 결정을 내렸다. 그는 원자력 시대를 맞아들였고, 인류의 미래가 백척간두에 서 있는 세계를 만들어냈다.

지구상의 핵폭탄과 탄두(그 하나하나는 '꼬마'와 '뚱보'에 비해 훨씬 강력하다) 비축량은 지금 5만 개에 육박한다. 히로시마 폭탄 수백만 개에 해당한다. 그러나 75년 후, 전쟁에서 이 무기를 사용해본 나라는 여전히 딱 하나다.

그후

삶은 이어졌고, 미국은 호황을 맞았다. 육군·해군·해병·공군이 고국으로 돌아왔고, 가정을 꾸렸다. 집과 회사와 마을을 건설했다. 그들은 제대군인원호법에 의존해 대학에 갔고, 아니면 전쟁 전에 다니던 직장으로 돌아갔다. 농장과 공장에서 일하던 여자들이 일을 그만두자 남자들이 그 자리에 들어가 다시 나라를 운영했다. 설비를 일신한 공장들이 다시 한 번 자동차와 전기 제품과 소비재들을 생산했다. 도시 교외에 주거 단지들이 생겨났다. 주간州間 고속도로가 건설돼 미국 동해안에서 서해안까지 뻗쳐 있는 그 모든 주거 단지들을 연결했다.

그러나 많은 사람들에게 전쟁은 현재진행형이었다.

여자들과 아이들

루스 시슨

루스 시슨은 일본이 항복했다는 소식을 들은 날 비로소 기뻐할 수 있었다. 연인 로런스가 뉴욕에 도착해 그곳에서 전화를 했다. 숨이 턱에 닿아 있었다. 그는 집에 가고 싶어 죽겠다고 말했다. 그는 곧 제대할 것이라고 했다. 언제인지는 알 수 없었다. 그는 뉴욕에 있는 동안 "무언가 중요한 것을 샀다." 무엇인지는 말해주지 않았다.

그는 일주일 뒤 집 앞에 나타났다. 여전히 군복을 입고 있었고, 미소를 짓고 있었다. 루스는 깜짝 놀라 두 팔로 그를 덥석 안았다. 그들은 끌어안고 키스를 했으며, 가족들은 현관으로 몰려와 기쁨을 나누었다. 그가 마침내 포옹을 풀었다.

"손 내밀어봐."

그가 말하며 싱긋이 웃었다. 루스는 무슨 일일까 하는 표정으로 대답했다.

"응."

그는 주머니에서 작은 상자 하나를 꺼내 열었고, 손가락에 다이아몬드 반지를 끼워주었다. 그가 뉴욕에서 산 '중요한 것'이었다. 그가 말했다.

"난 오랫동안 이 순간을 기다려왔어."[1]

그 뒤 며칠은 정신이 없었다. 루스는 반지를 모든 사람에게 자랑했고, 공장에 사직서를 냈으며, 로런스의 동생들을 찾아가 만났다. 그들은 로런스 어머니의 무덤에 꽃을 올렸다. 결혼 날짜를 잡을 때가 되자 로런스는 그전에 해야 할 중요하고도 어려운 임무가 하나 있다고 말했다.

전쟁 중에 그는 자신의 고향과 그리 멀지 않은 테네시주 레이크시티 출신의 한 젊은이와 친구가 됐다. 프랑스에서 전투가 한창일 때 로런스는 그 친구가 바닥에 쓰러져 피를 흘리고 있는 것을 발견했다. 총알

이 그의 배를 관통했다. 로런스는 그를 살릴 가망이 없다는 것을 알았지만, 옆에서 무릎을 구부리고 앉아 모르핀으로 고통을 완화해주며 안심시켜주었다. 그는 속지 않았다. 그는 로런스를 가까이 끌어당기더니 손가락에서 반지를 빼낸 뒤 바지 주머니에서 지갑을 꺼냈다.

"우리 부모님께 꼭 전해줘. 내가 어떻게 죽었는지 알려드려."

그의 속삭임에 로런스는 고개를 끄덕이고 물건들을 집어넣었다. 그는 전쟁이 끝날 때까지 반지와 지갑을 간직했다. 이제 약속을 지킬 시간이었다.

"같이 가줄래?"

그의 물음에 루스는 망설이지 않았다.

"그럼, 물론이지."

며칠 뒤 산의 나뭇잎이 물들기 시작할 때 그들은 차를 몰고 레이크 시티로 갔다. 루스는 이렇게 회상했다.

"그는 가는 내내 아무런 얘기도 하지 않았어요. 그는 두려워했어요."

로런스는 친구의 부모 이름을 알지 못했지만, 그들이 다니는 교회 이름은 알았다. 그들은 교회를 찾아냈다. 목사는 그들을 데리고 친구의 집으로 갔고, 그곳에서 로런스는 거실에 앉아 친구의 부모에게 그 아들의 마지막 나날들에 대해 아는 것을 이야기해주었다.

"아드님은 용감한 군인이었습니다."

로런스는 그렇게 말하고 지갑과 반지를 건네주었다. 로런스와 루스, 그리고 목사는 슬픔에 잠긴 어머니 아버지와 함께 흐느껴 울었다.

집으로 돌아오는 길에 로런스는 자신이 전쟁에서 본 것과 했던 일들에 대해 조금 더 털어놓았다. 하지만 섬뜩한 이야기를 자세하게 해

전쟁이 끝난 후의 루스 시슨과 약혼자 로런스 허들스턴

서 루스를 겁먹게 하고 싶지는 않았다.

1945년 11월 9일, 그들은 조지아주 로스빌로 차를 몰고 갔고, 군청에서 결혼식을 올렸다. 그들이 군청 계단을 내려올 때 근처에 있던 차의 라디오에서는 그들의 노래가 울려 퍼졌다. 〈오, 왓 어 뷰티풀 모닝〉이었다.

루스는 군수품 공장을 그만둔 뒤 테네시대학 야간부를 다녔고, 1급 교사가 됐다. 나중에 교육학 석사 학위를 받았고, 상담 교사로 일했다.

로런스는 전쟁의 기억을 지우지 못했다. 밤중에 비명을 지르며 깨었고, 악몽에 시달렸다. 그의 세대 남자들이 대개 그렇듯이 그는 모든 것을 속으로 삭였다. 오늘날 우리는 이런 증상을 '외상 후 스트레스 장애PTSD'라 부른다. 2차 세계대전 참전 병사 수천 명이 앓은 질환이지만, 그것을 진단하고 치료하는 일은 수십 년을 더 기다려야 했다. 그들이 경험한 정신적 외상은 용인될 수 있는 배출 수단이 없었기 때문에 로런스 같은 병사들은 속으로 끙끙 앓을 수밖에 없었다.

그는 궤양이 생겨 1971년에 죽었다. 루스는 재혼하지 않았다. 2020년 2월 말, 아흔네 살인 루스는 여전히 여섯 손주에게 산에서 자란 이야기와 전쟁 승리를 도운 비밀 군수품 공장에서 일한 이야기를 들려주는 재미에 빠져 있었다. 루스는 이렇게 회상했다.

"나는 잘 살았어. 나는 행복했어."[2]

그러나 때때로 돌이켜 생각해볼 때면 여전히 폭탄 제조에서 했던 역할에 죄의식을 느끼고 있다.

다무라 히데코

다무라 히데코는 폭탄이 자신의 집을 날려버린 날 기도를 했다. 오타 강변에서 히데코는 합장을 한 채 모여 있는 어른들과 아이들을 보았다. 가족의 어른인 더 나이 든 남자가 큰 소리로 뒤에 남은 사람들의 안전을 빌었다. 히데코 역시 절을 하면서 어머니와 항구 옆에 주둔하고 있는 아버지를 위해 빌었다.

"제발, 하느님, 제발 부모님을 살려주세요."

그렇게 속삭였다.

이후 몇 시간은 히데코가 여기저기 돌아다녀서 기억이 희미하다. 트럭을 타고 시골에 갔다. 문을 두드려 낯선 사람들이 이재민들에게 건네주는 마른 콩을 먹었다. 히데코와 다른 수백 명의 사람들은 이리 저리 떠돌았고, 망연자실했고, 막막했다.

결국 자전거를 탄 남자가 다친 히데코를 자기 집으로 데리고 가서 먹여주고 입혀주었으며, 히로시마를 뒤져 히데코의 친척들을 찾아냈다. 몇 시간 뒤 히데코는 아버지와 할머니, 그리고 히사오 삼촌이 살아 있다는 것을 알게 되었다. 그러나 어머니는 여전히 실종 상태였다.

히데코의 아버지는 딸을 데리고 작은 마을로 가서 대가족이 함께 거처했다. 아버지와 히데코, 그리고 다른 사람들은 매일 히로시마로 돌아가 어머니 기미코를 찾았다. 그들은 구호소와 학교, 경찰서 뜰, 절을 돌아다니며 죽은 사람과 죽어가는 사람들을 뒤졌다.

한때 북적거렸던 도시는 사라지고 없었다. 히로시마는 이제 "살이 썩는 냄새와 시체 냄새로 가득한 무시무시한 곳"이 되어 있었다고 히데코는 회상했다. 견딜 수 없었다. 불에 타고 부풀어 오른 시신들이 거리에 널려 있었고, 그들의 얼굴은 알아볼 수가 없었다.

폭발의 중심지 부근에 있던 사람들은 증발해버렸다. 히데코는 벽과 포장도로에 찍힌 그들의 흔적을 볼 수 있었다. 친구 미요시도 죽었다. 히데코는 이겨내기 위해 다시 어머니가 불러주던 노래들을 흥얼거렸다. 자신이 가장 좋아하던 자장가와 노래들이었다.

마침내 9월에 이르러 그들은 폭탄이 터지던 순간에 기미코와 함께

원자폭탄 투하 후의 히로시마

있었던 이웃을 찾아냈다. 그들은 한 버려진 콘크리트 건물 옆에서 잠시 쉬고 있었다. 그들은 섬광에 거의 눈이 멀 지경이었다. 기미코는 밀짚모자를 끌어내려 귀를 덮고는 건물 안으로 뛰어갔는데, 바로 그 순간 건물이 무너지는 바람에 다른 몇 사람과 함께 그 안에 갇혔다.

그 여자는 히데코의 아버지를 그곳으로 데리고 갔다. 거기에는 불에 탄 시신 몇 구가 있었고, 한 시신은 오래된 군용 수통과 함께 있었다. 자신이 아내에게 준 것이었다. 정신이 혼미해진 아버지는 쭈그린 채 손수건에 기미코의 유해를 주워 담았다.

히데코는 자기도 그 건물에 가보겠다고 졸랐지만 아버지는 들어주지 않았다. 시간이 흘러도 히데코는 죄책감을 떨쳐버릴 수 없었다.

8월 5일 어머니를 졸라 자신을 시골에서 히로시마로 데려오도록 하지 않았다면. 그러지 않았다면 그들은 폭탄이 떨어질 때 먼 시골에 있었을 것이다. 어머니와 친구 미요시는 아직 살아 있을 것이다.

그 이후 여러 해에 걸쳐 나온 폭격의 사상자 수 통계는 편차가 크다. 1946년 7월 1일에 나온 미국전략폭격조사단USSBS의 요약 보고서는 6만에서 7만 명이 죽고 5만 명이 다친 것으로 추산했다. 그러나 최종 사망 통계(이후 몇 주 또는 몇 달 사이 방사선병으로 사망한 사람을 포함한다)는 13만 5천 명이었다. 그 가운데 약 2만 명이 군인이었다.

전쟁이 끝난 후 히데코의 아버지는 히로시마에 가까운 오타 강변에 집을 지었다. 히데코는 "만灣으로 흘러가는 강물 위로 비치던 노을"을 보며 위안을 찾았다.

생존자들은 영웅 같은 찬사를 받지 못했다고 히데코는 말했다.

"우리는 (원폭) 생존자이기 때문에 매우 조심스러울 수밖에 없었습니다. 너는 아주 못마땅해. 쉽게 지치고, 그래서 채용하는 것이 위험해. 기형아를 낳기 때문에 결혼도 위험해. 대부분 중매결혼을 하는 나라에서 누구라도 내가 생존자라는 것을 알게 되면, 네, 좋을 게 없는 일이었죠."[3]

히데코는 열일곱 살 때 용기를 내어 삶을 마감하려고 했다. 기차역 승강장에 서서 들어오는 기차 앞으로 뛰어내리려고 기다렸다. 그러나 기차는 히데코 앞에 오기 직전에 끼익 소리를 내며 멈춰 섰다. 나이든 남자 하나가 몇 미터 앞에서 그 기차 앞에 몸을 던졌다.

히데코가 다니던 감리교계 학교의 선생이 살아야 한다고 설득했다. 1945년 8월 6일, 옛 세계가 죽은 바로 그 순간 태어난 새로운 세계에 합류해야 한다고 했다.

히데코는 미국으로 갔고, 1953년 오하이오주의 우스터칼리지에서 사회학 학위를 받았다. 미국인과 결혼해 건강한 아이들을 낳았으며, 시카고대학에서 학업을 계속했다. 맨해튼 사업의 과학자들이 1942년 처음으로 실험실에서 핵 연쇄 반응을 성공시킨 바로 그곳이다. 히데코

히데코가 1952년 8월 히로시마를 떠나기 전 마지막으로 겐바쿠原爆 돔을 만져보고 있다.

는 시카고대학 병원의 방사선종양 부문에서 심리치료사와 사회복지사로 일했다.

히데코 다무라 스나이더 박사는 자신이 과거를 바꿀 수 없음을 안다고 말했다. 자신은 당시의 교육 기회 때문에 미국에 오게 됐다. 그리고 기억은 아직 생생하지만 과거에 일어난 일에 대해 비통해하지 않으려고 노력한다. 히데코가 평화운동가가 된 이유다. 자신이 경험한 고통을 다른 누구도 겪게 하고 싶지 않은 것이다.

2007년 8월 6일(폭탄이 히로시마를 파괴한 지 꼭 62년이 되는 날이다) 히데코의 손녀가 태어났다. 히데코는 이렇게 말했다.

"가장 놀라운 희망의 탄생이었죠. 그것은 내 슬픔의 색조와 느낌을 바꿔놓았습니다. 나는 새로운 생명의 탄생에 집중할 수 있었습니다."[4]

과학자들과 장군들

로버트 오펜하이머

오펜하이머와 다른 많은 과학자들은 히로시마와 나가사키에 대한 원자폭탄 투하 이후 핵무기와 기술이 국제 과학계의 엄격한 통제를 받아야 한다고 생각했다.

오펜하이머는 자신이 갑자기 세계에서 가장 유명한 과학자가 됐음을 깨달았다. 명성이 높아가면서 우울증도 심해졌다. 일본에서 사람들이 얼마나 많은 고통을 겪고 있는지에 관한 보도들을 듣는 게 힘들었다. 그는 정치가와 장군들이 장래 전쟁이 일어나면 너무도 손쉽게 핵무기로 손을 뻗치지 않을까 우려했다.

그래서 오펜하이머는 폭탄 제작을 그만두었다. 정부는 로스앨러모스의 핵 연구·개발 프로그램을 계속할 계획이었지만, 오펜하이머는 거기에 관여하고 싶지 않았다. 1945년 10월, 그는 프로그램의 과학 책임자 자리에서 물러났다. 특별히 치러진 행사에서 그는 핵무기에 관한 자신의 생각을 밝혔다.

"전쟁을 벌이고 있는 세계에서, 또는 전쟁을 준비하고 있는 나라들이 핵무기를 새로운 무기의 하나로 추가한다면 그때 인류는 로스앨러모스와 히로시마라는 이름을 저주할 것입니다."5

전쟁이 끝난 뒤 오펜하이머는 교직으로 돌아가 프린스턴 고등연구소IAS에서 자리를 잡았다. 이곳은 이론 연구를 위한 독립적인 연구소로, 아인슈타인 등 손꼽히는 과학자들의 연구 터전이었다. 그와 함께 오펜하이머는 원자력의 안전한 이용을 위해 노력하기로 결심했다. 1947년에 그는 새로 만들어진 미국원자력위원회AEC의 총괄자문위원회 위원장에 만장일치로 선출됐다. AEC는 미국의 원자력 문제를 감독하는 민간 기구였다.

그러나 소련이 핵무기를 개발하자 미국은 공포와 의혹의 새로운 시대로 뛰어들었다. 그리고 오펜하이머는 진창으로 끌려 들어갔다. 그는 더 이상 원자폭탄의 아버지로 추앙받지 못했다. 그 대신 위험 인물로 낙인이 찍혔다.

여러 해 동안 미국인들은 '적색의 위협Red Menace'에 대해 들었다.

공산주의가 미국과 세계에 급속히 퍼질 것이라는 위험성이었다. 미국이 유일한 핵무기 보유국이기 때문에 느끼던 미국인들의 안도감은 1949년 8월 29일 소련이 첫 핵무기를 터뜨리면서 날아가 버렸다. 소련의 핵폭탄은 미국이 더 규모가 큰 핵융합 무기인 '수소폭탄'을 개발하도록 하는 엄청난 압박으로 작용했다.

보다 발전된 핵무기 개발에 대한 오펜하이머의 반대는 어떤 부류의 사람들에게는 반역이나 마찬가지였다. 원자력위원회는 1954년 오펜하이머의 비밀 취급 인가에 관한 공청회를 열었다. 그가 과거에 공산주의에 동조했던 이력이 불거졌다. 그는 공산당과의 어떤 연계도 부인했지만, 1930년대 말과 1940년대 초에 공산주의자들과 알고 지냈다고 인정했다. 그는 이렇게 말했다.

"나는 그들을 위험하다고 생각하지 않았고, 그들이 내건 목표 가운데 일부는 바람직하다고 보았습니다."

AEC는 오펜하이머의 충성심은 인정했지만 아무튼 그는 위험 인물이었다. 드러난 공산주의자들과의 연계가 "신중함과 자제력의 관용 한계를 훨씬 넘는 곳까지 뻗쳐" 있다는 것이 그 한 이유였다. 오펜하이머는 원자력의 기밀 사항에 접근할 수 있는 권한을 박탈당했다. 세계에서 가장 유명한 사람 가운데 하나이자 과학을 냉정하게 만든 사람, "새로운 원자력 시대의 살아 있는 상징"이 자신의 전문 분야에서 추방당했다. 그 자리는 '수소폭탄의 아버지' 에드워드 텔러 같은 과학자들이 대신했다.

그러나 이상한 일이 일어났다. 많은 미국인들이 오펜하이머를 순교 과학자로 보기 시작했다. 진실을 위해 너무도 큰 대가를 치른 사람이라는 것이다. 그는 히로시마에 대해 공개적인 발언을 거의 하지 않았다. 그러나 발언을 하게 되면 후회를 드러냈다. 1956년 6월에 그는 폭격이 "비극적인 잘못"이라고 말했다.

AEC가 오펜하이머의 비밀 취급 인가를 박탈한 지 9년이 지난 1963년, 이 기구는 그에게 최고의 영예를 부여했다. 5만 달러의 상금이 붙은 엔리코 페르미 상을 준 것이다. "이론물리학에 대한 뛰어난 공헌과 과학적·행정적 지도력"을 이유로 들었다. 린든 존슨 대통령이 상을 수여했다.

1966년 초, 오펜하이머에게서 인후암이 발견됐다. 그는 이듬해에 죽었다. 그 무렵에는 그의 대중적 이미지가 회복된 상태였다. 미국 상원 회의장에서 아칸소주 출신의 민주당 의원 윌리엄 풀브라이트가 오펜하이머를 칭송했다.

"그의 특별한 천재성이 우리에게 해준 것을 기억합시다. 더 나아가 그가 자신에게 한 일도 기억합시다."

호니그 부부

많은 과학자와 교수에게 일본의 항복은 로스앨러모스에서의 시간이 끝났다는 신호였다. 많은 사람들은 히로시마에 폭탄이 떨어질 때 이미 다음 단계를 계획하기 시작했다.

뉴멕시코의 시험 전 그 폭풍우 치던 밤을 폭탄과 함께 보냈던 물리학자 도널드 호니그는 브라운대학의 조교수가 됐고, 나중에 프린스턴

대학 화학과 학과장이 됐다. 1964년에는 린든 존슨 대통령의 과학 보좌관이 됐다. 6년 뒤에는 브라운대학 총장에 임명됐다.

릴리 호니그는 브라운대학에서 화학 박사 과정을 마치고 여성 고등교육의 강력한 옹호자가 돼서 고등교육자원서비스HERS를 설립했다. 그 대의에 헌신하는 비영리 단체다. 그들은 둘 다 실라르드의 청원에 서명했지만, 자기네가 맨해튼 사업에서 한 역할을 후회하지 않는다고 나중에 말했다. 하지만 원자력을 전쟁 무기로 사용하는 데 대해 착잡한 감정을 가지고 있었다.

릴리는 말년에 이렇게 말했다.

"우리 모두는 그것이 터져서 매우 기분이 좋았습니다. 그러나 우리는 모두 약간의 죄의식을 갖고 있었습니다. 많은 사람들이 죽었습니다. 어떤 면에서는 모두 어려웠습니다. 그 모든 생명에 죄의식을 느끼지만, 물론 진짜 문제는 전쟁입니다. 우리가 사용한 것은 무기가 아닙니다."[6]

많은 과학자들에게 그것은 난제였다. 일부는 맨해튼 사업 동안, 이론을 폭탄으로 바꾸는 도전에 흠뻑 빠져 있었다. 그들은 그 도덕적 결과나 물리적 결과에 대해서는 생각하지 않았다. 나중에 많은 사람들은 이 무기의 파괴력으로 인해 괴로워했다. 일부는 원자폭탄을 만드는 데서 자기네가 한 역할 때문에 우울증에 빠졌다.

레슬리 그로브스

전쟁이 끝난 뒤 그로브스는 중장으로 승진했다. 그는 1948년 은퇴하고 방위산업 도급 업체인 스페리랜드Sperry Rand사에서 일자리를 얻었다. 여러 해 동안 그는 오펜하이머의 최대 지지자 가운데 하나로 남아 있었다. 그리고 오펜하이머의 핵무기에 대한 우려에 상당 부분 공감하고 있었다.

그로브스는 이렇게 썼다.

마침내 일본에 승리하는 날이 왔고, 그 승리를 가져오기 위해 그렇게 열심히, 그렇게 오랫동안 일해온 우리 대부분은 그것을 냉정하고 조심스럽게 맞았다. 우리는 전쟁을 끝내는 절박한 문제를 해결했지만, 그 과정에서 여러 가지 알 수 없는 문제들을 만들어냈다.[7]

그는 나중에 이렇게 말했다.

"이 무기는 세계의 모든 나라들이 우리만큼 평화를 열망하게 되기까지는 미국의 통제 아래 두어야 합니다."

그로브스는 1970년, 일흔네 살 생일을 한 달 앞두고 죽었다. 그로브스의 사망 기사는 그를 "맨해튼 사업을 이끈 정력적인 기술 군인"으로 칭송했다. 한 칼럼니스트는 "그로브스는 자신의 일에 필요한 배짱이 있었다"라고 썼다.

언론인

윌리엄 로런스

윌리엄 로런스에게 원자폭탄은 필생의 기사였다. 그러나 맨해튼 사업에 관여한 다른 많은 사람들과 마찬가지로 그의 작업 역시 이후 세대로부터 날카로운 비판에 직면하게 된다.

《뉴욕 타임스》는 총 10회에 걸친 로런스의 독점 기사를 1945년 말에 발표했다. 이듬해 그는 직접 목격한 나가사키 폭격 기사와 원자폭탄의 개발과 제작, 그리고 그 중요성에 관한 후속 기사로 퓰리처 보도상을 받았다.

퓰리처상은 시작일 뿐이었다. 사람들은 그를 '아토믹 빌Atomic Bill'로 부르기 시작했다. '원자력 시대'라는 말을 만들었다고 하는 로런스는 계속해서 《뉴욕 타임스》의 과학 기자로 일했다. 1946년에 그의 책 《제로의 여명: 원자폭탄 이야기Dawn Over Zero: The Story of the Atomic Bomb》가 출간됐다.

로런스는 《뉴욕 타임스》의 직원으로 34년 동안 기자와 편집자로 일했다. 그는 1964년에 은퇴했고, 1977년 여든아홉 살에 죽었다. 《뉴욕 타임스》에 실린 그의 사망 기사는 로런스를 미국의 1세대 과학 전문 기자로 불렀으며, 그의 최대 특종은 원자력 시대의 개막이었다. 그는 "사람들이 이해할" 수 있는, "종종 생생하지만 단순한 형상화에 의존하는 유형"의 기사를 썼다.

그러나 그가 죽은 지 27년 뒤인 2004년, 한 무리의 언론인들이 퓰리처상 위원회에 그의 수상 박탈을 요구했다. 그들은 로런스의 기사들이 "군사부에 고용돼" 쓰인 것이며, 원자폭탄 투하 이후 그가 《뉴욕 타임스》에 "방사선병이 사람을 죽이고 있다"는 생각에 이의를 제기하는 1면 기사를 썼다고 주장했다. 그들은 이렇게 덧붙였다.

"그는 정부 노선을 충실하게 따름으로써, 폭탄의 치명적인 지속 효과에 관해 반세기 동안의 침묵이 시작되는 데 결정적인 역할을 했다."

《뉴욕 타임스》는 그의 퓰리처상을 반납하지 않았다.

비행기 승무원들

———

에놀라게이의 승무원들은 티니안섬으로 돌아왔을 때, 그리고 나중에 미국으로 돌아왔을 때 영웅으로 칭송을 받았다. 가두행진을 하고, 신문에 보도됐다. 먼저 칭찬이 쏟아지고, 이어 이 작전에 관한 잡지 기사와 책과 영화가 나왔다.

전쟁이 끝나고 몇 년 뒤 NBC는 〈원자폭탄 이야기: 산 자와 죽은 자 The Story of the Atomic Bomb: The Quick and the Dead〉라는 제목의 라디오 프로그램을 만들었다. 밥 호프 같은 유명 인사들과 아이젠하워 장군 같은 군부 지도자들이 원자폭탄 역사의 중요한 순간에 관한 대본을 읽었다. 로버트 루이스는 자신의 비행 일지를 읽었다. 그 가운데 한 구절은 이렇다.

"지금 우리는 목표물에 폭탄을 투하하는 동안 잠깐 정지할 것이다."

일부 승무원들은 군에 머물렀고, 어떤 사람들은 민간인 생활로 돌아갔다. 로버트 슈머드는 디트로이트의 한 배관 및 난방 업체 영업부장이 됐다. '밥'으로 불렸던 후미 총수 조지 카론(브루클린 다저스 모자를 썼던)은 덴버의 선드스트랜드사에서 설계 기사가 됐다.

시간이 흐르면서 한때 영웅이었던 사람들은 때로 원자폭탄의 도덕성에 관한 문제로 매도되기도 했다. 이 논쟁은 핵무기가 급격히 늘어나면서 더욱 격화했다.

로버트 루이스

수년에 걸쳐 로버트 루이스 대위는 자신이 일지에 쓴 다음 말이 무슨 뜻인지에 대해 거듭 설명해야 했다.

"맙소사, 우리가 무슨 짓을 한 거지?"

히로시마 15주년을 기념하는 군의 프로젝트의 인터뷰에서 루이스는 그 작전을 후회하지 않으며 자신의 일지 기록은 잘못 이해됐다고 말했다. 그는 이런 뜻이라고 설명했다.

"인류를 파괴하는 이런 폭탄을 설계하고 개발하는 데서 인류는 어떤 일을 했습니까?"

다시 한 번 그 작전에 자원해서 나갈 수 있다면 갈 것인가? 루이스는 위축되지 않았다.

"내 나라를 지키기 위해서라면 조금도 주저하지 않을 것입니다. 어떤 것이든 전혀. 그것이 원자폭탄을 떨어뜨리는 일이 됐든 수소폭탄을 떨어뜨리는 일이 됐든, 나는 기꺼이 그 일을 할 겁니다."[8]

루이스는 항공사에서 조종사 자리를 얻었고, 그 뒤에는 전쟁 전에 일했던 뉴저지의 사탕 회사 공장장이 됐다. 그는 결혼을 했고, 다섯 명의 아이를 두었으며, 평생 그 작전을 생각하며 지냈다.

그는 히로시마 생존자들을 만났고, 그중 한 명과 친구가 됐다. 휴버트 시플러Hubert Schiffler라는 목사였다. 폭탄이 떨어지던 날 아침 시플러는 폭파 중심지에서 여덟 블록 떨어진 곳에 있었다. 나중에 루이스는 석조 조각가가 됐다. 그의 작품 가운데 하나의 제목은 〈히로시마의 신풍神風〉이었다.

1971년, 루이스가 히로시마 작전 때 손으로 쓴 일지가 희귀서 및 필사본 거래상 데이비드 커셴바움David Kirschenbaum에게 3만 7천 달러에 팔렸다. 이 필사본은 나중에 사업가 맬컴 포브스Malcolm Forbes에게 되팔렸다. 루이스는 가족을 위해 여섯 부의 일지 육필 사본을 만들었다. 2015년 그중 하나가 5만 달러에 팔렸다.

여러 해가 지난 뒤에도 루이스는 여전히 티베츠가 자신을 대한 방식에 서운함을 느끼고 있었다. 루이스는 제509부대의 역사를 쓴 조지프 파팔리아Joseph Papalia에게 편지를 보내, 책과 영화들이 이 작전을 부정확하게 그리고 있다고 말했다. 그는 특히 고위 인사들을 칭송한 NBC의 텔레비전 영화에 대해 불만을 토로했다. 루이스는 1981년에 쓴 편지에서 이렇게 말했다.

"사병들은 언제나 부당한 취급을 받습니다. 사병이 들어간다면 재미있는 이야기가 될 겁니다. 사병들, 그들의 훈련과 경험과 감정과 연관된 이야기 말입니다."[9]

한편 그는 이 모든 것에 관해 철학적이었다.

지금부터 500년 후, 만약 그때도 여전히 지구가 존재한다면 1945년 8월 6일은 세계가 무시무시한 새 무기를 목도한 날로 기억될 것입니다. 존스나 스미스라는 사람이 조종사나 폭격수였다는 것까지는 모르더라도 말이죠. 교황 요한 바오로 2세는 일전에 히로시마를 방문했을 때 한 말에서 이를 가장 잘 표현했습니다.

"히로시마를 기억하는 것은 평화에 헌신하는 것이며, 히로시마를 기억하는 것은 전쟁을 미워하는 것입니다."[10]

루이스는 1983년에 죽었다. 예순다섯 살이었다. 그는 마지막까지 불타는 도시의 모습에 시달렸다. 그가 일지에 기록한 대로다.

내가 100년을 산다 하더라도 나는 이 몇 분간을 정말로 내 마음속에서 지워 내지 못할 것이다.

토머스 페어비

페어비는 2차 세계대전 후 군대에 머물렀다. 그는 군생활의 대부분을 전략공군사령부SAC에서 보내면서 한국과 베트남에서의 전쟁 및 냉전을 치렀다. 그는 1970년 대령으로 예편했다.

페어비는 결혼해서 네 아들을 두었다. 그는 폭격에서 자신이 한 역할에 대해 결코 후회를 표명하지 않았다. 이렇게 말했다.

"그것은 해야 하는 일이었습니다."

그 후

1999년 말, 페어비는 자신이 췌장암에 걸렸고 살 날이 6개월밖에 남지 않았다고 친구들에게 말했다. 그는 친구들에게 "내 장례식에서 멋진 말을" 해달라고 부탁했다. 밴커크가 빈정거렸다.

"생각나는 게 있으면."[11]

페어비는 2000년 3월에 죽었다. 여든한 살이었다. 밴커크와 티베츠가 노스캐롤라이나주 목스빌의 한 시골 교회에서 열린 장례식에 참석했다. 그는 늙어가면서 평화를 찾았다. 정원에 장미를 기르고, 아들들과 낚시를 다니고, 손주들과 공놀이를 했다. 그의 아내 메리 앤은 페어비가 원자폭탄을 초월한 삶을 살았다고 말했다. 이렇게 회상했다.

"톰은 친절하고 배려심이 있고 너그러운 사람이었어요."

그의 집 거실 벽난로 위에 걸어놓은 것은 B-29가 하늘로 솟아오르는 모습의 사진이었다. 여기에는 티베츠, 밴커크와 다른 두 승무원의 서명이 있었다.

장례식에서 밴커크는 페어비가 폭격 조준기의 마법사였다고 말했다. 그는 또한 포커도 정말 잘 쳤다. "나는 하늘나라에서 큰 포커 판이 벌어지고 있다는 데 걸겠다"라고 밴커크는 말했다. 먼저 올라간 다른 친구들과 함께 말이다.

"내가 갈 때를 위해 자리 하나 맡아주기를 바랄 뿐이야."[12]

'더치' 시어도어 밴커크

마지막까지 남은 에놀라게이 승무원은 밴커크로, 2014년에 죽었다.

아흔세 살이었다. 전쟁 뒤에 밴커크는 펜실베이니아주 노섬벌랜드에 있는 아내와 아들에게로 돌아갔다. 그는 버크넬대학에서 화학공학 석사학위를 취득했고, 듀폰에서 오랫동안 직장생활을 했다.

밴커크도 동료들과 마찬가지로 원자폭탄 사용을 옹호했다. 그는 이렇게 말했다.

"우리는 절대 항복하지 않고 절대 패배를 받아들이지 않기로 유명한 적과 싸우고 있었습니다. 도덕성과 전쟁을 함께 놓고 이야기하기는 정말 어렵습니다."[13]

제이컵 비저

제이컵 비저는 두 차례의 원자폭탄 작전에 모두 참여한 유일한 사람이라는 점에서 독특하다. 그는 1946년까지 군대에 있었고, 그 뒤 웨스팅하우스의 방위산업 분야에서 오랫동안 직장생활을 했다. 그는 볼티모어로 돌아가 결혼을 하고 아들 넷을 두었다.

비저는 1992년 6월에 죽었다. 그는 학술 회의 발표를 위해 쓴 연설문을 남겼다. 여기에서 비저는 미국이 왜 원자폭탄을 사용했는지에 관해 실용적인 견해를 표명했다.

그는 이렇게 썼다.

미국에서 전쟁 시기에 우리 손으로 뽑은 우리 지도자들이 최소의 인명 손실로 승리를 확보하려고 하는 것만큼 자연스러운 일은 없습니다. 우리 군대에게 화력을 마음껏 사용하는 일은 원하는 결과를 가져오기 위한 접근법이며 처음부터 써온 방법이었습니다. 일본 제국에 대한 폭격이 좋은 사례입니다. 일본을 상대로 원자폭탄을 사용한 것은 그저 이런 접근법의 최종 단계였을 뿐입니다.[14]

비저는 원자폭탄 투하가 태평양 전쟁을 끝냈다고 믿는다고 말했다.

나는 1945년에 우리가 한 일에 대해 후회하느냐는 질문을 자주 받았습니다. 나는 어떠한 후회도 없으며 2차 세계대전을 끝내기 위해 우리가 한 일에 대해 결코 변명하지 않을 것임을 여러분께 분명히 말씀드립니다. 인간의 전쟁은 모순입니다. 전쟁은 당연히 야만적입니다. 죽이는 방법이 용인할 수 있는 것인지 아닌지를 구분하는 것은 웃기는 이야기입니다.[15]

전 세계에 5만 개의 핵무기가 있는 상황에서 핵전쟁은 인류의 종말을 의미한다고 그는 말했다.

아마도 그것은 맨해튼 사업에 관여했던 모든 사람들을 괴롭혔던 문제일 것이다. 그들은 원자의 비밀을 풀었고, 문명을 파괴의 벼랑으로 몰아넣었다.

인생을 마무리할 무렵에 비저는 이렇게 말했다.

"이 문제에 대한 해법은 이미 일어난 일에 대해 유감스러워하는 것이 아니라 우리가 개인적으로, 그리고 집단적으로 전쟁의 명분과 전쟁 자체의 근절을 위해 헌신하는 것입니다."

그리고 그는 이렇게 경고했다.

"억제는 지금까지는 이루어졌습니다. 그것이 영원히 계속될 수는 없습니다."[16]

폴 티베츠

티베츠의 군복무는 히로시마 작전에서 끝나지 않았다. 그는 공군에 남았고, 1959년 준장으로 진급했다. 그는 두 개의 전략공군사령부 폭격단 지휘관을 역임한 뒤 1966년 군에서 은퇴했다. 그는 오하이오주 컬럼버스에 정착했고, 마침내 제트에이비에이션Jet Aviation 사장이 됐다. 그는 여전히 미국 역사상 가장 유명한 조종사 가운데 한 사람이며, 국가 항공 명예의 전당에 헌액됐다. 그는 2007년 아흔두 살의 나이에 죽었다.

다른 승무원들과 마찬가지로 티베츠 역시 자신의 작전을 옹호하는 데 결코 주저하지 않았다. 잘 알려지지 않은 히로시마 폭격 15주년 인터뷰에서 갓 장군으로 승진한 티베츠는 이 작전에 대해 이야기했다. 그는 이렇게 회상했다.

나는 이 무기 덕분에 미국과 연합국이 일본을 침공하지 않을 수 있었다고 생각합니다. 그리고 그런 침공을 하지 않음으로써 우리는 수많은 생명을 구했다고 확신합니다. 얼마나 많은 수였을지는 감히 추측할 수 없지만, 나는 그것이 전쟁을 빨리 끝냈다고 생각합니다. (…) 폭발의 결과로 잃은 생명들은 전쟁 사상자이며, 그것은 전쟁에서 예상할 수 있는 일입니다.

그후

대량 살상 무기의 도덕성에 대해 어떻게 생각하느냐는 질문에 티베츠는 자신의 입장을 설명하려 애썼다. 그는 이렇게 말했다.

전쟁을 하게 된다면 그 목표는 전쟁에서 승리하는 것이라고 생각합니다. 동원할 수 있는 모든 자원을 사용해 전쟁에서 이겨야 합니다. 그리고 아주 운이 좋아 강력한 무기, 적의 것보다 더 강력한 무기를 갖게 됐다면 해야 할 일은 그것을 사용하는 것뿐입니다.

전혀 후회하지 않느냐고 묻자 그는 퉁명스럽게 대꾸했다.

이런 질문을 전에도 받았습니다만, 나는 전혀 죄의식이 없다고 분명히 말씀드립니다. (…) 나는 어떤 후회도 없습니다. 그것은 임무였습니다. 전시에 군인에게 내려진 임무였습니다.[17]

여러 해 동안 티베츠는 밴커크 및 페어비와 긴밀한 관계를 유지했다. 티베츠에게 1942년 그들이 유럽에서 함께 보낸 시절은 그의 인생에서 최고의 시기였다. '붉은 그렘린'이 대공 포화를 받으며 독일 도시들에 폭격을 퍼붓던 모든 작전은 죽음과의 만남이었다. 그들은 그 순간을 위해 살았다. 런던의 나이트클럽에서 흥청거리고, 술을 마시고, 카드놀이를 하고, 도박을 하고, 밤을 꼬박 새우고 아침 해가 떠오르는 것을 지켜보았다. 그들은 20대였고, 미국과 민주주의와 자유를 위해 싸웠다.

티베츠와 밴커크와 페어비의 우정은 시간이 지날수록 더욱 진해

졌다. 티베츠는 1989년 밴커크에게 바치는 한 책의 헌정사에서 이렇
게 썼다.

이 헌정사는 당신에 대한 내 감정을 표현하는 데 충분하지 못할 것입니다
(나는 톰에게도 같은 말을 했습니다). 당신과 톰은 내게는 언제나 특별했기
때문입니다. 전쟁 기간 동안 나는 우리가 삼발이 의자 같다고 생각했습니
다. 때로는 커다란 역경도 헤쳐 나왔고요. 전쟁이 끝난 뒤 당신은 다른 길
을 갔지만, 나는 당신이 "그리 멀지 않은" 곳에 있다고 생각했고 톰 역시 그
렇게 생각한다는 것을 알고 있었습니다. 우리가 은퇴한 뒤 나는 우리가 더
가까워지리라고 생각했고, 그것은 당연한 일이었습니다.[18]

티베츠는 죽을 때 장례식을 치르거나 묘비를 세우지 말라고 유언
했다. 그는 폭탄 투하 반대자들이 그곳을 시위 장소로 삼지 않을까 우려
했다. 그의 시신은 화장돼 그 재가 영국과 프랑스 사이 해협에 뿌려졌다.
전쟁 동안에 그가 수없이 작전을 나갔던 곳이다.

대통령

———

해리 트루먼

2차 세계대전이 끝나고 몇 주 동안에 대통령의 국정 지지율은 87퍼센
트까지 치솟았다. 그러나 전후 문제들이 잇달아 불거지면서 이 수치

는 떨어지기 시작했다.

소련은 전쟁 동안 강력한 동맹국이었지만, 그들이 동유럽에 대한 통제권을 유지하려는 의도를 가지고 있음이 분명해지자 관계는 급속하게 악화됐다. 냉전의 시작이었다. 그러나 트루먼은 국내에서도 문제에 직면했다. 미국 경제가 전쟁에서 평화로 상황 변화를 맞고 있었기 때문이다.

그는 늘 충돌하는 소비자와 노동자와 기업가의 이익 문제를 다루어야 했다. 물가 상승과 노동조합의 불안도 있었다. 정치 지형은 트루먼의 당선이 암담해 보였다. 1946년 공화당은 상·하 양원의 다수 의석을 차지했다. 전문가들은 트루먼이 1948년 대통령 선거에서 공화당의 토머스 듀이 뉴욕 주지사에게 질 것이라고 예측했다.

그러나 트루먼은 예상을 뒤엎었다. 그는 끈질기고 효율적으로 선거운동을 펼쳤다. 미국 전역을 유세하면서 기차 꽁무니에서 연설을 하기도 했다. 그에게 중요한 고비가 닥칠 때마다 열광적인 군중의 외침이 그를 환영했다.

"힘내요, 해리!"

트루먼은 1948년 11월 선거에서 듀이를 물리쳤다. 미국 정치사에서 가장 큰 역전승 가운데 하나였다.

트루먼은 두드러진 업적(그는 군대와 정부에서 인종 차별을 금지하는 행정명령을 공표했다)이 있었지만, 여전히 국내 및 해외에서 문제에 직면했다. 그는 루스벨트의 '뉴딜'을 보완하기 위한 프로그램을 도입했다. 그는 이를 '페어딜Fair Deal'이라 불렀다. 여기에는 보편적 건강보험과 교육에 대한 더 많은 투자 제안 등이 포함됐다. 하지만 그는 의회의

벽을 넘지 못했다.

1950년 한국에서 전쟁이 터졌고, 트루먼은 재빨리 전쟁에 미국 군대를 투입했다. 많은 미국인들이 이해하지 못하는 전쟁에서 수천 명의 미국인이 죽거나 다쳤다. 그는 또한 위스콘신주 출신의 상원 의원 조지프 매카시Joseph McCarthy와 그 패거리들의 반反공산주의 '빨갱이 사냥'에도 대처해야 했다. 이 모든 것이 트루먼의 인기 하락에 기여했다.

트루먼은 1952년 재선에 도전하지 않기로 결심했다. 1953년 1월 그가 퇴임할 때 그의 국정 지지율은 불과 31퍼센트였다.

트루먼은 미주리주 인디펜던스의 집으로 돌아왔다. 더 이상 경호원들의 경호는 없었다. 그는 노스델라웨어가街 213번지 장모의 옛 집으로 이사했다. 한 기자가 가장 먼저 무슨 일을 하겠느냐고 묻자 그는 말장난을 했다.

"여행 가방을 들고 다락방으로 갈 거요."

그는 인디펜던스에 대통령 도서관을 지었다. 아침에 활기차게 마을을 산책하고, 옛 친구들과 중요한 손님들을 맞으며, 도서관의 자기 사무실에서 일을 하며 나날을 보냈다. 방문자들은 들어가 그와 악수를 나눌 수 있었다. 그는 한 친구에게 이렇게 말했다.

"이제는 날 보기 위해 약속을 잡을 필요가 없어."[19]

여러 해가 지나는 사이에 트루먼의 평판에 재미있는 일이 일어났다. 대통령 연구자들과 대중이 그에 대해 다른 판단을 내리기 시작했다. 그들은 소련의 침략을 억제하기 위해 설계된 정치적·외교적·군사적 조치들을 통해 트루먼이 어떻게 소련에 대응했는지에 주목했다. 마셜 플랜이 한 예다. 2차 세계대전의 참화를 겪은 서유럽의 재건을 돕기 위해 120억 달러가 넘는 경제 지원을 했다. 그리고 트루먼은 북대서양조약기구NATO 창설을 도왔다. 유럽의 10개국에 미국과 캐나다가 합류해, 한 나라에 대한 공격은 모든 나라에 대한 공격이라는 원칙에 입각한 상호 방위조약을 맺었다.

시간이 지나면서 트루먼의 위상도 높아졌다. 역사가들은 이제 그의 대통령 재임 시절을 긍정적으로 평가한다. 그들은 트루먼을 미국 중산층 출신의 정직한 사람으로 본다. 그리고 그들은 그의 공적을 인정한다.

오늘날 그는 훌륭한 미국 대통령 명단에서 상위권에 이름을 올리는 경우가 많다. 에이브러햄 링컨과 조지 워싱턴, 그리고 트루먼의 옛 상사 프랭클린 루스벨트 바로 다음이다.

1972년 성탄절 바로 다음 날, 트루먼은 여든여덟 살의 나이로 사망했다. 그는 트루먼 도서관 뜰에 매장됐다. 그의 묘비에는 그가 공직에 취임한 날짜들만이 적혀 있다. 잭슨카운티 판사부터 미국 대통령까지.

베스 트루먼은 그보다 10년을 더 살았다. 1982년에 사망해 트루먼과 함께 묻혔다. 그의 오른쪽이다. 트루먼이 원하던 것이었다. 베스는 늘 그의 오른팔이었기 때문이다.

감사의 말

책 한 권을 쓰자면 수많은 결정을 내려야 한다는 것을 알게 됐다. 나의 처음 생각을 여기 내놓는 이 책으로 바꾸는 과정에서 적당한 인물들을 동원하는 수많은 결정을 내리는 데서 행운을 누렸다.

우선 이 주제를 나에게 준 낸시 펠로시 하원 의장에게 감사해야겠다. 2019년 2월 낸시는 의회 의사당에 있는 샘 레이번의 유명한 '교육위원회' 아지트로 뉴스 앵커 몇 명을 초대했다. 도널드 트럼프 대통령이 그날 밤 하기로 돼 있는 국정 연설의 사전 반박을 위해서였다. 그러나 만남 과정에서 낸시는 해리 트루먼 부통령이 백악관에 전화했던 일을 이야기했다. 그는 전화를 끊고 난 뒤 "이런, 제기랄!" 하고 소리쳤다고 한다. 그날 잠들 때까지 나는 지금의 45대 대통령이 아니라 33대 대통령에 대해 줄곧 생각했다.

내가 보기에 좋은 생각이었던 것을 어떻게 책으로 바꿔놓을 것인가? 오랫동안 우리 국장으로 있는 래리 크레이머가 내게 폴리오의 클로디아 크로스를 소개했다. 나의 작업은 결국 나 나름의 에베레스트산을 오르는 길고 복잡한 과정이었는데, 그들은 나의 셰르파가 돼주었다.

그들은 또한 소중한 공저자 미치 와이스를 내게 소개했다. 미치는 퓰리처상을 받은 AP의 탐사보도 기자다. 그는 다른 시간에 또 다른 흥미로운 책들도 쓴다. 나는 그의 작품을 읽고 그를 만나자마자 이 일을 하는 데 필요한 동료를 얻었음을 느꼈다. 그러나 나는 조사원도 필요했고, 그것은 내가 한 것 가운데 가장 쉬운 결정이었다. 로리 크림은 지난 10년 동안 우리 《폭스뉴스 선데이》의 조사원으로 일해왔다. 우리는 대통령 후보 토론부터 블라디미르 푸틴까지 모든 문제를 함께 다뤘다. 나는 그저 반농담으로 로리를 '크리스의 두뇌'라고 부른다.

그리고 출판사가 남았다. 운 좋게도 여러 출판사에서 이 책에 관심을 보였다. 그러나 애비드리더 출판사의 편집자 겸 발행인 조피 페라리-아들러와 그의 상사인 사이먼앤드슈스터의 조너선 카프를 만나자마자 나는 이 원정의 동행자를 만났다고 확신했다. 우리는 한 팀이었다. 나는 캐럴린 레이디, 벤 로넌, 메러디스 빌라렐로, 조던 로드먼, 앨리슨 포너, 어맨다 멀홀런드, 브리짓 블랙, 제시카 친, 루스 리무이, 리처드 리외네스, 모건 호이트, 캐럴린 켈리, 엘리자베스 허버드, 앨리 로런스에게 감사를 드리고 싶다.

이제 우리는 일에 착수해, 세계를 바꿔놓은 그 116일을 파헤칠 준비가 됐다. 첫 번째 기착지는 미주리주 인디펜던스의 해리 트루먼 도서관이었다. 나는 그곳에서 기록을 검토하며 여러 날을 보냈다. 그곳에서 발견한 보물은 트루먼이 사랑하는 베스와 어머니, 동생에게 보낸 편지들과 그가 이 격동의 4개월 동안 썼던 흥미로운 일기였다. 도서관장 커트 그레이엄은 건물 개조 공사가 벌어지고 있는 시기에 내게 서류철을 열어주었다. 그리고 그는 내가 수많은 기록을 뒤지는 것을 도와주도록 기록 관리자인 랜디 소웰에게 지시했다. 나는 또한 새무얼 러셰이, 로리 오스틴, 데이비드 클라크에게도 감사드린다. 조사를 도와주고, 트루먼의 대통령 재직 중 이 시기를 포착해낸 가장 좋은 사진들을 찾아내 제공해주었으며, 전반적인 조언도 해주었다.

역사가들은 우리에게 다른 문을 열어주었다. 조지프 파팔리아는 제509부대 전문가로, 이 다채로운 비행기 승무원들의 이야기를 우리에게 들려주었다. 존 코스터-멀렌은 로스앨러모스와 원자폭탄 개발에 관한 전문가다. 두 분에게 특별한 감사를 드린다.

이 책을 위한 조사 과정에서 발견한 중요한 일 가운데 하나는 75년이 지난 지금까지 핵심 인물 일부가 생존해 있다는 것이다. 루스 허들스턴은 오크리지 시설에서 '칼루트론 소녀들' 가운데 한 명이었던 자신의 경험에 관한 흥미로운 이야기를 들려주었다. 루스는 또한 유럽에서의 전쟁에서 살아남은 이후 그들의 사랑하는 사람들이 한층 치열한 태평양의 전쟁터로 파병되는 것에 대한 많은 미국인들의 우려를 구체적으로 전해주었다.

히데코 다무라 스나이더는 히로시마의 핵 폭풍爆風에서 살아남은 용감한 당시 열 살배기 어린 소녀로, 우리에게 자신과 가족의 이야기를 들려주었다. 75년이 지난 지금 히데코는 미국에 살면서 놀랍도록 지혜로우면서 조금도 비통한 기색 없이 자신의 일생을 되돌아보고 있다.

국립기록관리소의 관리자들은 에놀라게이 승무원들과 과학자들의 여러 단계의 훈련과 준비 동안에 찍은 많은 사진들을 제공해주었다. 국립기록관리소의 문서 및 사진 담당 부서의 미셸 브라운, 홀리 리드, 케이틀린 크레인 엔리케스의 도움은 이 영웅적인 인물들의 모습을 보여주는(단순히 말해주는 것이 아니라) 데 중요했다.

미국 공군의 파멜라 아이브스에게 감사한다. 에놀라게이의 승무원이 되기 위해 훈련한 팀 제509부대의 작전 명령서들을 찾아주고 다른 지원들도 해주었다.

그리고 아이오와주립대학 도서관의 올리비아 개리슨에게도 감사한다. 1945년 8월의 그 시기에 티니안섬에서 언론인 잭 셜리가 했던, 작전 직후 두 원자폭탄 비행기 승무원들의 첫 라디오 인터뷰 일부를 찾아주었다.

미국의 세계 최초 원자폭탄 투하 결정에 관한 이야기는 히로시마에 대한 그 파멸적인 영향을 보여주지 않고는 이야기될 수 없다. 폭발의 거의 바로 아래 위치했지만 어떻든 아직 완전히 파괴되지 않고 있는 이 도시 '겐바쿠 돔'의 충격적인 사진들은 그곳에서 무슨 일이 일어났는지를 보여주는 데 도움이 된다. 이야기의 이 중요한 부분을 설명하는 데 그 사진들을 사용할 수 있도록 허락해준 히로시마 평화기념자료관의 나카니시 리에에게 감사한다. 1955년 8월 24일에 문을 연 이 박물관은 희생자 개인 소유물들을 소장하고 있으며, 전 세계의 핵무기 감축과 평화를 진전시키기 위해 방문객들을 고무할 수 있기를 희망하고 있다.

미국 에너지부의 게리 영거에게도 깊은 감사를 드린다. 원자폭탄 프로그램이 진행되는 사건 연쇄의 중요한 부분을 이루는 트루먼 행정부 핵심 인물들의 사진을 제공해주었다.

로스앨러모스국립연구소LANL의 역사가 앨런 브래디 카와 로스앨러모스역사협회 기록보관소의 기록 관리자 리베카 콜린스워스는 트루먼 행정부의 일정표를 맞추기 위해 빡빡한 마감 시간 아래서 일했던 로스앨러모스 과학계의 친밀한 분위기를 되살릴 수 있는 정보를 제공해주었다.

이 책을 쓸 수 있도록 허락해주었을 뿐만 아니라 그 과정에서 나를 격려해준 폭스뉴스 경영진에게도 감사를 표하고 싶다. 폭스뉴스 회장 수전 스콧, 사장 제이 월리스, 부사장 이레나 브리갠티, 부사장 칼리 섀너핸, 그리고 《폭스뉴스 선데이》의 우리 팀, 특히 책임프로듀서 제시카 로커와 프로듀서 안드레아 드비토에게 감사한다.

마지막으로 미치와 나는 우리 둘의 가족에게 감사한다. 이른 아침부터 밤 늦게까지, 그리고 셀 수 없는 잃어버린 주말에도 사랑과 지지를 보내주었다. 우리는 낮의 일에 더해 가족과 지내야 할 시간에 이 일을 했다. 그것을 보상해줄 것을 약속한다.

마지막으로 가족 중 두 사람에게 감사를 표하고 싶다. 딸 캐서린은 여러 해에 걸친 출판 경험을 바탕으로 귀중한 조언을 해주었다. 내가 책 쓰기가 힘들다고 불평을 할라 치면 딸은 내 '발견'을 기뻐해주었다.

누구보다도 아내 로레인에게 감사한다. 당신은 내 인생 모든 것의 처음이자 마지막이야. 그리고 그 마음 변치 않을 거야.

옮긴이의 말

1945년과 카운트다운. 당연히 그 끝은 8월 15일이 아닐까 하는 생각이 얼핏 들었다. 이른바 V-J 데이(대일對日 전승일). 물론 미국에서는 항복 조인일인 9월 2일을 V-J 데이로 보는 것이 일반적이지만 우리에게는 분명히 8월 15일이 V-J 데이다(이상스럽게도 미국과 일심동체였던 영국도 그렇게 본다). 실제로도 그날이 훨씬 감격스러운 날이지, 요식 행위로 문서에 서명한 것이 무슨 중요성이 있을까? 서류 처리에 무슨 '카운트다운'씩이나? 유럽 전승 기념일인 V-E 데이는 태평양 쪽의 전쟁을 남겨둔 것이어서 '카운트다운'에 걸맞은 상황 전개라고 보기는 어렵다.

그러나 이 책에 나오는 카운트다운 0에 해당하는 날짜를 따라가 보니 둘 다 아니다. 1945년 8월 6일이다. 뭐지? 바로 히로시마에 원자폭탄이 떨어진 날이다. 그러니까 이 책의 '카운트다운'은 사상 최초의 원자폭탄에 시계가 맞추어진 것이다. 당연히 책의 주제는 원자폭탄이다. 물론 과학이 아니고 역사다.

그리고 역사지만 소설 느낌이 난다. 따라서 등장인물을 살펴보면 전체적인 구성에 대한 감을 잡을 수 있을 듯하다.

가장 중요한 것이 원자폭탄을 만든 맨해튼 사업 관계자들이다. 우선은 원자폭탄이라는 과학적 발상을 현실화시킨 과학자들이다. 노벨상 수상자를 여섯 명이나 끌어들인 과학자 팀의 수장은 물리학자 오펜하이머였다. 그는 노벨상 수상자들과 이 책에서 비중 있게 다룬 호니그 부부 같은 젊은 과학자들을 적절하게 조율하면서 핵분열이라는 물리학적 현상을 원자폭탄이라는 무기로 탈바꿈시키는 핵심 역할을 했다. 물론 이 일은 군사적인 사업이었으므로 군인인 미국 육군의 그로브스 소장이 과학자 팀까지 포괄하는 전체 사업을 지휘했다. 그는 당시 세계 최대의 사무실용 건물인 펜타곤의 건설을 총지휘했던 대단한 실적을 낸 사람이었지만, 맨해튼 사업은 그보다 훨씬 규모가 크고 복잡한 일이었다.

더욱 중요한 것은 이들에게 사업을 발주한 정부다. 당초 발주자는 루스벨트 대통령이었지만, 그가 원자폭탄의 완성을(따라서 2차 세계대전 종결을) 몇 달 앞두고 사망하는 바람에 그 역할은 얼떨결에 부통령이 됐다가 또 얼떨결에 대통령직을 승계한 트루먼에게로 넘어갔다(이 책의 카운트다운의 시작일도 트루먼이 대통령직을 승계한 1945년 4월 12일이다). 그는 인류에게 죄악이 될 수 있는 원자탄 투하 결정을 내려야 하는 고민의 당사자가 됐고, 스팀슨 군사부 장관과 레이히 참모총장 등 보좌 그룹도 그 고민을 일정 부분 나눠 져야 했다.

또 다른 주역은 실제로 폭탄을 싣고 가서 투하한 군인들이다. 히로시마에 사상 첫 원자폭탄을 투하한 비행기 에놀라게이의 조종사이자 이 실무 군인 팀의 지휘관이었던 티베츠 대령, 그리고 밴커크, 페어비, 비저, 루이스 등의 승무원들이 주요 인물로 등장한다. 비행기 이름인 '에놀라게이'는 이 팀의 지휘관 티베츠 대령의 어머니 에놀라 게이 티베츠의 이름을 딴 것이다.

　이들이 각자의 위치에 따라 폭탄을 투하하는 데 일정한 역할을 한 사람들이었다면, 반대편에는 피해자들이 있다. 여기서는 열 살 때 히로시마 피폭 현장에 있었고 그 후 미국에 유학해 미국인과 결혼한 일본인 여성 다무라 히데코의 체험이 사례로 제시된다. 폭탄의 직접 피해자는 아니지만 일종의 전쟁 피해자인 루스 시슨이라는 미국 여성도 등장한다. 자신은 내용도 알지 못한 채 원자폭탄을 만드는 과정의 일부에 동원됐고, 약혼자는 군인으로 유럽의 전쟁터에 갔다가 외상 후 스트레스 장애를 겪었다. 이들은 평범한 시민에게 전쟁과 원자폭탄이 어떤 의미였는지를 보여준다.

　관찰자도 있다. 윌리엄 로런스는 《뉴욕 타임스》의 기자로 퓰리처상을 받은 미국의 제1세대 과학 전문 기자다. 그는 미국 정부(좁게 보자면 군부)의 의뢰로 원자폭탄을 독점적으로 취재했다. 물론 군의 허락 없이는 한 글자도 내보낼 수 없고 취재 기간 동안에는 '지구상에서 사라진 존재'가 돼야 하는 등 제약 조건이 있었지만, 이 역사적인 사건을 홀로, 그리고 자유롭게 취재할 수 있었던 행운아였다. 그가 맨해튼 사업 실무 총괄자인 그로브스 장군에게 '간택'될 수 있었던 것은 어려운 과학 이야기를 대중의 언어로 쉽게 설명할 수 있는 과학 전문 기자로서의 능력 때문이었다.

　물론 원자폭탄이 없었을 경우 일본 상륙전의 최일선에 서서 목숨을 내놓을 뻔했던 미국 해군 잠수병들을 지휘한 카우프만 중령이나, 원자폭탄의 원료를 태평양의 섬으로 몰래 운반한 제임스 놀런 대위와 로버트 퍼먼 소령 등 '조연'과 '단역'들도 등장해 이야기를 풍성하게 해준다. '소설적 구성'이라는 말을 붙이더라도 부끄럽지 않다.

이 책은 이런 다양한 인물들의 삶을, 원자폭탄을 중심으로 그려내고 있다. 그러나 원자폭탄을 다룬 책으로서 피할 수 없는 부분이 원자폭탄 사용의 도덕성 문제일 것이다.

이는 일차적으로는 원자폭탄 사용에 대한 최종 결정을 내린 트루먼 대통령의 몫이다. 트루먼은 사용 반대자들을 포함한 많은 사람들에게 자문한 결과이며, 전쟁을 1년 이상 빨리 끝내고 수십만 명의 희생을 줄이기 위한 불가피한 선택이었음을 주장한다. 그러나 미군의 희생은 줄였을지 모르지만 일본의(그리고 시대 상황으로 인해 일부 한국의) 무고한 민간인이 대신 희생됐다고 보면 설득력은 반감된다. 심지어 미군의 희생과 일본 민간인의 희생을 '교환'했을 뿐이라는 냉소도 있다.

원자폭탄을 개발한 과학자들도 고민의 당사자였다. 핵분열이라는 발상을 처음 했던 실라르드 레오나, 루스벨트에게 원자폭탄 개발을 권하는 편지를 썼던 아인슈타인은 막상 그것이 개발되자 그 군사적 사용에 우려하는 목소리를 내기 시작했고, 개발의 실무 책임자였던 오펜하이머는 만들어진 폭탄을 사용해야 한다는 권고안을 내는 데까지는 당국과 발을 맞췄지만 사용 이후에는 후회하는 쪽으로 돌아선다.

그 밖의 참여 과학자들도 처음에는 문제의식이 없었을지라도 히로시마와 나가사키의 참상을 본 뒤에는 마음 한구석에서 죄의식을 느끼지 않을 수 없었다. 심지어 고등학교를 졸업하고 그 내용을 전혀 모른채 하루 종일 기계의 바늘만 쳐다보며 지시받은 대로 이를 조절하는 일을 했던 앞서의 루스 시슨 같은 서민조차 나중에 그것이 원자폭탄을 만드는 데 도움을 주는 일이었음을 알고 죄의식을 느꼈다.

반면에 직접 원자폭탄을 투하하는 일을 했던 군인들의 경우에는 문제가 조금 달랐던 듯하다. 전시에 군인으로서 받은 명령을 수행할 수밖에 없는 처지였기 때문이다. 그리고 물론 자신들이 투하하는 것이 그런 엄청난 결과를 가져오는 물건이라고 사전에 들은 적도 없었다.

미국이 지구상에 핵무기를 들여온 지 75년이 지났다. 당시 일부 사람들이 두려워했던 일은 현실이 됐고, 우리 쪽으로 시야를 좁히더라도 핵 보유를 호언하는 갈라선 형제 북한이 당장 골칫거리가 돼 있다. 미국은 자신이 뿌린 씨앗에서 자라난 싹을 자르려고 골머리를 앓고 있다. 이 모든 것이 1945년 그 116일의 결과물이다. 결자結者인 미국이 해지解之한다는 자세로 좀 더 적극적이었으면 좋으련만.

이재황

주

카운트다운: 116일

1 Harry Truman Library, Truman의 편지, 1945. 4. 15.
2 U.S. Capitol Historical Society.
3 Baime, *The Accidental President*, p. 25.
4 Harry Truman Library, Truman의 편지, 1945. 4. 16.
5 Baime, *The Accidental President*, p. 30.
6 *Memoirs by Harry S Truman*, vol. 1, p. 10.
7 Harry Truman Library, Truman의 편지 (May Wallace에게), 1945. 4. 12.
8 Truman의 일기, 1945. 4. 12.

카운트다운: 113일

1 *Public Papers*, Franklin D. Roosevelt, December 7, 1941.
2 Smith and Weiner, *Robert Oppenheimer: Letters and Collections*, p. 287.
3 Thomas O. Jones 인터뷰, *Voices of the Manhattan Project*, August 9, 2002.
4 Franklin D. Roosevelt의 편지, 1943. 6. 29.
5 Smith and Weiner, *Robert Oppenheimer: Letters and Collections*, p. 287.
6 같은 책, p. 288.
7 Palevsky, *Atomic Fragments: A Daughter's Questions*, p. 116.

카운트다운: 105일

1 Paul Tibbets 인터뷰, *Airport Journals*, 2002.

2 같은 글.

3 같은 글.

4 Tibbets, *The Return of the Enola Gay*, p. 159.

5 Caron, *Fire of a Thousand Suns*, p. 151.

6 Thomas and Witts, *Enola Gay: The Bombing of Hiroshima*, p. 27.

7 Widowsky 인터뷰, Atomic Heritage Foundation, 2016.

8 Tibbets, *The Return of the Enola Gay*, p. 186.

카운트다운: 104일

1 Kauffman 인터뷰, U.S. Naval Institute, vol. 1.

2 Stilwell, *Stars and Stripes*, April 9, 1945.

3 Roosevelt, *Stars and Stripes*, March 24, 1945.

4 Cunningham, *The Frogmen of World War II: An Oral History of the U.S. Navy's Underwater Demolition Teams*, p. 106.

5 Kauffman 인터뷰, U.S. Naval Institute, vol. 1.

6 Bush, *America's First Frogman: The Draper Kauffman Story*, p. 183.

카운트다운: 103일

1 Baime, *The Accidental President*, p. 204.

2 Miller, *Plain Speaking: An Oral Biography of Harry S. Truman*, ebook.

3 McCullough, *Truman*, p. 579.

4 "Remembering Bess," *Washington Post*, October 19, 1982.

5 Baime, *The Accidental President*, p. 101.

6 Dobbs, *Six Months in 1945: From World War to Cold War*, p. 166.

7 Leslie Groves 인터뷰 (1), Atomic Heritage Foundation, January 5, 1965.

8 Vogel, *The Pentagon: A History*, p. 26.

9 Albert Einstein의 편지, 1939. 8. 2.

10 Groves, *The A-Bomb Program in Science, Technology and Management*, p. 40.

11 Dobbs, *Six Months in 1945: From World War to Cold War*, p. 172.

카운트다운: 90일

1 *Public Papers*, Harry S. Truman, May 8, 1945, p. 44.

2 같은 책.

3 *Pittsburgh Press*, May 7, 1945.

4 *Hattiesburg American* (Mississippi), May 7, 1945.

5 *Daily News* (New York), May 7, 1945.

카운트다운: 70일

1 *Summary of Target Committee Meetings*, May 10 and 11, 1945.

2 같은 책.

3 같은 책.

4 같은 책.

5 같은 책.

6 같은 책.

7 Thomas and Witts, *Enola Gay: The Bombing of Hiroshima*, p. 133.

8 Jacob Beser, *Last Lecture*, presentation, 1992.

9 H. V. Kaltenborn, 라디오 방송 녹취록, 1941. 12. 7.

10 Jacob Beser, *Last Lecture*, presentation, 1992.

11 같은 책.

12 Beser, *Hiroshima and Nagasaki Revisited*, p. 35.

13 Beser, *The Rising Sun Sets: The Complete Story of the Bombing of Nagasaki*, p. 62.

14 Jacob Beser, *Last Lecture*, presentation, 1992.

15 같은 책.

카운트다운: 66일

1 *Public Papers*, Harry S. Truman, 1945. 6. 1.

2 Smith, *Fire in the Sky*, p. 54.

3 Stimson, *Active Service in Peace and War*, p. 632.

4 같은 책.

5 Stimson의 메모, Interim Committee, 1945. 5. 9.

6 Stimson의 일기, Rhodes, *The Making of the Atomic Bomb*, p. 640에서 재인용.

7 Stimson의 메모, Interim Committee, 1945. 5. 9.

8 Rhodes, *The Making of the Atomic Bomb*, p. 635.

9 Szilard, *Perspectives in American History*, vol. 2, 1968, p. 146.

10 Oppenheimer의 잠정위원회 회의 (1945. 5. 31) 메모, p. 13.

11 같은 글.

12 Stimson, "The Decision to Use the Atomic Bomb," *Harper's Magazine*, February 1947.

13 같은 글.

14 Oppenheimer, *Recommendations on the Immediate Use of Nuclear Weapons, by the Scientific Panel of the Interim Committee*, June 16, 1945.

15 Stimson, "The Decision to Use the Atomic Bomb."

카운트다운: 53일

1 Thomas and Witts, *Enola Gay: The Bombing of Hiroshima*, p. 52.

카운트다운: 49일

1 Truman의 편지 (Bess에게), 1945. 6. 12.

2 *Minutes of White House meeting*, June 18, 1945.

3 Baime, *The Accidental President*, p. 251.

4 Bush, *America's First Frogman: The Draper Kauffman Story*, p. 184.

5 James Kauffman 제독의 편지 (Draper Kauffman에게), 1940.

카운트다운: 36일

1 Donald Hornig 인터뷰, Lyndon Baines Johnson Library, December 4, 1968.

2 같은 글.

3 같은 글.

4 Lilli Hornig 인터뷰, Atomic Heritage Foundation, 2003.

카운트다운: 34일

1 Laurence, *New York Times*, obituary, March 19, 1977.

2 같은 글.

3 Laurence, "Drama of Atomic Bomb Found Climax in July 16 Test," *New York Times*, September 26, 1945.

4 같은 글.

5 같은 글.

6 같은 글.

카운트다운: 21일

1 Moffett, "Truman's Atom-Bomb Dilemma," *Christian Science Monitor*, July 31, 1995.

2 Walker, *Prompt and Utter Destruction: Truman and the Use of the Atomic Bombs on Japan*, pp. 52–53.

3 *Memoirs by Harry S Truman*, vol. 1, p. 314.

4 Baime, *The Accidental President*, p. 275.

5 Truman의 일기, 1945. 7. 16.

6 Potsdam Log, Harry S. Truman Library and Museum.

7 Baime, *The Accidental President*, p. 280.

8 McCullough, *Truman*, ebook.

9 Dobbs, *Six Months in 1945: From World War to Cold War*, p. 289.

10 같은 책.

11 Potsdam Log, Harry S. Truman Library and Museum.

12 Laurence, "Drama of Atomic Bomb Found Climax in July 16 Test," *New York Times*, September 26, 1945.

13 같은 글.

14 Lamont, *Day of Trinity*, p. 226.

15 Farrell, 트리니티 시험 보고 (Truman에게), 1945. 7. 21.

16 Groves의 메모 (Stimson에게), 1945. 7. 18.

17 Hershberg, *James B. Conant: Harvard to Hiroshima and the Making of the Nuclear*

Age, p. 232.

18 Teller and Brown, *The Legacy of Hiroshima*, p. 17.

19 Laurence, "Drama of Atomic Bomb Found Climax in July 16 Test," *New York Times*, September 26, 1945.

20 Groves, *Now It Can Be Told*, p. 301.

21 Laurence, "Drama of Atomic Bomb Found Climax in July 16 Test," *New York Times*, September 26, 1945.

22 *Bulletin of the Atomic Scientists* 32 (May 5, 1975).

23 Lamont, *Day of Trinity*, p. 242.

카운트다운: 20일

1 Beschloss, *The Conquerors: Roosevelt, Truman and the Destruction of Hitler's Germany, 1941-1945*, p. 244.

2 Baime, *The Accidental President*, p. 289.

3 McCullough, *Truman*, p. 417.

4 Baime, *The Accidental President*, p. 291.

5 Truman의 편지 (Bess에게), 1945. 6. 12.

카운트다운: 19일

1 Baime, *The Accidental President*, p. 300.

2 Truman의 일기, 1945. 7. 18.

3 Baime, *The Accidental President*, ebook.

4 Truman의 편지 (어머니에게), Truman, *Harry Truman*, ebook에서 재인용.

5 Truman의 일기, 1945. 7. 18.

카운트다운: 18일

1 Ruth Sisson 인터뷰, 2019. 7. 21.

카운트다운: 17일

1 Dobbs, *Six Months in 1942: From World War to Cold War*, p. 301.
2 Ambrose, *Eisenhower: Soldier, General of the Army, President-Elect, 1890-1952*, ebook.

카운트다운: 16일

1 Tibbets, *The Return of the Enola Gay*, p. 189.
2 같은 책, p. 192.
3 Thomas and Witts, *Enola Gay: The Bombing of Hiroshima*, p. 182.
4 같은 책.

카운트다운: 13일

1 Baime, *The Accidental President*, p. 311.
2 Stimson의 일기, 1945. 7. 21.
3 McCullough, *Truman*, p. 436.
4 Truman의 일기, 1945. 7. 25.
5 같은 글.
6 Marshall 인터뷰, 1957. 2. 11.
7 McCullough, *Truman*, p. 439.
8 Baime, *The Accidental President*, p. 317.

카운트다운: 12일

1 Badash, Hirshfelder, and Brioda, *Reminiscences of Los Alamos 1943-1945*, p. 132.
2 Bird and Sherwin, *American Prometheus: The Triumph and Tragedy of J. Robert Oppenheimer*, p. 313.
3 Moynahan, *Atomic Diary*, p. 15.
4 Truman의 편지 (Bess에게), "Excerpts from Truman's 1911 and Potsdam Letters to Bess Wallace Truman," *New York Times*, March 14, 1983에서 재인용.

5 Truman의 일기, 1945. 7. 25.

6 Dobbs, *Six Months in 1942: From World War to Cold War*, p. 333.

7 Baime, *The Accidental President*, p. 319.

카운트다운: 8일

1 Van Kirk, *My True Course: Northumberland to Hiroshima*, p. 433.

2 Thomas and Witts, *Enola Gay: The Bombing of Hiroshima*, p. 208.

3 Tibbets, *The Return of the Enola Gay*, p. 221.

카운트다운: 6일

1 Baime, *The Accidental President*, p. 323.

카운트다운: 5일

1 Thomas and Witts, *Enola Gay: The Bombing of Hiroshima*, p. 218.

2 Tibbets, *The Return of the Enola Gay*, p. 203.

카운트다운: 4일

1 Truman의 편지 (Dean Acheson에게), 1957. 3. 13.

2 Baime, *The Accidental President*, p. 330.

3 McCullough, *Truman*, p. 548.

4 Thomas and Witts, *Enola Gay: The Bombing of Hiroshima*, p. 219.

5 같은 책.

카운트다운: 3일

1 Kauffman 인터뷰, U.S. Naval Institute, vol. 1.

주

카운트다운: 2일

1   Hideko Tamura 인터뷰, 2019. 7.
2   같은 글.
3   Caron, *Fire of a Thousand Suns*, p. 175.
4   같은 책.
5   같은 책, p. 176.
6   Thomas and Witts, *Enola Gay: The Bombing of Hiroshima*, p. 227.
7   같은 책, p. 229.
8   Caron, *Fire of a Thousand Suns*, p. 229.
9   같은 책, p. 230.

카운트다운: 1일

1   Laurence, *Dawn Over Zero*, p. 171.
2   같은 책.
3   같은 책, p. 173.
4   같은 책.
5   Tibbets, *The Return of the Enola Gay*, p. 203.
6   Thomas and Witts, *Enola Gay: The Bombing of Hiroshima*, p. 233.
7   같은 책.
8   Beser, *Hiroshima and Nagasaki Revisited*, p. 89.
9   같은 책, p. 114.

카운트다운: 9시간 15분

1   Tibbets, *The Return of the Enola Gay*, p. 211.
2   같은 책.
3   Laurence, *Dawn Over Zero*, p. 173.
4   Thomas and Witts, *Enola Gay: The Bombing of Hiroshima*, p. 240.
5   Van Kirk, *My True Course: From Northumberland to Hiroshima*, p. 462.
6   Tibbets, *The Return of the Enola Gay*, p. 219.

7 같은 책.

8 Van Kirk, *My True Course: From Northumberland to Hiroshima*, p. 465.

9 같은 책.

10 Lewis의 부조종사 일지, 1945. 8.

11 Tibbets, *The Return of the Enola Gay*, p. 228.

12 Caron, *Fire of a Thousand Suns*, p. 247.

13 같은 책.

14 같은 책.

카운트다운: 불 폭풍

1 Caron, *Fire of a Thousand Suns*, p. 250.

2 Van Kirk 인터뷰, 1960. 2.

3 Caron, *Fire of a Thousand Suns*, p. 250.

4 Ferebee 인터뷰, 1960. 2.

5 Nelson 인터뷰, 1960. 2.

6 Lewis 인터뷰, 1960. 2.

7 Tibbets, *The Return of the Enola Gay*, p. 234.

8 Hideko Tamura 인터뷰, 2019. 7.

9 Truman Library, Log of President Harry S. Truman's Trip to the Berlin Conference, 1945. 8. 6.

10 Baime, *The Accidental President*, p. 340.

11 Badash, Hirshfelder, and Brioda, *Reminiscences of Los Alamos 1943-1945*, p. 37.

12 Groves의 통화 녹취록 (Oppenheimer에게), 1945. 8. 6.

13 Else, *The Day After Trinity*, p. 58.

14 Rhodes, *The Making of the Atomic Bomb*, p. 735.

15 Laurence, "Atomic Bombing of Nagasaki," *New York Times*, September 9, 1945.

16 Tibbets, *The Return of the Enola Gay*, p. 247.

17 Laurence, "Atomic Bombing of Nagasaki," *New York Times*, September 9, 1945.

18 같은 글.

19 같은 글.

20 Tibbets, *The Return of the Enola Gay*, p. 250.

21 같은 책.

22 Text of Hirohito's address, *New York Times*, August 15, 1945.

23 McCullough, *Truman*, p. 461.

24 Baime, *The Accidental President*, p. 353.

에필로그

1 O'Reilly, *Killing the Rising Sun*, p. 209.

2 McCullough, *Truman*, p. 456.

3 Federation of American Scientists, *President's Message: Reinvention and Renewal*, May 10, 2016.

4 Linus Pauling and the International Peace Movement.

5 U.S. Department of Energy, *Informing the Public*.

6 Atomic Heritage, *Survivors of Hiroshima and Nagasaki*, July 27, 2017.

7 Mohan and Tree, "Hiroshima, American Media and the Construction of Conventional Wisdom," *Journal of American-East Asian Relations* 4, no. 2 (Summer 1995): 159.

8 Bird and Sherwin, *American Prometheus: The Triumph and Tragedy of J. Robert Oppenheimer*, ebook.

9 O'Reilly, *Killing the Rising Sun*, p. 278.

10 Truman, *Harry Truman*, ebook.

11 Truman, *Harry Truman*, ebook.

그 후

1 Ruth Huddleston 인터뷰, 2019. 7.

2 같은 글.

3 Hideko Tamura Snider 인터뷰, 2019. 7.

4 같은 글.

5 Bird and Sherwin, *American Prometheus. The Triumph and Tragedy of J. Robert Oppenheimer*, p. 329.

6 Lilli Hornig, *Providence Journal*, August 9, 2015.

7 Groves, *Now it Can Be Told: The Story of the Manhattan Project*, p. 354.

8 Lewis 인터뷰, 1960. 2.

9 Lewis의 편지 (Joseph Papalia에게), 1981. 3. 10.

10 같은 글.

11 Van Kirk, *My True Course: From Northumberland to Hiroshima*, p. 535.

12 같은 책, p. 536.

13 Van Kirk 인터뷰, 1960. 2.

14 Jacob Beser, Last Lecture, presentation, 1992.

15 같은 책.

16 같은 책.

17 Tibbets 인터뷰, 1960. 2.

18 Van Kirk, *My True Course: From Northumberland to Hiroshima*, p. 530.

19 McCullough, *Truman*, p. 932.

참고문헌

단행본

Ambrose, Stephen E. *Eisenhower: Soldier, General of the Army, President-Elect 1890–1952*. New York: Simon & Schuster, 2014.

Badash, Hirshfelder, and Brioda, *Reminiscences of Los Alamos 1943-1945*. Boston, Massachusetts: D. Reidel Publishing Company, 1980.

Baime, A. J. *The Accidental President: Harry S. Truman and the Four Months That Changed the World*. Boston: Houghton Mifflin Harcourt, 2017.

Beschloss, Michael. *The Conquerors: Roosevelt, Truman, and the Destruction of Hitler's Germany, 1941-1945*. New York: Simon & Schuster, 2002.

Beser, Jacob. *Hiroshima and Nagasaki Revisited*. Memphis, Tennessee: Global Press, 1988.

Beser, Jerome, and Jack Spangler. *The Rising Sun Sets: The Complete Story of the Bombing of Nagasaki*. Baltimore: Jacob Beser Foundation, 2007.

Bird, Kai, and Martin J. Sherwin. *American Prometheus: The Triumph and Tragedy of J. Robert Oppenheimer*. New York: Vintage Books, 2005.

Blassingame, Wyatt. *The Frogmen of World War II*. New York: Random House, 1964.

Bundy, McGeorge. *Danger and Survival: Choices About the Bomb in the First Fifty Years*. New York: Random House, 1988.

Bush, Elizabeth Kauffman. *America's First Frogmen: The Draper Kauffman Story*. Annapolis, MD: Naval Institute Press, 2004.

Cantelon, Philip L., and Robert C. Williams, eds. *The American Atom: A Documentary History of Fission to the Present, 1939-1984*. Philadelphia: University of Pennsylvania Press, 1984.

Caron, George R. *Fire of a Thousand Suns: The George R. "Bob" Caron Story—Tail Gunner of the Enola Gay.* Westminster, CO: Web Publishing, 1995.

Conant, Jennet. *109 East Palace: Robert Oppenheimer and the Secret City of Los Alamos.* New York: Simon & Schuster, 2005.

Dietz, Suzanne Simon. *My True Course: Dutch Van Kirk, Northumberland to Hiroshima.* Lawrenceville, GA: Red Gremlin Press, 2012.

Dobbs, Michael. *Six Months in 1945: FDR, Stalin, Churchill, and Truman—from World War to Cold War.* New York: Vintage, 2013.

Edgerton, Robert B. *Warriors of the Rising Sun: A History of the Japanese Military.* New York: Norton, 1997.

Farrell, Robert H. *Off the Record: The Private Papers of Harry S. Truman.* New York: Harper & Row, 1980.

Giovannitti, Len, and Fred Freed. *The Decision to Drop the Bomb: A Political History.* New York: Coward-McCann, 1965.

Groves, Leslie M. *Now It Can Be Told. The Story of the Manhattan Project.* New York: Da Capo Press, 1962.

Harder, Robert O. *The Three Musketeers of the Army Air Forces: From Hitler's Fortress Europa to Hiroshima and Nagasaki.* Annapolis, MD: Naval Institute Press, 2015.

Hersey, John. *Hiroshima.* London: Penguin Books, 1946.

Hershberg, James. *James B. Conant: Harvard to Hiroshima and the Making of the Nuclear Age.* New York: Knopf, 1993.

Hewlett, Richard G., and Oscar Anderson Jr. *The New World, 1939-1946.* Vol. 1 of *A History of the United States Atomic Energy Commission.* University Park: Pennsylvania State University Press, 1962.

Isley, Jeter A., and Philip Crowl. *The U.S. Marines and Amphibious War: Its Theory and Its Practice in the Pacific.* Princeton, NJ: Princeton University Press, 1951.

Jones, Vincent. *Manhattan: The Army and the Atomic Bomb.* Center of Military History, U.S. Army, 1985.

Kelly, Cynthia. *Manhattan Project: The Birth of the Atomic Bomb in the Words of Its Creators, Eyewitnesses, and Historians.* New York: Black Dog & Leventhal, 2017.

Kiernan, Denise. *The Girls of Atomic City: The Untold Story of the Women Who Helped Win World War II.* New York: Touchstone, 2013.

Krauss, Robert, and Amelia Krauss. *The 509th Remembered: A History of the 509th Composite Group as Told by the Veterans That Dropped the Atomic Bombs on Japan.* Buchanan, MI: First Atomic Bombardment, 2005.

Kunetka, James. *City of Fire: Los Alamos and the Atomic Age, 1943–1945.* Albuquerque: University of New Mexico Press, 1978.

Lamont, Lansing. *Day of Trinity.* New York: Atheneum, 1985.

Laurence, William L. *Dawn Over Zero: The Story of the Atomic Bomb.* New York: Knopf, 1946.

McCullough, David. *Truman.* New York: Simon & Schuster, 1993.

Miller, Merle. *Plain Speaking: An Oral Biography of Harry S. Truman.* New York: Rosetta Books, 2018.

Morrison, Samuel Eliot. *Victory in the Pacific.* Boston: Little, Brown, 1960.

Moynahan, John F. *Atomic Diary.* Newark, N.J.: Barton Publishing Company, 1946.

Norris, Robert. *Racing for the Bomb: The True Story of General Leslie R. Groves, the Man Behind the Birth of the Atomic Age.* New York: Skyhorse, 2014.

O'Reilly, Bill, and Martin Dugard. *Killing the Rising Sun: How America Vanquished World War II Japan.* New York: Henry Holt, 2016.

Oppenheimer, Robert, Alice Kimball Smith, and Charles Weiner. *Robert Oppenheimer: Letters and Recollections.* Cambridge, MA: Harvard University Press, 1980.

Palevsky, Mary. *Atomic Fragments: A Daughter's Questions.* Berkeley: University of California Press, 2000.

Polnberg, Richard. *In the Matter of J. Robert Oppenheimer: The Security Clearance Hearing.* Ithaca, NY: Cornell University Press, 2002.

Rhodes, Richard. *The Making of the Atomic Bomb.* New York: Touchstone, 1986.

Smith, Jeffrey. *Fire in the Sky: The Story of the Atomic Bomb.* Bloomington, IN: Author-House, 2010.

Smyth, Henry D. *Atomic Energy for Military Purposes: The Official Report on the Development of the Atomic Bomb Under the Auspice of the United States Government 1940–1945.* Washington, DC: U.S. Government Printing Office, 1945.

Snider, Hideko Tamura. *One Sunny Day. A Child's Memories of Hiroshima.* Peru, IL: Carus, 1996.

Stimson, Henry, and McGeorge Bundy. *On Active Service in Peace and War.* New

York: Hippocrene Books, 1971.

Szasz, Ferenc. *The Day the Sun Rose Twice*. Albuquerque: University of New Mexico Press, 1984.

Teller, Edward, and Allen Brown. *The Legacy of Hiroshima*. New York: Doubleday, 1962.

Thomas, Gordon, and Max Morgan Witts. *Enola Gay: The Bombing of Hiroshima*. Old Saybrook, CT: Konecky & Konecky, 1977.

Tibbets, Paul W. *Return of the Enola Gay*. Columbus, OH: Mid Coast Marketing, 1998.

Truman, Harry S. *Memoirs by Harry S Truman*. Vol. 1, *Year of Decisions*. New York: Doubleday, 1955.

_____. *Where the Buck Stops: The Personal and Private Writings of Harry S. Truman*. New Word City, February 4, 2015.

Truman, Margaret S. *Harry Truman*. New Word City, 2015.

Truslow, Edith C. *Manhattan District History: Nonscientific Aspects of Los Alamos Project Y: 1942 Through 1946*. Los Alamos, NM: Los Alamos Historical Society, 1997.

United States Atomic Energy Commission. *In the Matter of J. Robert Oppenheimer: Transcript of Hearing Before Personnel Security Board Washington, D.C., April 12, 1954, Through May 6, 1954*. Washington, DC: U.S. Government Printing Office, 1954.

VanDeMark, Brian. *Pandora's Keepers: Nine Men and the Atomic Bomb*. New York: Little, Brown, 2003.

Vogel, Steve. *The Pentagon: A History*. New York: Random House, 2008.

Walker, J. Samuel. *Prompt and Utter Destruction: Truman and the Use of the Atomic Bombs on Japan*. Chapel Hill: University of North Carolina Press, 1997.

Wyden, Peter. *Day One*. New York: Simon & Schuster, 1984.

문서 자료

Beser Foundation, Baltimore, Maryland. The archive includes records, documents, and other materials related to the Hiroshima and Nagasaki missions. The materials include personal records donated by Jacob Beser, the only man to fly on both atomic bomb missions, flight logs, transcripts of interviews with crew members, maps, and correspondence.

Federation of American Scientists.

Frank, James. *Report of the Committee on Social and Political Implications.* June 1945.

George C. Marshall Foundation. *George C. Marshall: Interviews and Reminiscences for Forrest C. Pogue.* February 11, 1957.

Harry S. Truman Library and Museum.

History of the 509th Composite Group from activation to August 15, 1945.

Hornig, Donald. *Lyndon Baines Johnson—Library.* December 4, 1968.

Linus Pauling and the International Peace Movement. Oregon State University.

National Archives and Record Administration, Washington, D.C. This archive includes U.S. Navy, U.S. Army, and other military files related to World War II, the War in the Pacific, and the Manhattan Project. They include declassified memos about the atomic bomb missions, including minutes of Interim Committee and Target Committee meetings, flight logs, navigation track charts, and orders.

Public Papers, Franklin D. Roosevelt.

Public Papers, Harry S. Truman.

U.S. Department of Energy. Office of History and Heritage Resources. Manhattan Project.

U.S. Naval Institute, Annapolis, Maryland. A series of taped interviews with Rear Admiral Draper L. Kauffman, Volume I and Volume II. It contains more than 1,300 pages of transcripts from interviews with Kauffman in which he reflects on his time in the U.S. Navy and the Underwater Demolition Teams during World War II.

U.S. State Department. *Foreign Relations of the United States: Diplomatic Papers, The Conference of Berlin (The Potsdam Conference),* 1945, vol. 2. Stimson diary dated July 24, 1945.

U.S. State Department. Office of Historian. Atomic Diplomacy.

정기 간행물

Bainbridge, Kenneth T. "A Foul and Awesome Display." *Bulletin of the Atomic Scientists,* May 31, 1975.

Groves, Leslie R. "The Atom General Answers His Critics." *Saturday Evening Post,* May 19, 1948.

Isaacson, Walter. "Chain Reaction: From Einstein to the Atomic Bomb." *Discover Magazine,* March 18, 2008.

Kistiakowsky, George B. "Trinity(A Reminiscence." *Bulletin of the Atomic Scientists,* June 1980.

Laurence, William L. "The Atom Gives Up." *Saturday Evening Post,* September 7, 1940.

Lewis, Robert A. "How We Dropped the A-Bomb." *Popular Science,* August 1957.

Michaud, John. "Double Take Eighty-Five from the Archive: John Hersey." *New Yorker,* June 8, 2010.

Moffett, George. "Truman's Atom-Bomb Dilemma." *Christian Science Monitor,* July 31, 1995.

Mohan, Uday, and Sahno Tree. "Hiroshima, American Media, and the Construction of Conventional Wisdom." *Journal of American-East Asian Relations* 4, no. 2 (summer 1995).

Moore, David W. "Majority Supports Use of Atomic Bomb on Japan in WWII." Gallup News Service, August 5, 2005.

Stimson, Henry J. "The Decision to Use the Atomic Bomb." *Harper's Magazine* 194 (February 1947).

Stokes, Bruce. "70 Years after Hiroshima, Opinions Have Shifted on Use of Atomic Bomb." Pew Research, August 4, 2015.

Szilard, Leo. "Perspectives in American History, Volume II." 1968.

Tibbets, Paul. "How to Drop an Atom Bomb." *Saturday Evening Post,* June 8, 1946.

"The War Ends: Burst of Atomic Bomb Brings Swift Surrender of Japanese." *Life,* August 20, 1945.

Wellerstein, Alex. "What Presidents Talk About When They Talk About Hiroshima." *New Yorker,* May 27, 2016.

신문 및 통신사 자료

Asbury Park Press. "A-Bomb Pilot Carves New Career." August 2, 1970.

Associated Press. "Old Pals Differ on Using Bomb." August 7, 1957.

Chicago Tribune. "40 Years Later, John Hersey Revisits Hiroshima." July 17, 1985.

Hattiesburg American. May 7, 1945.

New York Daily News. May 7, 1945.

New York Times. "Atomic Bombing of Nagasaki Told by Flight Members." September 9, 1945.

_____. "Drama of the Atomic Bomb Found Climax in July 16 Test." September 26, 1943.

_____. "Lightning Blew Up Dummy Atom Bomb." September 27, 1945.

_____. "Atom Bomb Based on Einstein Theory." September 28, 1945.

_____. "Atomic Factories Incredible Sight." September 29, 1945.

_____. "Engineering Vision in Atomic Project." October 1, 1945.

_____. "Gases Explain Size of Atomic Plants." October 3, 1945.

_____. "Scientists 'Create' in Atomic Project." October 4, 1945.

_____. "Element 94 Key to Atomic Puzzle." October 5, 1945.

_____. "Plutonium Lifted by New Chemistry." October 8, 1945.

_____. "Atomic Key to Life Is Feasible Now." October 9, 1945.

Parsons, Louella O. "Ralph Edwards Show." Column, May 14, 1955.

Pittsburgh Press. May 7, 1945.

Providence Journal. August 9, 2015.

St. Louis Post-Dispatch.

Stars and Stripes. March 24, 1945.

_____. April 9, 1945.

United Press International.

Washington Post. "Remembering Bess." October 19, 1982.

인터뷰

Voices of the Manhattan Project Oral Histories, including Lilli Hornig, Thomas O.

Jones, and George Caron.

The Harry S. Truman Library and Museum: Oral history interview with George M. Elsey.

Ruth Huddleston, interview, July 21, 2019.

Hideko Tamura Snider, interviews, July and August 2019.

참고문헌

도판 출처

도판 출처

찾아보기

영문자

카운트다운 1945

인류 최초의 원자폭탄 투하 전 116일간의 비하인드 스토리

1판 1쇄 2020년 10월 5일

지은이 | 크리스 월리스, 미치 와이스
옮긴이 | 이재황

펴낸이 | 류종필
편집 | 이정우, 정큰별
마케팅 | 김연일, 김유리
표지 디자인 | 박미정
본문 디자인 | 박애영
교정교열 | 오효순

펴낸곳 | (주) 도서출판 책과함께
　　　　주소 (04022) 서울시 마포구 동교로 70 소와소빌딩 2층
　　　　전화 (02) 335-1982
　　　　팩스 (02) 335-1316
　　　　전자우편 prpub@hanmail.net
　　　　블로그 blog.naver.com/prpub
　　　　등록 2003년 4월 3일 제25100-2003-392호

ISBN 979-11-88990-84-9　03900

이 도서의 국립중앙도서관 출판시도서목록(CIP)은
서지정보유통지원시스템 홈페이지(http://seoji.nl.go.kr)와
국가자료종합목록 구축시스템(http://kolis-net.nl.go.kr)에서 이용하실 수 있습니다.
(CIP제어번호 : CIP2020039496)